企業経営の情報論

―知識経営への展開―

白石弘幸――◎著

創成社

はじめに

　企業経営に情報と知識は不可欠である。しかしその機能は十分に解明されているとは言えない。本書の趣旨は，企業におけるこの情報と知識の機能を明らかにし，情報と知識という観点から企業が行う諸活動および企業内で発生する諸現象を考察することにある。言い換えれば，情報と知識によって企業の行動や組織現象を捉えなおし，両者をキーワードにして企業経営を語り直すのが本書の目的である。

　いわゆる資源ベースビューの視座に立脚する研究者たちが主張しているように，企業の一つの重要な側面は資源の固まりというものである。しかし企業は一般的には組織をなす。すなわちこれは利益の獲得を一つの重要目的にし収益によって存続する営利組織であり，また製品やサービスを生産し続ける生産組織でもある。

　したがって企業は資源の固まりであるとしても，組織としての特性を免れ得ない。そのようなことから本書は企業について解き明かす前に，組織一般を論ずることになる。そして人事・労務，生産，販売，財務の諸活動において情報と知識がどのような機能を果たしているかを見ていく。

　あえて誤解を恐れずに言うならば，企業経営における情報と知識の重要性を論じた研究は多いものの，両者を一貫してキーワードにしつつ企業経営を考察している理論書というのは予想に反して少ない。両者が重要であるのならば，なぜこれを核にして経営学を組みなおさないのか，なぜ両者をキーワードにして経営行動や組織現象を解き明かすという努力をしないのかという素朴な疑問を筆者は常日頃より抱いていた。浅学薄才の身で先行研究レビューが不十分ということもあるのかもしれないが，それを実行してある程度成功している書籍というのは思いのほか少なく，率直に言えば皆無に近いという印象である。微

力であるがゆえの苦労は覚悟しつつ，本書はあえてこれに取り組んだということを読者へのメッセージとしてここに記しておきたい。

　このように，企業経営に情報と知識は不可欠であるものの，両者を軸にした経営学の体系的な理論書というのは意外に少ない。類似の既刊書が少ないという点では本書は新しい内容の書籍であるが，この事実すなわち企業経営には情報と知識が不可欠であるということを考えると本書は経営学の原点に立ち戻ったということになる。

　原稿についてはかなり思い悩みつつ，検討を重ねた。もっとも脱稿まではそのような「生みの苦しみ」を味わったものの，脱稿後から刊行までの業務は担当スタッフのご尽力により円滑に進んだ。この場を借りて株式会社創成社に心よりの謝意を表したい。

　前述した趣旨と内容に関する評価については読者および後世の研究者にゆだねるものの，本書が少しでも経営学の発展に貢献することになれば幸いである。

2010年6月20日

筆　者

目　次

はじめに

第1章　企業における情報と知識 ——————— 1
　第1節　情報と知識……………………………………1
　　（1）本書における定義　1
　　（2）情報と知識の特性　2
　　（3）言語表現の可能性　4
　第2節　企業における知識と情報の機能………………6
　　（1）意思決定の土台と前提　6
　　（2）事業活動と業務遂行の基礎　8
　　（3）商品創造の源泉　9
　　（4）競争優位の形成　10
　第3節　現代における情報技術と情報システム ………13
　　（1）情報技術とは　13
　　（2）情報システムとは　14
　　（3）情報技術の利用法とパースペクティブ　16
　　（4）パースペクティブと知識および組織能力　18

第2章　組織化と情報 ——————————— 26
　第1節　組織をつくる意義 ………………………………26
　第2節　組織における意思決定と情報 …………………29
　　（1）意思決定と情報・知識　29
　　（2）情報の伝達　31

　　　　　（3）情報システムと組織フラット化　32
　第3節　組織戦略の重要性 ……………………………………34
　第4節　職能別部門組織 …………………………………………36
　第5節　事業部制組織 ……………………………………………37
　第6節　マトリックス組織 ………………………………………41
　第7節　その他の組織形態 ………………………………………46
　　　　　（1）チーム制組織　46
　　　　　（2）持ち株会社による企業グループ　49
　第8節　組織改革の方向性と知識 ………………………………50
　第9節　「学習する組織」の構築 ………………………………52
　第10節　ダイナミック・ケイパビリティと
　　　　　ナレッジ・マネジメント ………………………………55
　　　　　（1）ダイナミック・ケイパビリティ　55
　　　　　（2）実効性のあるナレッジ・マネジメント　59

第3章　人事・労務と情報 ─────────── 66
　第1節　組織としての企業と従業員 ……………………………66
　第2節　従業員の採用 ……………………………………………67
　第3節　教育・研修・訓練 ………………………………………69
　第4節　配属先の決定 ……………………………………………71
　第5節　人事考課 …………………………………………………73
　　　　　（1）人事考課を行う意義　73
　　　　　（2）減点主義と加点主義　74
　第6節　報酬の支払 ………………………………………………75
　　　　　（1）賃金の二面性　75
　　　　　（2）賃金の算定基準　77
　　　　　（3）年功序列から能力主義へ　80
　　　　　（4）福利厚生　81

第7節　労使関係の調整 ……………………………………83
　　（1）労働組合の形態　83
　　（2）労働組合への加入　85
　　（3）団体交渉　86
　　（4）労使関係と製品・サービス　88
　第8節　ダイバーシティ・マネジメント ……………………89
　　（1）ダイバーシティの重要性　89
　　（2）ワーク・ライフ・バランス　91
　　（3）育児休業と介護休業　95
　　（4）フレックスタイムと裁量労働制　97
　　（5）在宅勤務とサテライトオフィス　99
　　（6）女性の管理職登用　101
　　（7）中途採用者を活用する風土と仕組み　102
　第9節　人事・労務の新しい動き ……………………………103
　　（1）社内公募　103
　　（2）マイスター制度　104
　　（3）ワークシェアリング　105
　　（4）ストック・オプション　106
　　（5）年俸制　106

第4章　生産と情報 ── 110

　第1節　生産の流れ ……………………………………………110
　第2節　製品の企画と設計 ……………………………………111
　第3節　工程設計 ………………………………………………114
　第4節　生産量の決定 …………………………………………117
　第5節　スケジューリング ……………………………………119
　第6節　原材料と部品の購買 …………………………………121
　第7節　進捗管理と品質管理 …………………………………123

第8節　問題の再発防止と設備保全……………………………129
　　第9節　生産における在庫削減とスピードの向上…………130
　　　　（1）カンバン方式　130
　　　　（2）CAD/CAM と CIM　132
　　　　（3）サプライチェーン・マネジメントと CPFR　134
　　　　（4）FMS と BTO　135
　　　　（5）セル生産　137

第5章　販売と情報 ―――――――――――――― 142
　　第1節　販売管理の流れ………………………………………142
　　第2節　市場調査………………………………………………143
　　　　（1）情報ベースの販売競争　143
　　　　（2）市場調査の方法　145
　　第3節　製品計画………………………………………………148
　　　　（1）プロダクト・ライフサイクル　148
　　　　（2）プロダクト・ミックス　151
　　　　（3）新製品の開発　153
　　　　（4）製品の改良　155
　　　　（5）新しい使用シーンの考案　156
　　　　（6）製品からの撤退　157
　　　　（7）ブランド　158
　　　　（8）容器・パッケージ　161
　　第4節　販路選択………………………………………………162
　　　　（1）販　路　162
　　　　（2）店舗販売　164
　　　　（3）無店舗販売　166
　　第5節　価格設定………………………………………………167
　　　　（1）基本的な価格設定　168

　　　　　　（2）特殊な価格設定　170
　　第6節　販売促進………………………………………………172
　　　　　　（1）購買プロセスと販売促進　172
　　　　　　（2）販売員活動　173
　　　　　　（3）販売店援助　175
　　　　　　（4）宣伝広告　176
　　　　　　（5）その他の販売促進　179
　　第7節　販売管理におけるIT活用………………………………180
　　　　　　（1）GIS　180
　　　　　　（2）コールセンターとCTI　182
　　　　　　（3）インターネットによる販売　183
　　　　　　（4）クリック＆モルタル　186
　　　　　　（5）セールスフォース・オートメーション　187
　　　　　　（6）データマイニング　188
　　　　　　（7）ワントゥワンとCRM　190

第6章　財務と情報─────────────────197
　　第1節　財務とは………………………………………………197
　　第2節　資金調達………………………………………………199
　　　　　　（1）内部資金調達とその限界　199
　　　　　　（2）金融の機能　200
　　　　　　（3）外部資金調達の意義　203
　　　　　　（4）外部資金調達の方法と円滑化　204
　　　　　　（5）資金調達のタイミングと比率　206
　　第3節　財務管理………………………………………………207
　　　　　　（1）利益目標と利益計画の策定　208
　　　　　　（2）予算編成と予算統制　209
　　　　　　（3）原価管理　211

（4）決算と財務諸表　212

引用文献リスト　215
索　　引　225

第1章
企業における情報と知識

第1節　情報と知識

(1) 本書における定義

　第2章でも述べるように，一般的に企業は組織をなす。そして組織の1つの重要な側面は，個人的制約を克服し，目的を達成するために形成される複数個人の体系，人間系というものである。

　このような企業等の組織において，情報と知識は何らかの事実（ないし現実）を表すもの，あるいは事実に根ざしたものでなければならない。科学的な法則や原理と異なり，組織で両者は実験や数式により正しいことが証明されていなくとも機能しうることが多い。そういう意味で「真実」「真理」という言い方はできないものの，組織においても情報と知識は空想や虚構ではなく，事実（現実）から生じたものでなければならない。現実と食い違うならばそれは情報ではなくデマであり，事実に基づいていないならばそれは知識ではなく思い込みや迷信である。

　ただし組織で両者は単なる事実でもない。目的達成のために存在する組織という人間系において，情報と知識はその目的達成のために価値のあるものでなければならない。そして厳密な時間的基準，タイムスパン上の明確な線引きはないものの，後に述べるように同じ価値のある事実であっても情報はその価値が時間経過により失われるのに対して，知識についてはこれが持続的な傾向がある。

　このようなことから，組織において情報は「事実のうち価値のあるもので，

更新の必要性が高いもの」、知識は「事実のうち価値のあるもので、時間経過に耐えうるもの」と定義できる。これが本書における情報と知識の定義である。ここで「価値のある」というのは、組織およびこれに所属するメンバーにとって有用である、有益に機能しうるということである。企業の場合その有用性あるいは有益な機能は、後に述べるように意思決定、事業活動と業務遂行、商品創造、競争優位の形成に関するものが中心となる[1]。

　ただしこのような価値は、保有する組織、個人によって違うし、また同じ保有者であってもその者が置かれている状況によって異なってくる。「A社が製品の回収と修理を来月末まで行うと発表した」という事実は当該製品の使用者にとっては価値があるが、そうでない者には価値がない。また同じ使用者であっても、当該製品を今後も使用する場合とそうでない場合では、このメッセージの価値は異なる。これが近いうちに不要になる場合には「A社が製品の回収と修理を来月末まで行うと発表した」というのは単なる事実に近いが、継続使用を考えている場合にはこれは「回収と修理を依頼する」「このまま使い続ける」「A社製からB社製に買い換える」等の意思決定前提として機能しうるし、そういう意味で情報的価値を持つことになる。情報の価値は主体によって異なるし、またこれには状況依存性があるといえる。知識についても、これはあてはまる。

（2）情報と知識の特性

　情報は使用しても減耗しない。また他の資源にはある場所で使用すれば同時に別の場所で使用することはできないという制約があるのに対し、情報は「同時にいろいろな場所で利用することができる」（石井, 1985, p.134）。つまり組織間、個人間での共有が可能であるし、複数主体が同じ情報を同時に利用することもできる。端的に言えば、いわゆる公共財としての性質を持つのである。ジョンシャー (1994) はこの点について次のように述べている。「経済的な財としての情報がもつ重要な特性としてこれまで注目されてきたのは、情報は減耗しないということである。このことから周知の、情報の『公共財』的特性が生

まれてくる」(Jonscher, 1994, p.6：邦訳，p.7)。

　知識についても同じことがいえる。ほかの資源は有限で，使い尽くされた後は補充されなければならないのに対し，知識は使用しても減らない。そういう意味で知識は無限の資源である。複数の主体が同じ知識を同時に利用することもできる (Kaplan et al., 2001, p.16)。

　先にも述べたように，情報と知識はともに「事実のうち価値のあるもの」であるが，前者は更新の必要性が高いのに対し，後者は時間経過に耐えうるという相違がある。「石油は化石燃料の一種である」という知識はいつの世でも正しく普遍的であるが，「原油相場は何時何分現在，1バレル何ドルである」という情報は更新されないと価値を失う。

　一般に知識の対象が不変であるならば，そこに潜む傾向も不変である。不変の対象に潜む傾向，ある種の普遍的真理を知識として獲得した場合には，その知識は更新を要しないし，企業特に研究開発部門にはそのような知識も実際に多い。たとえば塩酸の性質と水酸化ナトリウムの性質，酸とアルカリを混ぜたときに生ずる作用はどの時代でも変わらないから，「塩酸に水酸化ナトリウムを加えると食塩と水ができる」という知識，いわゆる「中和反応」に関する知識も真理であり続ける。

　ただし対象に内在する性質や傾向が時間とともに変化する場合には，知識も修正されなければならなくなる。知識は基本的にはストックとしての性格を持つものの，対象が変化する場合には，これを使いながら，対象との整合性を確かめ，補足や修正を試みないと古くなるのである。たとえば事業活動を行っている市場が大きく変化し，そこに潜む重要な性質や傾向が数年で違ったものとなるような場合，市場に関する知識をこれとの関係で利用しつつ段階的にモディファイしていかないと，当該知識は適切でなくなるであろう。前述した中和反応に関する知識は利用せず放っておいても永遠に真理であり続けるが，消費者ニーズに関して今年得た知識がそのままの内容で20年後においても正しいかどうかというのは極めて疑わしい。当該知識を販売促進等に利用し続けるとともに，そのプロセスで補足や修正をしていかないと，これはやがて陳腐化す

ることになろう。変化する対象に関する知識に関しては，くり返し実際に利用すること，そしてその過程で「メンテナンス」を行うこと，すなわち継続的な利用およびこれと並行した補足や修正のプロセスこそが妥当性低下を防ぐカギであり，利用しないと知識は古くなるのである。

　もっとも古くはなるものの，一定期間はくり返し利用できるということを重視すると，やはり知識はストック的性質を持つといえる。つまり1日で古くなってしまう知見は知識とはいわない。むしろそれは情報である。情報と知識を区別するタイムスパン上の基準，すなわちどれ位の間，更新する必要がなければ知識かという明確な線引きはないものの，基本的には情報はフロー的，知識はストック的なのである。

　このように知識は基本的には長期的に保有し続けられ再利用可能であるという性質を持つ。一方，情報はそのままの内容で価値を保ち続ける期間，更新せずに有用である期間は知識に比べ短い。たとえばマクドノウ (1963) は，知識を「知っていることにより役立つ事柄の全般的な貯蔵あるいは蓄積」(McDonough, 1963, p.76：邦訳, p.78) と定義している。この定義は知識の「ストック」としての性格をよく表している。このようなことから知識は，「自己および環境に関して知っていることの蓄積」と定義することもできる。

　実際，知識の中にはある組織や集団の中で長期にわたり綿々と受け継がれているものもある。この点を重視すると，「知識は事象の変化を超えて人々や組織集団が共有する，物事や事象の本質についての理解，あるいはメンタルなモデルである」(紺野, 1998, p.32) とみなすこともできる。これに対して情報は，次のような側面を有する。すなわち「基本的には事象の観察を第一次の『情報源』としている。したがってそこでは主観性より客観性や正確性が重視される。また事象は時々刻々変化するので，情報はフローとしての性格を持ち，常に新鮮なものが必要である」(前掲書, p.32)。

(3) 言語表現の可能性

　情報は通常ことばで表現可能であるのに対し，知識はそうであるとは限らな

い。相手の表情等が意思決定の前提となれば，それは情報とみなせなくもないが，組織における情報は一般的にはことばで伝達可能なメッセージをさす。情報の伝達ではその内容を正確かつ迅速に相手へ伝える必要があるため，受け手側で色々な解釈がなされうる表情やしぐさ等の媒介手段は有効性が劣る。また実際にこのような非言語は企業等の組織では情報の表現や伝達の手段としてあまり用いられない。

　もっとも組織を前提にしなければ，情報はことばで表現できるものに限らなくなる。たとえば通信論およびサイバネティクスの代表的研究であるウィーナー（1950）においては，「情報とは，われわれが外界に対して自己を調節し，かつその調節行動によって外界に影響を及ぼしてゆくさいに，外界との間で交換されるものの内容を指す言葉である」（Wiener, 1950, p.17：邦訳，p.11）と定義されている。また山田（1984）において情報は，「記号の列で表現できる離散集合（連続量と対比される離散量の集合）」（山田，1984，まえがき，（　）内の補足は白石による）と定義されている。山田（1984）が分析対象としているのはコンピュータを前提にした情報処理で，この定義はコンピュータが扱う情報の定義であるといえる。一方，生理学の立場では，情報は「外界の状況」（廣重，1996, p.4）と定義されている。これは「感覚器」が受容する情報の定義であるといえる。

　これらの定義はそれぞれ通信システム，コンピュータ，生理学の研究では操作的（operative）であるかもしれないが，企業等の組織では有効ではない。デジタル信号，外界からの刺激といった定義は，組織における情報の定義としては妥当性が劣るし，はなはだ使い勝手が悪いのである。後に述べるように企業等の組織において情報は意思決定の前提とされ，正確かつ迅速にこれは伝達される必要があるから，一般的にはことばで表現されうるメッセージをさす。

　一方，知識の中には容易にことばで表現できるもの，「直示的定義」（ostensive definition）が可能なものもあるが，「語ることのできない知識」もある（Polanyi, 1967, pp.5-6：邦訳，pp.16-17）。言い換えれば，知ってはいながらも語ることができないということが，我々の頭の中にはある。

　このようなことから，知識は「暗黙知」と「形式知」からなっていることが

わかる。暗黙知は「人間の脳のどこかに埋め込まれていて簡単には表現できない類の知識」であり，形式知は「容易にコード化できる知識」である（Davenport, 1999, p.28）。

第2節　企業における知識と情報の機能

　前節で述べたように，組織において情報は「事実のうち価値のあるもので，更新の必要性が高いもの」，知識は「事実のうち価値のあるもので，時間経過に耐えうるもの」と定義できる。企業でこの「価値」の中心をなすのは，意思決定，事業活動と業務遂行，商品創造，競争優位の形成に関する有用性，有益性である。情報と知識はこれらのいずれにも関係する。ただし強いて述べるならば，情報が特に本質的な役割を果たすのはこのうち意思決定と商品創造においてである。一方，知識はこれに加えて業務遂行，競争優位の形成においても主体的な機能を担う。

（1）意思決定の土台と前提

　組織が活動を行う過程では，さまざまな意思決定状況が発生する。これは企業に関してもあてはまる。たとえば競合他社が自社の商圏内に参入する，自然災害で工場が壊滅的打撃を受けるというような予測困難で突発的な問題，明日の会議資料を何部用意するかといった日々の活動において生ずる日常業務に関する問題など，種々さまざまな意思決定問題が発生する。そしてこれを放置していては企業は事業活動を継続できないので，このような問題に対して何らかの意思決定が行われる。このように企業経営には意思決定が常にともなうのであり，企業は意思決定により動いていると言っても過言ではない。

　企業等の組織における管理者の本質的役割とは，このような意思決定である。すなわち，ドラッカー（1954）によれば，「経営管理者はあらゆることを意思決定を通して行う」（Drucker, 1954, p.351：邦訳下巻, p.254）。またサイモン（1976）によると，「管理過程は，決定の過程である」（Simon, 1976, p.8：邦訳, p.11）[2]。

このような意思決定においては，情報がその前提とされる。そして情報の多くは組織のフォーマル，インフォーマル両方のコミュニケーション経路により伝達される。したがって，「コミュニケーションとは，おそらく正式には，組織のあるメンバーから別のメンバーに決定の諸前提を伝達するあらゆる過程であると定義される」(Simon, *op cit.*, p.154：邦訳, p.199)。たとえば，「軍隊では，意思決定を行うべき人に，その人の地位では個人的に確かめることのできない，すべての関連事実を伝えるための精緻な手続きを発達させてきた」(*op cit.*, p.15：邦訳, p.19)。

意思決定に際しては，何が判断の前提として重要かを認識するために知識がなければならない。換言すれば，情報だけいくらあっても，それを活用する知識がなければ混乱するだけということになりかねない (紺野, 1998, p.33)。すなわち，あるメッセージに情報的価値を見出し，これから判断を導くためには関連する知識を保有している必要がある。「A商品の売れ行きは雨天のとき鈍る」という知識を持つスーパーのマネジャーは，「明日の降水確率は90％」という情報をもとに，「A商品を何個仕入れるか」という意思決定を行うことができるが，前者の知識を持たない者は後者の事実を当該意思決定の前提とすることができない。情報を意思決定に活用するには関連する知識が必要不可欠なのである[3]。

また知識は意思決定の根拠ないし判断の土台であると見ることもできる。たとえば企業において，知識は有形と無形を問わずどのような商品を創造（開発）するかの意思決定，すなわち第4章で述べる商品企画に不可欠である。つまり自社が保有している技術，その他に関する知識をベースにこの意思決定はなされるのであり，こういった土台的知識がなければ当該意思決定は行えない。また企業で知識は，第5章で述べる販売上の意思決定でも重要な役割を果たす。たとえば当該製品の販売経路にはどういう選択肢があるかといった知識，その他の関連知識がなければ，いかなるチャネルで販売するか等の意思決定は行えない。

このように意思決定には知識が必要であるというのは企業においてもしかり

なのである。知識には事実を「見る目」としての作用，すなわち情報的価値を見極める認識機能と，判断の根拠ないし土台としての機能があり，企業においてもそれはあてはまる。

ただし前述したように，意思決定には前提としての情報も必要不可欠である。先に例として出した商品企画や販路選択においても，ニーズや競合製品など市場動向に関する情報がなければ意思決定は行えない。つまり典型的にはこのような意思決定は，自社の商品創造能力や販売能力に関する知識を土台に，市場のニーズやトレンドに関する最新の情報を意思決定前提として行われるのである[4]。

このようなことから，意思決定に際して必要であるにもかかわらず保有していなかった知識と情報が入手されれば，当該意思決定問題に関する不確実性は減少することになる。すなわち，ある意思決定問題に関連する知識と情報の入手はその決定問題に関する不確実性を低下させるし，不確実性を低下させるもの，その点で価値のあるものが知識と情報であるとみなすこともできる。たとえば自社店舗の商圏内に参入してきた競合他社に対抗するための戦略を決定する際に，当該店舗の資源や能力に関する知識，競合他社の組織や強み弱みに関する知識，相手企業が最近よく取っている競争戦略や当該商圏の現状等に関する情報が不足していると，この意思決定状況は不確実性が高い。自社の戦略遂行能力に関する知識，競合他社や市場に関する情報がもたらされるに従いこの不確実性は低下する[5]。

（2）事業活動と業務遂行の基礎

前述したように，意思決定において情報は前提，知識は土台として機能する。たとえば企業においては，有形と無形を問わず，どのような商品を創造し売り出すかの意思決定において情報と知識は重要な役割を果たす。

一方，創造し売り出すと決めた商品を実際に創造（開発）し生産するのにも，また市場に販売するのにも情報と知識が必要である[6]。言い換えれば，生産や販売等の実務を遂行する技術・ノウハウもある種の知識の体系であ

る[7]。

　このようなことから，企業における知識の機能には，商品の創造および生産，販売があることになる[8]。さらに宣伝広告，在庫管理など，企業におけるあらゆる事業活動，現場業務は知識の上に成り立っていると言ってよい。

　すなわち企業が行う事業活動の土台にはそれに関する知識がある。企業が事業を経営できるのは，これに関連する知識を組織的に保有しているからである。このため，デムセッツ（1991）によれば，知識は企業の範囲をも決めうる[9]。

　先に言及したように，現場の従業員が業務を遂行できるのも，遂行に必要な知識があるからであり，知識がなければ何事もなしえない。いわゆる業務マニュアルは当該企業がその業務に関して蓄積し受け継いできた知識の結晶と見ることができる。

　これは意思決定をほとんどともなわない反復作業等の業務に関してもいえる。単純に見える作業であっても，その根底にはそれを遂行するための暗黙知があり，その暗黙知の優劣が当該作業の効率性を規定する。

（3）商品創造の源泉

　何らかの生産活動を行っている企業に限定すれば，知識の中には製品に埋め込まれるものもある。すなわち企業においてある種の知識は製品に埋め込まれ，製品に具現化することによって価値を実現する。この点について，紺野（1998）は次のように述べている。「どんな形態であるにせよ，知識は企業の価値の源泉である。企業は情報を処理する『機械』やコンピュータ・プログラムのようなものではない。企業はこれらの生きた知識（製品創造等に機能する知識）を活用して市場や顧客，組織の問題を解決し，新たなアイデアを生み出している」（紺野，1998，p.30，（　）内の補足は白石による）。換言すれば，企業の知識の中には「製法などを規定する知識」があるし，また知識は製品そのものに「埋め込まれた」形でも存在する。本来的に製品というのは，何らかの知識を具現化したものである（前掲書，p.94）。

もっとも，新製品の創造には市場に関する情報も必要である。すなわち新製品は消費者ニーズ等に関する知識や情報と，技術的知識（シーズ）が結合し，具体的なモノに結実したものである。

　先に述べたように，企業において知識は製品に埋め込められた形でも存在する。ただしこれは，製品すなわち有形物に限ったことではない。生産を顧客価値の創出あるいは顧客ニーズの充足活動と広く捉えるならば，無形物やサービスを含むどのような商品にもあてはまる。すなわちグラント（1996）によれば，生産を広義に解釈すれば，どのような企業もこれを行っており，企業は「生産組織の制度」(institution for the organization of production) とみなすことができる（Grant, 1996, p.110）。そして「生産は投入物を産出物に変換するプロセス」であり，「生産における本質的な投入物と価値の主要な源泉は知識である」一方，「すべての個人の生産性は知識に依存し，機械は知識が具体化されたものである」(*op cit.*, p.113)。そして企業の最も重要な役割とは，個々のスペシャリストが保有する知識を統合して財やサービスに埋め込むことであり，「マネジメントの最重要な職務とはこの知識統合に必要な調整を行うことである」(*op cit.*, p.113)。

（4）競争優位の形成

　前述したように，グラント（1996）によれば，企業とは生産を行う組織であり，生産は基本的には「投入物を産出物に変える」プロセスである。そして投入物として最も重要なのは知識であり，この投入物としての知識を統合して産出物に変える，換言すればこれを商品に埋め込むのが生産の機能であるから，「企業は知識統合の制度として概念化される」(Grant, *op cit.*, p.109) のである。

　そして商品に埋め込まれる知識が優れたものであり，またモノづくりに関する秀でた知識が共有されていれば，開発され生産される商品も卓越したものとなろう。裏を返せば，競争優位のある商品を開発し生産するためには，競争優位のある知識が必要なのである[10]。

　販売や在庫管理，宣伝広告，顧客サポートに関しても同様のことがいえる。

優れた知識に裏づけされていれば，これらの業務は顧客満足度を高め，また当該企業の収益性向上に貢献する（Davenport & Prusak, 1998, p.6, pp.16-17：邦訳，p.26, pp.44-45）。たとえば，ダベンポート＝クラー（1998）によれば，近年パソコン業界等の一部業種では顧客サポートがユーザーの満足度を向上させるうえで重要性を増している。このような顧客サポートの質を左右するのもメーカーが保有する知識の優劣であるという（Davenport & Klahr, 1998, pp.197-198）。

このように，生産や販売，在庫管理，宣伝広告，顧客サポート，その他，いずれかの業務に関して競争優位のある知識が共有されていれば，その業務は当該企業にとり競争優位の源泉となろう。もちろんすべての業務に関してそのような知識があれば，当該企業の競争優位も強固となる。

そういう意味では，ほかの経営資源と同様に，知識も企業の競争優位に貢献しうるし，あらゆる業務が知識の上に成り立っていることを考えるとむしろこれは優位の源泉として重要なのである（Leonard-Barton, 1992, p.113；Davenport & Prusak, 1998, p.13, p.17：邦訳，p.39, p.45；野中・梅本，2001，p.9；Gold, Malhotra & Segars, 2001, p.186）。

このことを比較的早期に指摘したのは，ウィンター（1987）である。そこでは，企業で特に高い価値を生む知識，戦略的に重要な知識とは，言語化しにくく，他人に教えることが難しく，使用時に観察不可能で，複雑で，システムの一要素をなす知識であるとされている（Winter, 1987, p.170, p.174：邦訳，p.208, pp.213-214）。このような知識は，前節で言及したポランニー（1967）の言う「暗黙知」である。

ただし企業には製造に関する暗黙知もあれば，販売に関する暗黙知，市場に関する暗黙知もある。同じ製造に関する暗黙知でも，工程設計や進捗管理，品質検査など，関係する領域は多岐にわたる。したがって企業は現在保有する暗黙知を把握した後，「戦略的な問い」すなわち自社の強みとして今後意識的に増強しなければならないのはどのような知識なのか，そしてその知識からどのように価値が導出されるのかについて考える必要がある（Winter, *op cit.*, pp.173-174：邦訳，p.212）。戦略はそのような自社の強みである知識を土台にするもの

でなければならない。換言すれば，戦略形成においては，社内にどういう知識が保有されており，そのうちどこが強くどこが弱いのかが考慮される必要がある。

　紺野（1998）のことばを借りると，「持続的な競争優位性は企業の生死を決するテーマだが，多くの場合，その源泉となるのは，熟練的知識や技能，法的にも保護されていないような製品の特性（製品に込められた企業の知識やノウハウ），流通システムにおける経験知などである」（紺野，1998, p.30, （　）内の補足は紺野による）。企業のコアコンピタンス，コアテクノロジーは，このような競争上価値のある知識の複合体，知識のシステムとして存在するといえる。

　ポーター（1985）は，競争戦略には差別化，コスト・リーダーシップ，集中の3類型があるとし，差別化を「買い手がたいへん重要だと思ういくつかの次元に沿って，自社を業界内で特異性を持つ会社にしようとするものである」（Porter, 1985, p.14：邦訳, p.19）と定義した。すなわち差別化とは，業界内の多くの買い手が重要だと認めるファクターを1つまたはそれ以上選び出して，これに関して自社ならではの独自性を形成する戦略である。このような独自性は商品に埋め込まれる知識，また商品が流通し最終顧客に販売されるプロセスを支える知識に独自性があるために生じるのであり，商品の独自性源泉は商品に埋め込まれる知識の独自性，商品が流通し販売される過程で機能する知識の独自性にあるといえる[11]。

　そしてダベンポート＝プルサック（1998）によれば，「企業はますます知識をベースに差別化していく」（Davenport & Prusak, 1998, p.13：邦訳, p.38）。また知識は企業の競争優位源泉の1つというよりも，「競争優位の最大の源泉にもなってきている」（*op cit.*, p.13：邦訳, p.39）。この理由は彼らによれば，知識による差別化とこれによる競争優位が他の源泉，たとえば有形資源がもたらす差別化および競争優位よりも持続的だからである（*op cit.*, p.17：邦訳, p.45）。

第3節　現代における情報技術と情報システム

（1）情報技術とは

　1990年代前半から情報技術，IT，あるいは情報通信技術，ICT ということばがマスコミ等に盛んに登場し，企業経営との関連でもこれが注目されるようになった。今世紀に入ってからもこの傾向に変わりはなく，2010年以降はこれに拍車がかかっている感さえある。

　実際，第4章以降で述べるように，今日，企業の生産活動や販売活動において情報技術が果たす役割は大きく，前節で述べた知識および情報と同様に，この活用の仕方が当該企業の業務効率性，ひいては競争優位性を規定する1つの本質的要因にさえなっている。つまり現代の企業経営では知識と情報そのものが重要であることは前節で述べたとおりであるが，情報技術の重要性も年々増しているのである。

　この情報技術（Information Technology）という用語を本書なりに定義するならば，それは「情報のプロセシングを効率化するための技術」ということになる。この場合のプロセシングは，狭義の処理すなわち知的加工のみならず，収集や伝達（送受信），入出力，保存等を含む。このうちの伝達が含まれることを強調したい場合は，情報通信技術（Information and Communication Technology）という用語が使われる。また実際には情報技術は，情報のみならずデータ・プロセシングの効率化に使われることも多い。すなわち情報技術の「情報」は一般的には，広義概念で使われている。

　このように情報技術とはプロセシングを効率化する技術であるが，後に述べるように使い方によっては，これは組織の改革や顧客の獲得に機能しうる。他の技術が色々な用途に使われるのと同様に，情報技術もさまざまな目的で使われ，用途によって生まれる効果も異なってくる。またこれを使うための優れた組織能力を保有しているかどうかによっても，効果は大きく変わる。大きな導入効果を得られるかどうかは，これを使う組織能力と使い方次第であるといえ

る。

　それでは現代における情報技術とは，具体的にはどのようなものをさすのだろうか。「最近の情報技術について語る上で，マイクロプロセッサの物語を中心にすることが自然である」(中村, 2002, p.9)，「いまやインターネットは重要な情報基盤として位置づけられている」(根元, 2002, p.13)という記述に示されているように，コンピュータ特にCPU，インターネットが情報技術の代表例であるというのが一般的見解であろう。

　つまり情報技術は現時点では電子的デジタル技術を基盤あるいは中核としている。そのため，情報技術をこのような電子技術，デジタル技術と狭く捉える傾向もある。ジョンシャー (1994) のことばを借りるならば，「今日の経済では，電子技術（エレクトロニクス）は，ほとんど情報技術と同義になっている」(Jonscher, 1994, p.8：邦訳, p.9, (　) 内の補足は訳者による)。

　しかしあえて誤解を恐れずに述べると，色々な背景や要因はあるにせよ情報技術は現在たまたまそのような性格になっているということに過ぎず，30年後の情報技術が同様とは限らない。むしろ大きく様変わりしているであろう。情報技術とはあくまで，プロセシングを効率化する技術であり，現時点ではデジタル技術を基盤としていると見るのが適切である。

　言い換えれば，情報技術は常に発達しており，これを固定的に捉えるのは適切でない。新しく登場する情報技術は，組織運営の効率を飛躍的に改善し，組織の存続性と成長性を大きく向上させる可能性を秘めているかもしれない。したがって，企業の情報化においては既存の情報技術を前提にするのではなく，登場しつつある情報技術を絶えず研究し，それを踏まえて，企業経営ないし事業活動のあり方を改めて組み直そうとする姿勢が大切であろう。つまり「発達したコンピュータを前提にすれば経営のあり方そのものが新しいものになるはずだ」(土屋・藤井, 1994, p.41) というような発想が求められよう。

(2) 情報システムとは

　今日の企業では，生産管理システム，予約システム，在庫管理システム，会

計システムなど,「システム」のつく用語が多数使われている。これらはある種の情報システムであることが多い。つまり生産管理システムというのは,厳密には生産管理用情報システムのことである。基本的には,ほかの予約システム等についても同様である。

　この情報システムは,「情報技術 (IT) あるいは情報通信技術 (ICT) の有機的統合あるいは体系」と定義づけられる。ここで情報（通信）技術の結合とせず,有機的統合あるいは体系としているのは,構成要素,コンポーネンツに相互作用や連携がなければ情報システムとはいえないからである[12]。

　フォン・バータランフィ (1968) が述べているように,「システムとは相互作用する要素の複合体」(von Bertalanffy, 1968, p.55：邦訳, p.51) であり,単なる要素の結合はシステムとはいえない。相互作用 (interrelation) とは要素と要素が独立に振る舞うのではなく,ある要素の振る舞いと他の要素の振る舞いに影響関係があることを意味する (*op cit.*, pp.55-56：邦訳, p.51)。たとえば同じ部屋に電話とファクシミリが設置されていても,両者がまったく別々に使われている場合には情報システムとはみなせない。電話機とファクシミリが接続され,在室時には電話機が鳴るが不在の時にはファクシミリが起動するというような連携がなされているとき,それは原初的ではあるがある種の情報システムとみなしうる。

　そもそも組織たとえば企業の組織に情報システムが必要なのはなぜであろうか。たとえば手島 (1996) は,「企業が存続する限り,企業情報システムは必要であり,生き続ける」(手島, 1996, p.111) と述べているが,このようにみなせるのはなぜであろうか。

　涌田 (1975) は組織における情報システムを「合理的な情報利用の仕組み」と位置づけている。具体的には,彼は組織における情報システムの必要性について次のように説明している。「合理的に経営され,管理されている組織体では,計画も行動もまた統制も合理的に遂行されていると言えるだろう。しかし合理的に遂行されるためには,それに応ずる『仕組み』が必要であり,その仕組みとともに情報も合理的に利用されなければならない。合理的な情報利用に

は，そのための仕組みがまた必要である」（涌田，1975, p.8）。彼によれば，その「仕組み」が情報システムであるという。

人体とのアナロジーを用いると，企業における情報システムは，外部状況を感知する知覚器官，企業組織内部において情報をプロセシングする全身神経系として機能しうる。すなわち企業の情報システムは，環境から事実や情報を入手する役割を担うことができ，また内部において情報や知識を伝達，処理，保存する機能を持ちうる。企業はさらに，このような機能を組織改革や顧客獲得に用いることもできる。情報システムをどのように用いるかは，情報システムに対する見方，パースペクティブに強く影響される。

（3）情報技術の利用法とパースペクティブ

1980年代末から1990年代初頭におけるいわゆる「SIS ブーム」隆盛の契機となったワイズマン（1988）は，その冒頭で情報技術に対するパースペクティブ（立場あるいは見方）の重要性を次のような比喩で説明している[13]。

「われわれに見えるものは，われわれが信じていることによって大きく左右される。かつて中国の天文学者は，西洋の天文学者が見つけていなかった星，惑星，すい星を数世紀も以前から見分けていた。強力な光学装置をもっていたとか，場所が違っていたとか，科学者の解剖学的・生理学的条件に差異があったとかでは，このような天体に対する観察力と盲目の例を説明できない。むしろその説明は，二つのグループが宇宙をみていたときの概念的なパースペクティブが著しく異なっていたことに求められる」(Wiseman, 1988, p.15：邦訳, p.11)。

すなわち西洋の天文学者は宗教上のドグマに拘束され，「天体は神がつくったもので星の数は定まっている。したがって今見えている星以外に新しい星など無い」という立場をとっていた。彼らは当時のカトリック教会の教えに強い影響を受けていたため，神の天国にある天体は固定しており，不変なものであると信じていたのである。そのような天体に対する見方が，新しい星の発見を妨げ，天文学の発達を阻害した。それに対し中国の天文学者は，「今自分たち

が目にしている天体は観測器具の性能によるもので，将来観測器具が発達すれば新しい星を発見できるはず」という立場をとっていた。すなわち中国人は，天体の変化や新規性を拒まない宇宙観をとっていた。そのことが中国における天文学の発達を促した。

　一般的に言って観念は行為を規定するから，同様のことは情報技術，情報システムに関してもあてはまる。すなわちこれをどのように捉えるか，どうみなすかというパースペクティブがその使い方を規定する。本節の第1項でも述べたように，「機能」と「用途」は明らかに異なる概念であり，情報技術の利用においては本来の機能とは別に「何に使うか」という視点が不可欠である。パースペクティブを変えると，まったく異なるシステムが存在する余地に気づく（Wiseman, *op cit.*, p.15：邦訳, p.12）。

　すなわち機能と用途は異なるので情報技術の用途はプロセシングに限定されないというパースペクティブ，さらに進んで具体的にこのようにみなせるという新しいパースペクティブを形成できれば情報技術の可能性は広がりうるが，そうでなければITは最低限の機能しか発揮しない。機能の壁を打ち破り，情報技術の潜在的パワーを引き出すためには，それを可能とする何らかのパースペクティブが必要なのである。

　換言すれば，「機能的な視点に立った場合に達成できないが，マネジメント全般の視点からITの能力と力をうまく開拓すれば，組織戦略，管理の構造やシステムおよびプロセスに重要な変化を引き起こせるかもしれないという論理」（Venkatraman, 1991, p.124：邦訳, p.235）に立つことが重要である[14]。

　このようにパースペクティブは情報技術の利用法を規定するから，この導入効果も規定することになる。つまり同じ情報技術であっても，どのような見方をするかが情報化投資の成果を大きく左右する。身近な例を出せば，ワープロソフト1つにしても，それを「清書の道具」と見るか，「編集の道具」と見るか，あるいは「考えるための道具」と見るかによって利用価値が大きく違ってくる。

　情報技術に対するパースペクティブがこれに関する行為，つまりその「使い

方」を規定するという観点で現実企業の情報技術を見ると，実際に「たかが計算機」というパースペクティブが支配的な企業では，コンピュータが「たかが計算機」としての機能しか果たしていない場合が多い。一方，「競合者との競争において強力な武器になる」というパースペクティブがトップとメンバー間で共有されている企業では，実際にコンピュータが「競争の武器」として機能し，その企業の競争優位構築に貢献しているということに気づく。

　第1項で述べたように，情報技術は情報のプロセシングを効率化するための技術である。しかし前述したように，用途と機能は異なる。企業がプロセシングの効率性向上という機能を超えて，より創造的に情報技術を活用しようとすれば，情報技術の可能性は広がる。逆に言えば，そうしようとしたときにだけ情報技術の潜在的可能性を十分に引き出せる。このように，情報技術のメリットを十分に利用するためには，それを可能とする創造的なパースペクティブが必要である[15]。

（4）パースペクティブと知識および組織能力

　以上のように，パースペクティブは情報技術，情報システムの使い方を規定する。そのためパースペクティブは，これに関して蓄積すべき知識，活用ノウハウの内容をも決めることになる。

　すなわち，あるパースペクティブを土台にして情報技術，情報システムを使うということが，知識の重要性に差を設け，優先して蓄積すべきノウハウを明らかにする。知識蓄積に関し優先順位を設ける，組織学習に指針を与えるという意味でも，パースペクティブは重要なのである。たとえば，業務プロセスの変革手段というパースペクティブをとるならば，情報技術を業務プロセスの変革に活用するためのノウハウが必要となるし，競争優位構築の武器というパースペクティブをとるならば，ITを戦略的に活用するための能力を企業は蓄積しなければならない。複数のパースペクティブをとるならば，複数の領域の知識蓄積が必要となり，そのためのコストや時間も大きいものとなる。

　ここで注意を要するのは，情報技術の活用に関する知識を蓄積するにあたっ

第1章　企業における情報と知識　●—— 19

ては，個々の技術の「本質的機能」を理解しておく必要はあっても，工学的詳細を把握する必要はないということである。重要なのは，その技術で何ができるのかということであり，極論すればその中身，内部のメカニズムはブラックボックスであっても構わない。長岡（2002）のことばを借りるならば，情報技術の個別的詳細機能について熱心に論じる一般的風潮に流されず，「省略できる技術的詳細を捨象し，その根源的，原理的，批判的な理解を獲得すること，そしてその技術の活用（あるいは悪用）のもつ可能性を，広い多角的な視野の下で追求すること，追求し続ける」（長岡，2002, p.25, 強調と（　）内の補足は長岡による）という発想をとる必要がある[16]。

　情報技術，情報システムの活用においては，パースペクティブの策定と知識蓄積が重要であるのに加え，これらを進めるための組織能力が無くてはならない。すなわち自社を取り巻く外的状況と，蓄積されている知識やコアコンピタンス等の内的状況から，自社にとって最も有効なパースペクティブとはいかなるものかを判断する組織能力が企業には必要である。また企業には，あるパースペクティブに基づき情報技術，情報システムを活用する際に，その活用に必要な知識を明確にし，その蓄積に機能する組織能力が無くてはならない。

　このように，あるパースペクティブに依拠してIT，システムを活用するには，そのための知識が必要であるから，パースペクティブを「猫の目」のように頻繁に変えるのは適当とはいえない。企業は最も有利なパースペクティブを定めた上で，そのパースペクティブに立ってIT，システムを活用しつつ，当該パースペクティブでこれを活用することに関する知識をさらに蓄積していく必要がある。また企業はこれを有効に行う組織能力を持たなければいけない。端的に言えば，IT，システムを使うにはそのための知識が必要であり，この利用には使いながら知識を増やすという意識が求められる。ノーラン（1979）のことばを借りるならば，「システム活用を高度化させるためには，システムを活用しつつシステム活用に関する継続的な組織学習が行われている必要がある」（Nolan, 1979, p.116）。

　具体的にはノーラン（1979）は，情報システムの活用レベルを高度化させる

につれて，活用するための能力も発展させなければならないとしている。彼によれば，情報システム活用には6つの段階がある。具体的には，①開始期（Initiation）つまりコンピュータが導入される初期段階，②拡張期（Contagion）すなわち組織全体としての視点を欠いたまま各部門でコンピュータにより情報処理が効率化される段階，③統制期（Control）と呼びうる部門システム間の整合性が図られる段階，④統合期（Integration）すなわち組織全体の視点によりデータベース等の新しい情報技術の導入およびシステム構築が行われる段階，⑤データ管理期（Data Administration）すなわちデータとアプリケーションが全体で共有され組織的にこれらが活用される段階，⑥成熟期（Maturity）と名づけられているデータ管理が戦略的視点で計画される段階である（Nolan, 1979, pp.116-120）。このうち①開始期から③統制期まで，④統合期から⑥成熟期までは連続的にシステムが発展するが，③統制期と④統合期の間には断絶（transition point）がある。これはシステム活用に必要なノウハウが大きく異なるからである。企業はこの連続的発展と非連続的移行に備え，情報システムに関する外在的知識（external body of knowledge）と内在的知識（internal body of knowledge）を組織内に蓄積しなければならない。外在的知識とは情報技術の発達やデータ管理論に関する知識であり，内在的知識とは管理者，組織メンバーが情報システムを活用しながら得るノウハウ，経験的知識である。

　現代の企業においてはIT，情報システムの活用がこの順序で進展せず，このうちのいずれかの段階から入る，すなわち後方のステージから一気に活用が始まることも多い。しかし活用しながら意識的に知識を蓄積することが重要であることに変わりはない。

　このように企業はパースペクティブを策定した上で，活用ノウハウ蓄積（深化）の観点から一定期間それを保持しなければならない一方，まったく時代にそぐわなくなったパースペクティブに固執するのも問題である。手島（1996）に依拠するならば，特に情報技術が発達しこれにパラダイムシフトが起きた場合には，それに対応して情報システムに関するパラダイムシフトが行われなければならない（手島，1996, p.110）[17]。

しかし企業等の組織には一般に，過去の成功体験に固執するという傾向，成果をあげた戦略や行為に関するある種の「慣性」がある。環境が激変して戦略や行動プログラムの刷新が求められている状況でも，意思決定に必要な情報の不足が顕著で不確実性が高いと，リスク回避的な観点で従来の慣行が踏襲されがちとなる[18]。

　このような傾向は情報技術，情報システムに関してもあてはまる。すなわち組織は往々にして成功をもたらしたパースペクティブ，自組織の発展に貢献した情報システムにしがみつく。このような慣性がパースペクティブの改変と情報システムの変革を阻害する。また今までのパースペクティブに固執していると，これまでとはまったく異なる情報技術の利用法，まったくタイプの違う情報システムが存在しうることに思いが及ばない。そのような企業は情報技術の新しい可能性に気づかずに，相変わらずコンピュータを給与計算や会計処理だけに，また通信ネットワークを単なる電話の代わりとして使い続ける。このことは情報技術の導入効果を自ら小さくしていることにほかならない[19]。

　企業にとって，短期間にパースペクティブを頻繁に変えるのは望ましくない一方，古いパースペクティブへの固執も問題であるということは，いつパースペクティブを変えるかという意思決定が重要であり，またパースペクティブ改変のタイミングを的確に判断する組織能力が必要であることを意味する。

　1990年代以降，特に今世紀に入ってから情報技術は急速に発達している。コンピュータは単なる計算機ではなくなっているし，通信ネットワークも機能的に電話の代わりではなくなっている。情報技術でできることが以前に比べて飛躍的に拡大しているので，パースペクティブを変え，知識を蓄積すれば，従来できなかったような情報技術の活用が可能になるだろう。それによって顧客に新しい価値を提供したり，顧客の新たなニーズを刺激するといったこともなされうるのである。

【注】
（1）本書では「商品」ということばと「製品」ということばが使われる。製品は「技術や製法などに基づく物理的，機能的な財」（博報堂ブランドコンサルティング，2000, p.14），言い換えれば製造業者により生産された有形物をさすのに対して，商品というのは販売されるもの全般を意味する。したがって商品には農産物や魚介類，サービスも含まれる。たとえば畑から収穫されスーパーの店頭に並べられたキャベツは，商品であるが製品ではない。また銀行の預金やローンも製品ではなく商品ということになる。すなわちこれらは金融商品ではあっても金融製品ではない。一方，製品も流通過程にのせるべく出荷段階になると，商品とも呼べるようになる。
（2）管理者の本質的役割は意思決定であるものの，すべての意思決定が管理者により行われるとは限らない。特に近年，企業においては，意思決定の権限が現場のメンバーに委譲され，「考える現場」「学習する組織」の形成が進められている。これは企業環境の流動化にともない，現場で臨機応変な対応をとる必要性が高まっているためである。一方，管理者には専門知識を活かしながら現場で働き，そのうえでさらに知識を高度化させていくという「プレイング・マネジャー」的な役割が求められるようになっている。
（3）情報は知識の素材にもなりうる。すなわち，ある種の知識はメンバーが情報を分析し昇華させることにより成立する。そのようなことから，情報は知識の素材としての価値も持つ。端的に言えば，情報は知識の素材となりえ，また情報の1つの価値は「知識を増加させる源泉となる」（Wilson & Wilson, 1965, p.22）ということである。またデータは事実を数値化したものである。知識，情報，データの関係は基本的には，「知識は情報から生まれ，情報はデータに由来する」という関係にあり，知的加工によりデータから情報が，情報から知識が生まれうる（Morroni, 2006, p.26）。たとえばこういう知的加工の例として，統計解析ソフトによる各種分析があげられる。このような知的加工により「データから情報へ，さらには知識へ」（河野，1998, p.648）と時間経過に対する耐性および普遍的妥当性，すなわちいつでもどこでも有効であるという性質が強まる。
（4）能力の本質は知識とみなすこともできる。この見方に立つと，このような商品創造能力や販売能力等に関する知識というのは，知識に関する知識，メタ知識ということになる。
（5）競合他社は最近，コールセンターを新設したという事実があったとしても，コールセンターの設置が顧客との関係管理や顧客満足度の向上に大きな効果があるという知識がないと対抗策に関する意思決定において，当該事実を前提の1つにすることができない。すなわち関連知識がないと，情報として重要な事実であっても，これに情報的価値を見出せない。これについては本文で前述したとおりである。
（6）他方で，知識の中には，それがそのまま商品となるものもある。たとえばコンサルティング業界の企業が保有する知識の中には，そのような知識，それ自体が商品となる

知識が他業界の企業に比べて多い。
（7）ウィンター（1991）は技術の本質が知識であることを重視し，技術（technology）という用語の代わりに生産的知識（productive knowledge）という用語を用いて，企業の本質すなわち「企業とは何か」ということに関して議論を行っている（Winter, 1991, pp.179-195）。彼はその中で，「企業は生産的知識の貯蔵庫（repositories）である」という視座の重要性を強調している（*op cit.*, p.184, p.190）。
（8）商品の創造と知識の関係については，次項で改めて取り上げる。
（9）デムセッツ（1991）によれば，企業の重要な1つの側面は知識を蓄積しこれを活用する組織だということである。したがって，企業の境界もこのような知識そのものの応用可能性，および知識蓄積・活用の効率性に規定される。つまり異なる製品を扱う事業では必要な知識も，知識を蓄積し活用する仕方（組織能力）も異なる。ある事業で有効な知識およびその蓄積・活用方法が他のある事業でも有効ならば，その企業は両事業にまたがる形で多角化しうるが，そうでないならば当該事業への参入は抑制される。また同じ製品たとえば鉄鋼であっても，鉄鋼生産に関わる事業たとえば製鉄業における知識およびその蓄積・活用方法と，鉄鋼を活用する事業たとえば建設業におけるそれは同じではない。両事業において知識が共用でき，知識蓄積を効率的に行いうるならば，その企業は成功裡に垂直統合しうるし，そうでないならば一般的にその企業は片方の事業に特化する（Demsetz, 1991, pp.171-173）。
（10）一般に競争優位のある知識ないし戦略的価値の高い知識は，資源ベースビューの考え方を踏まえると，独自性が強く，模倣と代替の困難性が高いという性質を持つと考えられる。
（11）厳密に述べるならば，差別化は消費者の知覚によってなされる。商品の性能やデザイン等の独自特性が消費者に知覚されれば差別化が行われるが，差別化がすべてそのような商品特性から生ずるとは限らない。たとえば，商品特性は意識されていないのに，自己顕示欲を充足させるために高級ブランド品がある人によって継続購入されるような場合もある。このようなブランドは，独自特性のある「知的資産」とはいえても，独自特性のある知識とはいえない。このようなことから，知的資産と知識（知識資産）は別概念であることがわかる。知的資産はこのようなブランド等を含む概念であり，これが知識であるとは限らない。
（12）情報システムを「情報技術の有機的統合あるいは体系」と考える立場は，ジョンシャー（1994）にも見られる。彼はこの立場から，情報システムではなく「情報技術システム（information technology system）」という用語を用いている（Jonscher, 1994, p.17：邦訳，pp.23-24）。このような情報技術を広義に捉えるならば，人間の手計算もこれに含まれる。実際，組織は「かなりの部分で人手という情報処理手段を利用している」（手島，1996, p.111）。したがって情報システムの構成要素には，人間も含まれるこ

とになる。この立場を強く打ち出した研究には島田（1996）がある。彼によれば，「情報システムは，情報技術よりも広い概念で，技術のほかに人間，データ，および手続きが含まれる。すなわち，情報システムは『情報技術による情報システム』と人的・組織的要素によって生み出される『人間による情報システム』で構成される」（島田，1996, p.12）。ただし組織メンバーは情報システムの構成要素をなす一方で，主体的に情報システムを利用する存在であるということも忘れてはならないであろう。

(13) SIS は Strategic Information System の略で，「競争の武器」として戦略的に活用される情報システムをさす。

(14) ヴェンカトラマン（1991）によれば情報システムの戦略性は，市場構造や競争のあり方によって特徴づけられる事業環境，組織の持つ戦略的目標と特有の能力に規定される。すなわちその固有の形態，技術的構成それ自体によって戦略的であるという情報システムは存在しない。特定のシステムの役割，意味，戦略性は環境特性と組織内コンテキストに依存し，これらにかかわらずシステム自身の固有の特性から「戦略的」となるようなシステムといったものはあり得ない。たとえば，ある受発注システムが特定の競争的，戦略的，組織的条件のもとで競争優位の源泉となっていたとしても，同じ環境ですべての受発注システムが戦略的であるとは限らないし，また環境が変われば当該システムの戦略的価値が低下することもありうる。端的に言えば，「IT を基盤とする戦略的便益は，組織の持つ戦略的目標，特有の能力および市場の特性の間のユニークな関係から生まれる」(Venkatraman, 1991, p.130：邦訳，p.245)。

(15) ヴェンカトラマン（1991）によれば，戦略的パースペクティブの欠如は，情報技術の戦略的活用は当然のことながら，情報技術利用の最も基礎的なレベル，ある事業における局所的な情報技術の利用さえも阻害する。すなわち情報技術の基礎利用における「組織的阻害要因には，IT に対する戦略的なビジョンが欠けていること（IT が支援的役割しか持っていないとする見方），一部の上級管理者が IT を市場優位を実現する潜在的資源と見なそうとしないことがある」(Venkatraman, 1991, p.130：邦訳，p.246,（　）内の補足はヴェンカトラマンによる)。

(16) ここでは，実務への示唆が多いことに注目して，長岡（2002）のコメントを引用したが，この部分は本来は情報技術について考察する際の研究者のあり方として述べられている。また「活用（あるいは悪用）のもつ可能性」という部分は，厳密には「活用の持つ可能性と悪用される危険性」という意味であると解される。

(17) 手島（1996）では，思考の枠組みや視座の社会的形成が重視されているので，「パラダイム」ということばが使われている。本書が先に紹介したワイズマン（1988）にならって「パースペクティブ」ということばを用いているのは，個々の企業における視座の主体的構築を重視しているためである。

(18) ハメル＝プラハラード（1994）は，地位の高い管理者においてほどこのような慣性が

より強く働くとしている。彼らによれば，伝統的企業の経営幹部は心の奥に，過去に成功した戦略や経験が深く刻み込まれているため，視野を広げることが難しい。結果として，そのような企業は業界の慣習に染まらない新興会社との競争で苦戦することになる（Hamel & Prahalad, 1994, p.55：邦訳，p.72）。

(19) 古いパースペクティブへの固執は，たとえば1970年代末期のアメリカ銀行業界に見られる。この業界は当時，「電子計算機」としてのコンピュータの恩恵を非常に大きく受けていた。銀行業務のかなりの部分はデータ処理である。預金の管理や利息の計算，口座振替の処理も基本的にはデータ処理といえる。1960年代から1970年代にかけてのコンピュータは現在よりも機能面で格段に劣っていたものの，データ処理の「自動化」という点では威力を発揮した。そのため，1977年前後にATM（現金自動預入支払機）が実用化されたとき，多くの銀行はこれを預入支払業務を「自動化」する装置とみなした。一方，シティバンク（Citibank）はこれに，顧客拡大の武器となる可能性を見いだした。顧客には「いつでも，どこでも現金を引き出したい，預け入れたい」というニーズがある。そのニーズを充足すれば，自行に預金する客が増えるだろうと考えた。このようなパースペクティブの違いは，その後の各行の行動に大きな影響を与えた。シティバンク以外の銀行は，ATMを預入支払業務の自動化ツールと見ていたので，その設置は自行の支店内に限られた。それらの銀行は，人件費が節約されたことで十分満足した。しかしシティバンクは，前述したようにATMを顧客拡大の武器と位置づけていたので，自行の支店のほかに，たとえばパブリックス（Publix）やセイフウェイ（Safeway）といったスーパーマーケットに設置していった。投資効果はシティバンクの方が圧倒的に大きく，同行は顧客獲得ツールとしてのATM活用によって中堅の銀行から全米1位の銀行に躍進した。現在ショッピングセンターの片すみにATMが置かれている光景はあたり前となっているが，当時としてはATMの活用に関してシティバンクは先見の明があったといえるだろう。このように，同じ情報技術でもパースペクティブが異なると使い方がまったく違ってくるし，その違いが投資効果に大きな差を生む。

第2章
組織化と情報

第1節　組織をつくる意義

　一般的に企業は複数のヒトで成り立っており，組織をなしている。この組織とはある種の人間系，すなわち複数個人の体系であるが，バーナード (1938) はより厳密にこれを「意識的に調整された人間の活動や諸力の体系」(Barnard, 1938, p.72：邦訳, p.75) と定義している。彼によれば，そこで行われているのは協力して働く行為すなわち協働 (cooperation) である。この点を重視すると，組織とは「二人以上の人々の協働的活動の体系」(op cit., p.75：邦訳, p.78) ということになる[1]。

　またサイモン＝スミスバーグ＝トンプソン (1950) によれば，「組織は，組織の参加者と呼ばれる多くの人々の相互に関連した社会的行動の体系である」(Simon, Smithburg & Thompson, 1950, p.381)。すなわち組織には「組織の参加者」，明確な意思をもって参加するメンバーと，「相互に関連した社会的行動」言い換えれば互いに影響を及ぼしあう持続的相互行為がある。先に紹介したバーナード (1938) の言う協働もある種の「持続的相互行為」とみなせる[2]。

　このように組織はヒトなくしてあり得ない。それではヒトはなぜ組織を形成するのであろうか。言い換えれば，複数のヒトが集まり協働を行うのはなぜであろうか。バーナード (1938) はこの点について，「協働は，個人にとっての制約を克服する手段として存在理由をもつ」(Barnard, op cit., p.23：邦訳, p.24) としている。このような制約は何らかの目的を達成しようとする際に働く。そしてこれは，(1) 個人の生物的才能または能力と，(2) 環境の物的要因の結合結

果として存在する (op cit., p.23：邦訳, pp.24-25)。このように組織には，何らかの目的を達成するうえで障害となる個人的制約を克服するために形成されるという側面がある。

　前章で述べたように，企業を含め組織は意思決定により動いている。そして意思決定には情報と知識が必要となる。しかし意思決定に際して当該意思決定者が必要情報をすべて保有しているとは限らない。ガルブレイス (1973) によれば，いわゆる不確実性とはこのような「必要な情報と保有情報の差」(Galbraith, 1973, p.5：邦訳, p.9) であると定義できる。つまり意思決定に必要な情報，言い換えれば意思決定前提がより豊富にあるということは不確実性が低いことを意味し，逆にこの不足度合が大きい際には不確実性が高いということになる。先にも言及したように，意思決定には知識も必要なので，知識に関しても同様のことがいえる。

　必要情報と保有情報のギャップすなわち不確実性に直面している意思決定者に，新たに必要情報が伝達されれば，不確実性は低下する。換言すれば，ある意思決定問題を解決するのに必要な情報が追加されると，必要情報と保有情報のギャップが縮小し，その決定問題にともなう不確実性は低下する。知識に関しても同じである。そして意思決定問題の不確実性が低くなれば，より適切な意思決定を下せる確率も増す。

　意思決定の必要性が認識されていても，これにともなう不確実性が高すぎると，適切な意思決定どころか，いかなる意思決定もなされないということになりかねない。つまり意思決定前提が不足しすぎていると，意思決定自体が行われない。このことを先に紹介したバーナード (1938) は，「たとえばボートで睡眠中に漂い出し，大洋の霧のまっただ中で目をさまし，どちらへ行こうと勝手だとしても，ただちに方向を決めかねるだろう」(Barnard, 1938, p.14：邦訳, p.14) という比喩で説明している。

　しかし個々のヒトが保有できる情報は限られているし，意思決定の際にまったくの独力で新しい情報を入手するのにも限界がある。外部のデータベースやインターネット上のコンテンツが充実し，社会全体の情報流通量が増えてきて

いるとはいえ，意思決定の際に必要な情報がすぐに外部の情報インフラを通じて入手できるとは限らない。むしろそのような情報流通量の増大は，個々人にとって価値のある真の情報の所在をわかりにくくし，その入手を困難にしつつある。情報の種類にもよるが，必要になった時点でその情報が新たに入手できると期待するのは合理性を欠いている。

　そこに組織を形成し，情報を組織として取得し保有することの意義がある。すなわち「組織はいかなる一人の個人よりも，より多くの情報を獲得できる」(Arrow, 1974, p.53：邦訳, p.58) のである。しかも情報には公共財的性格があるから，複数メンバー間で同時にこれを利用することもできる。このようなことから，組織をつくって，みんなで協力ないし分担して情報を入手し，それを組織的に共有共用するのが合理的ということになる。組織は，情報の入手と保有に関する個人の限界，個人の認知限界を克服できるのである。

　知識に関してもこれはあてはまる。たとえば企業が組織的にナレッジ・マネジメントに取り組む1つの本質的な意義は，これにより知識入手に関する個人の限界を克服できるということにある。

　一方，パーソンズ（1951）によれば，組織成立の契機は社会において生産物の交換が一般化すること，言い換えれば交換経済の成立と，生産における協働の優位性にある。彼はこのことを次のように述べている。「ごく一般に交換できるもの，有意義な『生産物』や所有物は，ただ一人の行為者の活動ではなく，複数の個人行為者の協力（協働）の産物なのである。協力とは，交換よりも親密な道具的活動（手段的活動）の統合の一様式である。それはいくつかの活動や『貢献』が噛み合い，その結果，<u>一つの単位として交換過程に加わることのできる単位が成り立つことを意味している</u>」(Parsons, 1951, p.72：邦訳, p.82, 強調はパーソンズによる。（ ）内の補足は白石による)[3]。

　すなわち組織は協働により，個々人が単独で行うには難しいような生産を遂行することができる。これは交換に拠出できる財の価値が大きくなるということであり，交換経済における組織の優位性につながる。このような優位性を備え，1つの単位として交換過程に参加する存在が組織だというのである。

コース (1937)，ウィリアムソン (1975) はまったく別の論理，すなわち取引コストの節減という概念で組織の成立を説明している。市場取引においては，往々にして取引当事者間に情報の偏在（非対称）が存在するため，駆け引き的な行為が発生する可能性があり，この防止に大きなコストを要する。取引を組織に内部化することにより，このようなコストは大幅に削減されるという (Coase, 1937, pp.390-393：邦訳，pp.44-47；Williamson, 1975, preface, p.9：邦訳，序文，p.17)。

典型的には，このような現象は労働の売買すなわち雇用関係において見られる。労働者は自分自身の労働力についてよく知っているのに対し，雇用側ではその労働力に関する情報が少ないのが一般的である。このため，雇用側は労働者の利己主義的行為を防止するために長期的な雇用関係を結ぶことになる。これが組織が成立することの1つの説明である。つまり雇用関係に注目すると，組織とは内部化された労働市場，内部労働市場ということになる (Williamson, Wachter & Harris, 1975, pp.258-259, p.274)。

第2節　組織における意思決定と情報

(1) 意思決定と情報・知識

第1章でも述べたように，組織が活動を行う過程ではさまざまな意思決定状況が発生する。たとえば企業を例に取れば，明日商品を何個仕入れるかというのも1つの意思決定問題である。そのような商品の仕入れ量など日々の活動において発生する日常業務に関するものから，自社製品に欠陥や不具合が見つかる，取引先が倒産するといった対応を誤ると重大な事態になりかねないものまで，企業では種々さまざまの意思決定問題が発生する。そしてこれを放置していては事業活動ひいては企業の存続に支障をきたすので，問題に対して何らかの意思決定がなされる。このように組織運営には意思決定が常にともなうのであり，組織は意思決定により動いていると言っても過言ではない。

組織における管理者の本質的役割とは，このような意思決定である。言い換えれば「自ら動く」のではなく，自分は意思決定を担い，その遂行は部下たち

（チーム）に任せるというのが理念的な管理者の姿である。この点についてドラッカーは，「経営管理者はあらゆることを意思決定を通して行う」(Drucker, 1954, p.351：邦訳下巻，p.254) と述べている。またサイモンも，「管理過程は，決定の過程である」(Simon, 1976, p.8：邦訳，p.11) としている。

　意思決定においては，知識がその土台として機能し，情報が前提として使われる。前述の商品仕入れ量に関して言えば，たとえば「缶ジュースの売行きはその日の最高気温に左右される」という知識を持つコンビニエンス・ストアの仕入担当者が，明日の予想最高気温を前提に仕入れ数を意思決定する。「缶ジュースの売行きはその日の最高気温に左右される」というこの知識は，缶ジュースの仕入数を判断する際にいつもその基礎として機能する一方，予想最高気温については毎日新しい情報が入手され，その更新された気温情報が意思決定の前提として使われる。

　情報の多くは組織のフォーマルないしインフォーマルなコミュニケーション経路により伝達される。したがって，「コミュニケーションとは，おそらく正式には，組織のあるメンバーから別のメンバーに決定の諸前提を伝達するあらゆる過程である」(Simon, *op cit.*, p.154：邦訳，p.199) と定義される。たとえば，「軍隊では，意思決定を行うべき人に，その人の地位では個人的に確かめることのできない，すべての関連事実を伝えるための精緻な手続きを発達させてきた」(*op cit.*, p.15：邦訳，p.19)。これらの点については，第1章でも述べたとおりである。

　ただし管理者の本質的役割とは，前述したように意思決定であるものの，すべての意思決定が管理者により行われるとは限らない。特に近年，企業においては，意思決定の権限が現場のメンバーに委譲され，「考える現場」「学習する組織」の形成が進められている。これは企業環境の流動化にともない，現場で臨機応変な対応をとる必要性が高まっているためである。一方，管理者には専門知識を活かしながら現場で働き，そのうえでさらに知識を高度化させるという「プレイング・マネジャー」的な役割が求められるようになっている。

（2）情報の伝達

　一般に，組織，特に大企業の組織は複数の部門や階層により成り立っている。これらの間で有機的な連携を維持し，組織が単なるサブシステムの寄せ集めではなく1つの体系として機能し続けるためには，部門間，階層間で活発に情報の授受が行われなければならない。情報のやり取りがあるからこそ，組織の活動は全体として秩序だったものとなるのである。また前述したように，不確実性を削減するために組織は必要情報を円滑に入手し，また内部で滞りなくこれが流れるようにしなければならない。

　このようなことから，部門間，階層間の情報伝達をいかに効率的に行うかという伝達関係の問題が生じる。これにまったく取り組まないと，情報伝達に時間がかかるようになり，また情報にゆがみ，いわゆるバイアスがかかって，これが往々にして不正確になる。意思決定は情報を前提にして行われるので，情報の内容が十分でなかったり，不正確であったり，またこの到達が遅くなったりすると，適切な意思決定ができなくなる。

　たとえて言うならば，組織でも「伝言ゲーム」と同じ現象が生じるわけである。すなわち子どもがよくやる遊びに「伝言ゲーム」というのがある。2つのグループに分かれて，ある内容を伝言していき，最後の人が伝言内容をみんなの前で披露する。そして最初の内容とより近い内容だった方が勝ちになる。このゲームでは，伝言内容が最終的にとんでもない内容になり爆笑を誘うことが多いのであるが，企業の組織でも同じような現象が起こりうる。

　つまり情報伝達のあり方を効率的，合理的にしておかないと，情報の内容が欠落したり，これが不正確でゆがんだものとなりうる。より厳密に言えば，情報の内容が変更される歪曲，情報の内容が一部抜け落ちる一部欠落，情報に一部の内容が付け加えられる一部付加，情報がまったく伝達されない伝達中止，根拠のない情報がねつ造され伝達されるデマゴーグが生じる。一方，意思決定は情報を前提として行われるので，前述したようにこのような情報の欠落やゆがみは意思決定を誤らせることになる。

　こういったバイアスの作用は，大元の情報保有者（発信者）から中継点を経

て遠い場所へ行くほど強くなる。一方，企業において最も豊富な環境情報を保有しているのは，市場と実際に接する機会の多い現場従業員である。このようなことを考えると，企業の組織で最上層にいるトップ・マネジャーはバイアス作用を最も強く受けた環境情報に接していることになる。この点について原澤 (1994) は，「トップ・マネジャーが生の環境情報に接することは稀で，環境との関わり合い方に関する戦略的意思決定を行う際には，常に『イメージの中』で意思決定を行っている」(原澤，1994, p.183) と述べている。

また異なる部門間の情報伝達に関し，工夫がまったくなされていないと，部門間の連絡は1レベル上にいる共通の管理者を通じて行われることになりかねない[4]。これはコミュニケーションが遠回りをしていることになり，時間の面で非効率で，伝達内容にゆがみが生じる危険性も大きくなる。

ガルブレイス (1973) は，このような伝達関係の問題を組織構造の問題と，伝達手段の問題に分けて考えた。つまり情報伝達を効率化するために，組織構造そのものを情報伝達に便利なようにすることも考えなければならないし，通信技術等にサポートされた新しい伝達手段を導入することも検討しなければならないとしている (Galbraith, 1973, pp.17-18：邦訳，pp.29-30)。

たとえば組織構造の部分的な工夫としては，プロジェクト・チームの結成，また全体にかかわる工夫としてマトリックス組織の導入があげられる[5]。これらは特に，部門間つまり横の情報伝達を効率化する。また新しい伝達手段の導入としては，LAN など通信ネットワークの構築，各種の携帯端末の利用などが考えられる[6]。実際，現代において，情報伝達にこのような情報（通信）技術をまったく利用していないという企業は稀である。特に大企業では，次項で述べるように情報技術がシステム的に利用されている。

(3) 情報システムと組織フラット化

先に紹介したガルブレイス (1973) の主張のように，情報伝達を円滑にするためには，企業は組織構造を工夫するとともに，新しい技術による伝達のサポートを図らなければならない。このような観点から，多くの企業，特に大企

業では今日，情報システムが利用されている。この情報システムは，第1章でも述べたように情報技術（IT）ないし情報通信技術（ICT）の有機的体系と定義づけられる。今日その技術の中核となっているのはコンピュータやインターネット等，デジタル処理と通信の技術である。

ただし情報システムの導入は組織に何らかの影響を及ぼさずにはおかない。これについては，一般的には組織のフラット化，あるいは「文鎮型組織」への移行を促すと言われている。

たとえばドラッカー（1989）は，情報システムを導入して，組織における情報伝達を効率化すれば，組織構造は管理階層の短縮によりフラット化するとしている。彼によれば，管理者の重要な役割の1つは，情報流における分岐点・結節点というものである。つまり組織では，色々な所から管理者のもとに情報が集まり，管理者はそれを整理して，適切な相手に振り分けて送る。したがって，情報システムにより情報の自律的かつ円滑な流れが形成されれば，そのような情報経路における中継点としての管理者は不要になる。このため組織はフラット化するという（Drucker, 1989, p.209：邦訳，pp.301-302）。

組織における管理者の重要な機能が「情報中継点」であるかどうかについては議論の余地があろうが，単なる中継点としての機能しか持たない管理者は，このように情報システムの導入により必要性が低下する可能性がある。すなわちロング（1987）によれば，情報システムの導入により管理者一般が不要になるわけではないものの，情報中継点の機能しか持たない管理者層は要らなくなるため，組織がフラット化する（Long, 1987, pp.195-200）。

一方では，ドラッカーは「情報化組織では，われわれの馴れ親しんでいる命令型（ヒエラルキー）の組織に比べ，きわめて多くの専門家が必要となる」とも指摘している（Drucker, *op cit.*, pp.209-210：邦訳，p.302，（　）内の補足は白石による）。しかも，「専門家は，本社よりも現場で必要となる」という（*op cit.*, p.210：邦訳，p.302）。本社にいるジェネラル・スタッフについては情報システム導入後も必要性が高いとされている。すなわち「情報化組織においても，法務，広報，人事，労務などの実務にたずさわる中枢的スタッフ機能は，必要である」

(*op cit.*, p.210：邦訳, pp.302-303) という。しかし,「助言, 相談, 調整にたずさわるだけの実務上の責任をもたない人間は, 大幅に不要となる」(*op cit.*, p.210：邦訳, p.303) というのが彼の見解である。

　特に, 資本の希少性が低下し, 経営資産としての知識の重要性が増している現代の企業では, 現場で知識を獲得し, これを活用する専門家の必要性が高まっている。このようなことから, 現場にいながら専門的職能を担いつつ知識を獲得・活用し, かつ実務上の責任を負うような管理者, 第1項でも言及したいわゆる「プレイング・マネジャー」が今後増大するであろう。

　日本企業におけるこのような情報システム導入による組織フラット化を実証し, また管理者のプレイング・マネジャー化に関し, 能力活用型人事がその条件となるということを指摘している研究もある。具体的には, そこでは「人間が自分の知識や能力を発揮することは人間にとって最も根源的な欲求の一つであり, 能力活用型人事管理はそれが職場において可能となることを示唆する」(上林, 1996, p.41) とされている。そして,「その意味において, 情報技術革新下における組織構造の変化やそれを基礎とした能力活用型人事管理へのパラダイム革新は, 従来のミドルの働き方を修正し, 彼らが人間として持つ思考能力や知識を職場において生かしていくことを可能とする一条件である」(前掲論文, p.41) ということが指摘されている。

第3節　組織戦略の重要性

　経営史学に「組織構造は戦略に従う」(Structure follows Strategy.) という有名な命題がある[7]。この命題の意味は, 企業は策定した戦略を遂行する観点で機能的な組織構造を選択する, あるいはつくりあげるということである。逆に言えば, 組織構造は戦略遂行など経営全般の有効性を左右する。したがって, 企業には組織の選択・編成上の戦略, すなわち「組織戦略」が無ければならない。

　一般に, 何らかの組織形態を導入する際には, 権限の配分や行使, 管理方

法，業務遂行のあり方についても検討する必要がある。組織と戦略の整合性，組織と環境の整合性もさることながら，組織と権限関係や管理スタイル，業務プロセスとの整合性も重要なのである。この整合性を欠くと，組織の編成は結果としてうまく行かないことが多い。

また岸田（1985）によれば，利点のある組織形態であっても運営コストが大きければ，「その利点がコストによって相殺される」（岸田，1985，p.309）ことになる。それどころか，導入や運用の仕方が不適切であれば，利点よりも弊害の方が大きく現れてしまいかねない。長所がある一方，運営上の困難があまりにも大きいと，どのような組織形態もうまく機能せず，企業には定着しないのである。

あえて誤解を恐れずに言うならば，日本の産業界にはかつてアメリカ発の新しい組織形態が多数の企業により相次ぎ導入されるというブームのような現象がいくたびか見られた。それが経営上の課題をクリアする万能薬として扱われ，企業間でもてはやされるという，ある種の流行とでもいえるような風潮が過去に何度か出現したのである。

このような組織変更ブームは，権限関係，管理，業務プロセスとの整合性を考慮せず，いわば安易にアメリカ発の目新しい組織形態に飛びついたというものであった。多数の企業が，自社の管理スタイルや内部プロセスの現状，自社を取り巻く環境について考慮せずに，他社を真似て半ば盲目的に新しい組織形態を採用した。そして，そのように権限関係や管理スタイル，業務プロセスを変えないまま新しい組織を導入したために，その組織形態の利点を生かせず，結果的にそれは多くの企業では定着しなかった。

それに対し，たとえば後に述べるマトリックス組織を導入して有効に機能させている企業は，市場変化への即応に重点を置き，導入にあわせて下層への権限委譲，情報の横展開，知識の組織的共有を行い，業務遂行における現場の自律性を向上させている[8]。端的に言えば，組織運営が有機的になっているのである。バーンズ＝ストーカー（1961）の枠組で言えば，機械的システムから有機的システムへの変更がなされていることになる[9]。

現場メンバーに権限委譲を行い，メンバーが主体的に意思決定を行うようにすれば，マトリックス組織の弊害である管理者間の権限争い等は生じない。つまり意思決定と伝達のあり方がトップダウンならば，従来言われていたマトリックス組織の短所が顕在化する可能性があるが，現場主体で意思決定が行われている限り，二軸の管理者間での主導権争いや報告命令をめぐる混乱は起こらない。

このように，ある組織形態の短所を封じ込めるためには，それを採用するのと同時に，権限関係や管理スタイル，業務プロセスの検討と変更を行わなければならないのである。組織戦略は組織の設計や組織形態の選択にとどまらず，管理や業務のあり方等，内的なプロセスとこれを整合的にする取り組みを包含するものでないと失敗に終わる危険性が大きいといえる。

第4節　職能別部門組織

それでは，現代の企業が採用している組織形態には，どのようなものがあるのだろうか。まず職能別に部門を編成する職能別部門組織があげられる。たとえば営業部，人事部，総務部，経理部，製造部，その他という組織編成がこれにあたる。

このような部門化の問題に関心が持たれるようになってから，100年以上になる。最初に関心を持ったのはドイツの実務家で，工務（研究，技術，生産）と商務（販売，財務）からなる企業組織をつくった。これが職能別部門組織の始まりである[10]。

職能別部門組織では，共通あるいは類似の職能ないし職務をまとめることによって部門がつくられる。したがって部門ごとに似かよった技能や知識を持ったメンバーが集まることになる。そして収益と直接関係している部門をライン部門，ライン部門を補佐したり助言したりする部門をスタッフ部門と呼ぶ。ライン部門の典型は，購買や生産，販売に携わる部署である。スタッフ部門の例としては，総務・庶務や広報に関わる部門，秘書室等があげられる。

職能別部門組織には，次のような長所がある。

第一に，専門化による利点が大きいということである。職能別部門組織では，購買，生産，販売といった機能が，それぞれ1つの部門により専門的に担われる。このため，効率的な機能遂行が期待できる。機能により扱う情報，必要な知識には違いがあるため，機能別に部門を編成すれば，情報と知識の入手・活用における経済性も増す。このような専門化の利点はある種の分業のメリットと見ることもできる。

第二に，1人の管理者が有効にマネージできる人数が多いということである。同じ職能を持ったメンバーが同じ部門に集められ，しかも多くの場合，管理者もその職能を備えているので，管理がしやすいといえる。たとえば経理部には経理の職能を持ったメンバーが集められ，経理の知識を持った管理者がこれを管理する。このような場合，管理者にとって監督がしやすいのである。

一方，職能別部門組織の短所としては，次のことがあげられる。

第一に，セクショナリズム（部門間対立）が発生しやすいということである。職能の分化は往々にして思考様式の分化を呼び起こす。たとえば「営業の論理」と「生産の論理」といったように，部門ごとに独自の考え方や行動パターンがつくられやすい。それが部門間に目に見えない壁をつくることがある。

第二に，各部門の業績評価が困難だということである。つまり会社の売上や利益が増えた際に，どの部門の努力によるものなのかをはっきりさせることは，職能別部門組織では困難である。

第5節　事業部制組織

企業の中には，テレビ事業部，パソコン事業部，コピー機事業部，その他というように，商品別に組織を編成しているものがある。これは事業部制組織と言われる組織形態である。この事業部制は，自動車メーカーのGM（General Motors）社と化学メーカーのデュポン（Du Pont）社が採用したのを契機に普及していった。

GMに関して言えば，スローン（Alfred P. Sloan Jr.）が1920年に副社長に就任したとき，同社は全社的な組織編成がほとんど手付かずの状況で会社全体のまとまりや秩序を欠いていた。すなわち複数企業の寄せ集めのような状態で，会社全体に関係する業務の指揮命令系統および報告系統，全社的業務に関して誰がどういう権限と責任を持っているのかはあいまいであった[11]。

　これを見て，スローンは同社の組織を再編成する必要性を強く感じ，車のタイプ別にこれを行うことにした。そして1921年，生産・販売する車の価格帯別に，高い順にキャデラック（Cadillac）事業部，ビュイック（Buick）事業部，オークランド（Oakland）事業部，オールズモビル（Oldsmobile）事業部，シボレー（Chevrolet）事業部という組織体制をつくりあげたのである[12]。

　1923年にスローンは社長に就任した。その頃シボレーとオールズの中間層に大きな潜在的需要があることを認識し，両者の間に位置するジャンルの車を扱う事業部として，1925年にポンティアック（Pontiac）事業部を新設した。このような取り組みにより，GMの組織的な枠組が形成されていくとともに，同社はevery purse and purpose，つまり「すべてのサイフ（価格帯）とすべての使用目的」に対応する車のメーカー，いわばオールラウンドな自動車会社として歩んでいくこととなった。

　一方，デュポン社はもともとは火薬・爆薬メーカーで，19世紀末以降に断続的に生じた戦時需要により発展した。特に第一次大戦に際し，同社始まって以来と言ってよい大規模な投資を行い，生産設備を増強して，人員も増やした。しかし大戦が終われば，このような設備や人員に余剰が生じることになる。このことを見越して，同社は大戦中に塗料や染料，人造皮革，工業用化学薬品の事業に進出し，いわゆる多角化を進めた。

　一次大戦終結後の1919年，同社の決算は創業以来，初めて赤字となった。表面的な原因は火薬・爆薬の需要減もさることながら新しい事業群の業績不振にあったが，深層にある本質的な原因を探るために同社は調査委員会を設けた。この委員会の答申内容は，組織編成が多角化した同社の当時の状況に対応できていないというものであった。つまり事業が多角化しているにもかかわらず組

織形態は以前のまま変わっていないというのである。より具体的には，経営しているのが火薬・爆薬の単一事業ならば営業部隊も1つ，生産管理も1系統でよいが，複数事業を保有することとなったのだからそれに合った組織体制にすべきであると，この委員会は勧告した。これを受けて同社の経営陣は，製品事業別に社内を部門化し，これに生産から販売までの権限と責任を与え，その長に各製品事業の最終的な利益責任を負わせるようにするという意思決定にいたったのである。これはまさしく現在で言う事業部制の発想である。

事業部制組織では，多くの場合，商品領域（ジャンル）別に事業部をつくり，各事業部は独立会社と同じように担当商品の開発，生産から販売までを一貫して行う。言い換えれば，基本的には1つの事業部内で業務が完結するわけである。事業部を統率するのは事業部長で，この事業部長がその商品領域に関し，利益をあげる最終責任を負う。事業部長はその事業に関するかぎり，実質的に社長と同じ役割を果たすといえる。

この事業部制組織の長所は，次の通りである。

第一に，経営者が会社全体に関係する戦略的意思決定に専念することができる。これは，各事業部の運営が基本的にはすべて事業部長に任せられるからである。

第二に，第一の長所とも関係するが，事業部レベルの戦略的意思決定を事業部長が行うため，経営者的なセンスを持つマネジャーが増えるし，トップマネジャーの育成が促進される。事業を経営し，利益をあげるための権限と責任が事業部長に委譲されるため，事業部長が社長としての訓練を積むことができるのである。

第三に，各事業に関する意思決定が事業部に委譲されるため，意思決定が迅速化し，環境変化への臨機応変な対応が可能となる。事業の内部状況やこれを取り巻く環境をよく把握できているのは，一般的には本社よりも各事業部の方であるから，このような委譲により意思決定の的確性も向上する。事業をめぐる内外の情報を豊富に持っているそれぞれの事業部に，担当事業に関する種々の判断を任せることにより，意思決定はより適切になることが期待できるので

ある。

　第四に，各事業部の間に競争心，ライバル意識が生まれ，組織が活性化されうる。これは，事業部ごとに業績を出し，比較することが容易だからである。実際，事業部制組織の企業では，一般的にこれが行われている。

　他方で，事業部制組織には，次のような短所もある。

　第一に，場合により事業部の壁に阻まれて，情報と知識の全社的共有がなされにくくなる。情報と知識はある種の公共財的性質を持ち，したがって共有し共用することが可能である。そして共有共用することにより意思決定にともなう不確実性は低下し，またこれらが創出する価値は大きくなる。このようなことから情報と知識は社内全体で共有した方がよい。しかし前述した事業部間の競争心，ライバル意識が強すぎると，情報と知識の「囲い込み」心理が生ずることとなる。

　第二に，第一で述べた情報と知識の共有障害により，また事業部にまたがる意思決定がしにくくなることにより，何も施策を講じないと業務上の非効率とコスト面でのムダが生じがちとなる。たとえば複数の事業部で共通の原材料を使っているような場合，これを共同発注すれば購入コストは安くなるが，往々にしてこれが個別に仕入れられることとなる。

　事業部の独立性が高いと，複数の事業部が同じような製品の開発を別々に進めてしまうこともある。たとえば録画機能付きテレビといった複合製品の場合，録画機事業部とテレビ事業部が個別に開発を進め，会社全体として見ると開発コストが高くなってしまうことがある。これも事業部間に生じる連絡・調整不足によるムダの例といえる。

　第三に，各事業部がオーバーラップして経営機能や設備を持つため，企業全体としてみれば保有資源が過剰になりがちとなる。保有資源に重複があるため，資源に関して言えば事業部制の企業はスリムとはいえないことが多い。

　第四に，何らかの仕組みを設けないと，各種の製品が結合された「システム」を求めているユーザーに対応しにくい。すなわちユーザーが各種の情報機器を組み合わせた情報システムを求めているような場合，各々の機器を別々の

事業部で生産している企業では，有効に対応できないことがある。何も工夫をしなければ，多数の事業領域にまたがる新製品や新サービスも創造されにくくなる。

　より具体的には，パソコンと電話，コピー機が一体化した情報システムをユーザーが欲しがっている場合，これらの製品を扱う部署がパソコン事業部，電話事業部，コピー機事業部というように分かれている企業では，対応しにくいことがある。このような企業はあらかじめ，ハード（機器）類を製造する事業部のほかに，システム構築の事業部を内部につくっておくか，外部にシステム構築専門の子会社を設立しておく必要がある。システム需要に応える体制をつくっておかないと，事業部制組織の企業は，この種のビジネス・チャンスを逃してしまうことになりかねないのである。

　なお，事業のターゲット市場や戦略的な位置づけが共通する事業部をまとめて組織的な単位としたものも見られる。これは一般的に戦略的事業単位，Strategic Business Unit（SBU）と称される。これは先に述べたようにターゲット市場や戦略的ポジショニングを基準に事業を束ねるもので，これにより組織を編成することで戦略策定と戦略遂行のマネジメントが行いやすくなる。

　また事業部の自己完結性と利益責任を強化して，これをいわば「企業内企業」にしている組織形態もある。これはカンパニー制，あるいは社内カンパニー制と呼ばれる。この場合には，カンパニー（事業部）ごとに財務諸表も作成される。カンパニー制では，一般的に事業部のトップは事業部長ではなくプレジデントと称される[13]。

　さらには事業部の独立性を高めるために，これを分社化することもある。日本では1997年以降，第7節で述べるように持ち株会社によって子会社を統制し，複数の子会社の集合体として企業を組織することも可能になっている。

第6節　マトリックス組織

　建設会社では工事ごとに，A地区再開発プロジェクト，地下鉄B線工事プロ

ジェクト，Cビル建設プロジェクトというようなプロジェクトが組まれ，社内の色々な部門からメンバーが選抜される。資材調達，設計，工程管理，経理，法務等の各部門からメンバーが集められてプロジェクトが設立され，複数の工事案件が同時進行するのである。これはマトリックス組織と呼ばれる組織形態である。

　企業の組織は通常，1つのグルーピング基準によって部門化が行われる。たとえば，その基準が職能ならば職能別部門組織となり，事業ならば事業部制組織となる。それに対し，この組織ではまず職能別に部門がつくられる。ここまでは職能別部門組織と同じであるが，この職能別部門とは別に，ビジネス，収益が得られる案件ごとにプロジェクトがつくられる。そして，そのプロジェクト・リーダーたちが色々な職能部門からメンバーを選抜して各プロジェクトを編成する。

　組織の1つの側面は権限の体系であり，権限関係を土台とする命令と報告によりこれは維持されていると見ることができる。そして組織では秩序を維持するために，一般にメンバーにとって権限系統すなわち報告命令系統は1つであり，1人のメンバーが複数の直属上位者から指示を受けるということはない。いわゆる権限一元化の原則がとられ，命令があるメンバーに向かって下りていくルートは1つに統合されているのである。秩序の崩壊は協働体系の効率性を低下させ，組織としての存続性にマイナスに働くことがほとんどなので，権限系統を2つ以上設けることは，企業では長期にわたりタブー視され続けてきた。

　言い換えれば，誰の指示に従えばよいのかが明確でないと不都合なため，従来の組織はワンマン・ワンボス，1人のメンバーに対して1人の直属上位者というのが原則であった。マトリックス組織はこの原則をあえて破り，メンバーが職能別部門とプロジェクトのそれぞれにボスを持つところにその特徴がある。管理者とメンバー間の報告命令系統が2つ設けられるのである。

　マトリックス組織は，いわば縦と横の2つの軸によって，格子状の協働体系を常態的に形成・維持する組織形態である。前述したように，メンバーは単一

部門ではなく，2つの組織単位ないしグループに属し，2つの報告命令系統（権限系統）のもとに置かれる。そして部門間にまたがる水平的なコミュニケーションが公式化されている。先にも触れたように，権限一元化の原則，ワンマン・ワンボスの原則をあえて排除しているのである。

萌芽的なマトリックス組織は，後に述べるように1960年代にアメリカで現れた。その後，環境ファクターたとえば顧客ニーズの変化と多様化とともに業務や技術が年々複雑になるという状況に，従来の1軸によるマネジメントでは多くの企業が柔軟に対処しづらくなったという事情から，この組織形態は先進各国で脚光を浴びることとなった。

換言すれば，マトリックス組織の有効性が高くなるのは，外部環境の流動性や不確実性が高いときである。環境が安定的で変化に対応する必要性が低い場合には，定型的な業務を効率よくこなすヒエラルキー的な組織が有効である。しかし新しいビジネスチャンスが次々と生まれるような環境，不確実性が高い変化の激しい環境では，プロジェクトを臨機応変に編成でき，また異分野間の横断的なコミュニケーションが活発に行われるマトリックス組織が大きな効力を発揮する。王（2004）のことばを借りるならば，このような特性を重視した場合，「マトリックス組織は，多様性を組織内部に組み込むことによって，環境の変化に柔軟に適応しようとする組織である」（王，2004, p.312）と見ることができる。

歴史的に見れば，マトリックス組織の成立には2つの流れがある。1つは各職能部門からメンバーを選抜してプロジェクトをつくる形で登場したもので，もう1つは各事業部門から共通職能を集めてこれを統合管理するプロセスで形成されたというものである。

前者の代表例は，1960年代前半にアメリカの航空宇宙産業の主要企業に現れたマトリックス組織である。当時，アメリカは旧ソ連との厳しい冷戦下にあった。アメリカ政府内には，それぞれ部分的にしか権限と責任を持たない多くの職能部長と契約を交わしていると，ソ連との航空宇宙開発競争に遅れを取ってしまうという懸念があった。

そこでアメリカ政府は航空宇宙産業の主要企業に対して、プロジェクト（機種）別の管理体制を導入するように要求した。これが行われれば、政府機関の担当者は1つのプロジェクト全体にわたって権限と責任を持つプロジェクト・リーダーと交渉や契約をすることができるからである。

多くの企業は政府の要望に応えながらも、従来の職能別部門も残した。これによって航空宇宙産業の各社にマトリックス組織が生まれた。

一方、後者、すなわち事業部にまたがる共通職能を統合することで登場したマトリックス組織の代表例としてはダウ・コーニング（Dow Corning）社のものがあげられる。

従来、同社は組織的には事業部制をとっていたものの、1960年代半ばまで事業分野は基本的にはシリコン製品とその関連事業に限定されていた。本業が製品革新の起こりにくい事業分野で、かつ事業ドメインを本業周辺に限定していたため、新規投資の必要性が小さく、人員や資源の有効活用に気を配る必要はあまりなかった。

ところが1960年代後半、同社では新事業分野への参入が進み、総合化学メーカーへと多角化していった。このため、職能を統合することによる重複や無駄の排除、規模の経済性の享受、資源の有効活用が必要になった。こうして、各事業部に分散的に配置されていた職能を統合する形でマトリックス組織がつくられたのである。

マトリックス組織の長所、利点としては、次のことがあげられる。これらは、いずれも相互に関係している。

第一に、組織内のオープンなコミュニケーションが促進されるということである。プロジェクトには異なる部門のメンバーが参加し、また組織内には同時期に複数のプロジェクトが存在することが多いから、組織のいたるところで、異部門間のコミュニケーションが行われることになる。

言い換えれば、多数の職能や専門領域にまたがる「場」において、異分野コミュニケーションが促進される。職能別部門組織や事業部制ではふだん接することのない相手と日常的にコミュニケーションを交わすことになるのである。

第二に，第一の長所とも関係するが，部門間の「壁」が生まれにくいということである。すなわちマトリックス組織には，異部門間のコミュニケーションが促進されることにより，縦割り意識の形成が抑制されるという長所がある。

　先に述べたような異分野コミュニケーションの「場」が組織内の各所で形成されるため，いわゆるセクショナリズムの防止につながるわけである。各プロジェクトで，異なる部門のメンバーがプロジェクト成功のために協力し，日常的にコミュニケーションを交わすので，全体を犠牲にして自部門の利益を優先する部分的最適化（部分最適）も起こりにくい。

　第三に，これも第一の長所と関係するが，異分野の個人間コミュニケーションは知識連携や知的触発を促進するので，マトリックス組織は新商品の創出に機能することが多い。異分野知識の交流が活発化することによりアイデアやシーズの形成が刺激されるため，この組織は新商品開発に適しているのである。たとえば武田薬品工業等の研究開発型企業がマトリックス組織を採用している1つの大きな理由は，これにあると考えられる。

　第四に，メンバーに大局的なものの見方を身につけ，ジェネラリストとしての資質を形成する機会が与えられる。メンバーは自身の専門だけでなく，より広い見地で種々の事情や問題を考慮しなければならない状況に置かれるので，視野を広げることができるのである。

　マトリックス組織には，このような長所がある一方，以下のような短所があると言われる。いずれも権限一元化を放棄したために生ずる短所と見ることができる。

　第一に，メンバーに対し，職能別部門とプロジェクトが別々に指示を出し，さらに指示が整合性を欠いていることがある。またメンバーの方も，ある問題に関して，職能別部門とプロジェクトのどちらの上司に指示を仰げばよいのか，わからなくなることがある。

　言い換えれば，この組織ではメンバーが二元的な権限系統の下に置かれるため，どちらの系統上で責任を負っているのかで迷うことが多くなる。両軸上の交点においてメンバーは，問題ごとにどちらの上司に報告し，指示を仰ぐべき

かを判断しなければならないのである。

　このようにマトリックス組織には，2系統により命令と報告がなされるため組織内に混乱が生じやすいという短所がある。2つの報告命令系統の下に置かれることから，組織メンバーの心理的ストレスも大きいと言われている。これらのことは，組織の全体としての統合には往々にしてマイナスに作用する。

　第二に，管理者間，特に職能別部門の管理者とプロジェクト・リーダーの間に，主導権争いが生じやすい。典型的には，メンバーの処遇等をめぐって二軸の管理者間でコンフリクトが起こりうる。すなわち，あるメンバーの管理や活用をめぐって，たがいに自分の主張を通そうとするケースが時により生ずる。場合によってはプロジェクト・リーダー同士の間でも，予算配分などの局面で，自己の利益や裁量権を大きくしようとして衝突が起こる。

　第三に，2つの権限系統間に起こる対立がエスカレートし，意思決定の停止や遅延，先送りが生ずる危険性がある。このような意思決定プロセスの停滞現象はまったく逆の要因，すなわち二軸の管理者間にある種の「遠慮」が働くことによっても起こりうる。このため，マトリックス組織では，意思決定が円滑に行われるための内部的な調整に時間や労力を消耗することになりかねない。

　第四に，マトリックス組織では，有能な社員はプロジェクトがつくられるたびに毎回選抜されるが，他方ではいつも声がかからず職能別部門に居続ける人も生ずる。有能なメンバーはいつも忙しい一方，時間を持て余し気味のメンバーもいるという意味で，メンバー間に業務負担の偏りとこれによる不公平感が生まれやすいのである。

第7節　その他の組織形態

（1）チーム制組織

　新しい事業というのは基本的には，シーズとニーズが結びついて実現されるもので，どちらが欠けてもうまくいかないのが一般的である。新事業というのは，いわば技術的な情報および知識と市場に関する情報・知識が結合し，結晶

化したものと見ることができる。

　しかし現実経済には，同じ技術やインフラで種々のビジネスを展開することができる企業，実際にそうしている企業というのもある。こういう企業で新事業を創出するために必要となるのはもっぱら市場に関する情報と知識であり，新事業の設立にあたって新しい技術が必要になるという傾向は弱い。たとえばインターネット上でビジネスを行うドットコム・カンパニーがその例である。そこでは，新ビジネスを創造し経営するうえで重要なのは市場ニーズに関する情報と知識，事業のアイデアとコンセプト，ビジネスモデルといった概念的な内容や枠組である。新事業の企画と開始にあたって必要になる技術的な情報や知識というのは少ない。

　こういう企業の新事業開発はいわば「アイデア勝負」の側面があり，いつも社内のどこかでニュービジネスのアイデアがねられ，その立ち上げが行われているため事業が百花繚乱の傾向がある。その一方で採算の取れない事業の見切りも早い。端的に言えば，臨機応変に起業と撤退が行われているのである。それぞれの事業を担当する組織もつくられては廃止されるということが日常的に行われているので，事業部制は向かない。長期間，同じ事業を機能別部門の分業によって効率よく経営するというスタイルとも相容れない。事業のスクラップ・アンド・ビルドが活発なこういう企業は，それぞれの事業を運営するプロジェクトないしチーム，生まれては消え，消えては生まれる小集団の集まりとして，自社を組織化するのが自然の流れで，実際にもそうしている場合が少なくない。小集団の存続期間は比較的長いものの，このような組織編制を比較的早期に取り入れた代表的な企業は京セラで，同社はこのような組織単位に「アメーバ」という名前をつけている。

　このようにチームを組織編制上の核にして経営を行うことのメリットは次の通りである。

　第一に，組織を小さなチームに分けることにより，市場の動きに即応できるようになる。新しいニーズを感知すれば，それに対応するための事業チームをつくり，ニーズが消滅すればチームも廃止するという臨機応変なチームの設

立・廃止を行うことにより，収益の最大化を図ることもできる。

　第二に，小さなユニットの連合体として会社を構成し，ユニットの経営をそのリーダーに任せることで，社員の間に経営者意識を醸成することができる。また経営者としてのセンスを備えた人材の育成が促進される。

　第三に，全従業員が会社の経営に参加することにつながり，生きがいや達成感を持って働くことができるようになる。全員に経営への参加意識を持たせることができるのである。

　このようなメリットを生かすためには，チームは何らかの事業を経営するための単位となり，収益と直結していなければならない。具体的な事業を運営し，たとえ小さくとも独立したプロフィットセンターとなることができるというのが，チームになりうる重要な条件なのである。そして実際にプロフィットセンターとして機能するために，チームには収益をあげるための権限と責任が付与されることになる。ちなみに前述した京セラの場合，この要件は「明確な収入が存在し，かつ，その収入を得るために要した費用を算出できること」「ビジネスとして完結する単位となること」(稲盛, 2006, p.103) と定義されている。

　チーム制の場合，ニーズの減少や競争力の低下にともなって撤退した事業のメンバーが，まったく新しい事業のアイデアを思いついたとき，気兼ねなく再チャレンジできる風土がなければならない。一度失敗したメンバーが萎縮して二度と新事業を提案しないようでは，事業のスクラップ・アンド・ビルドは進まないのである。チーム制を導入する企業は一般的に変化の激しい環境をドメインとしているから，存続し成長するために事業の臨機応変な設立・廃止は不可欠である。新しいビジネスの企画と立ち上げができない企業，いわば事業の新陳代謝を欠く企業は，激しい環境変化の中では存続することが難しい。気軽に新事業の提案を行える雰囲気，場合によっては「ゲーム感覚で仕事をこなしている」(三矢・谷・加護野, 1999, p.49) といった感覚を形成することが重要なのである。

　ただしユニットの設立と廃止は臨機応変に行われるものの，これになんらか

の基準を設けなければチーム制は行き詰まるであろう。設立を無条件に認めると収益性の低い事業が乱立し，保有ビジネスは不採算のものだらけということになりかねないし，経営者の独断で廃止を決定すると従業員の動機づけが低下するからである。したがってチーム制を長期的に維持するためには，たとえば毎月300万円以上の利益が見込まれるならばユニットの設立を認め，6カ月間連続してこの目標を達成できなければ撤退するといったルールを設けなければならない。

(2) 持ち株会社による企業グループ

　日本では1997年より純粋持ち株会社の設立が解禁となり，株式の所有を通じて他企業を統制する企業グループの形成が可能となった。この制度を活用し，事業部の独立性を高める観点でこれを分社化し，持ち株会社によってグループとしての統合を図っている企業もある。第5節で述べた社内カンパニー制というのは比喩的なもので，各カンパニー（事業部）が法律的に独立した法人となるわけではない。持ち株会社によるグループの場合は，これが独立した法人となりグループは文字通りの企業集合体となる。

　そこではグループ全体の資源配分の最適化を図り，子会社や関連会社を含むグループとしての企業価値を最大化することが重要となる。またグループとしての総合力を高め，全体としての競争力を強化することが意識されることとなるし，またそうでなければならない。このことは研究開発，新商品創造に関しても言え，グループとしてのシナジー効果創出と知的生産性の向上が図られる必要がある。

　知識創造に関して述べると，新井（2005）によれば，90年代半ばまで親子間の関係は基本的には親会社が新技術等に関する知識創造を担ってこれらを子会社に提供し，子会社はこれを活用してそれぞれの立場で経営効率化を図るというものであった。しかし持ち株会社の解禁により，親子間のより有機的な連携が必要になったという。彼は具体的には，この点について次のように述べている。「従来は，親会社中心主義による子会社の部分最適であったが，グループ

全体を密接に連携させて全体の効率を重視することが求められる。また，親会社から一方的に知識を提供するだけではなく，子会社からのフィードバックも積極的に活用する知識集約型のグループ経営に移行する必要がある」(新井, 2005, p.8)。

もっぱら親会社で知識を創造しそれを子会社に移転するというスタイルの企業グループは，子会社も巻き込んで大規模な知的触発，知識創造に努める企業グループに知的アウトプット形成で遅れを取り，競争優位に立つことは難しいであろう。グループ経営では，事業活動のみならず組織的な知識創造もグループ内会社を巻き込み，これらにまたがる形で行われる必要があるといえる。

第8節　組織改革の方向性と知識

日本の企業では近年，組織図に現れない非構造的な組織改革がさかんに行われている。より具体的には，全体的なトレンドとして自社組織が有する創造力の強化，知的生産性の向上を意図した改革が行われている。すなわち多くの企業では，発想力と個性の豊かな人がそのような特性を存分に発揮でき，内部から独創的なアイデアが次々と生まれてくるような組織への脱皮が試みられている。換言すれば，近年の組織改革の重要なキーワードは知識，ナレッジである。改革では，知識を共有し，そして新しい知識が絶えず創発するような状態になることが重視されているのである。そして最近の組織改革の特徴は，このような改革が業績の必ずしも悪くない企業，むしろ長期的に好業績を維持している企業で，これが大規模に進められていることにある。

伝統的な組織は，組織内の和を重視するあまり，組織内部の多様性をどちらかと言うと有害視し，異質性（変異）を排除しようとしてきた[14]。言い換えれば，従来の企業は組織内の統合を維持することを重視し，主流派と異なるタイプの人材を排除したり，封じ込めることに注意を払ってきた。一般的には突出した行動，異端的な人材を嫌い，いわば「出る杭をうつ」管理を行ってきたのである。

異端の排除をしない企業でも，組織内の多くのメンバーの知識や能力が同質である場合，また多くのメンバーの関心が同一方向を向いている場合には，放っておくとこれらに関して特異性を持つ人材がそれに同化してしまう。

しかしメンバーの知識や能力，知的ベクトルがよく似ている組織よりも，それらに多様性のある組織における方が，新しい技術や商品は創造されやすい。すなわち組織が長期的に存続するためには，組織内に多様性を確保する必要がある。新技術・新商品の創造は異なる情報や知識の結合から生じ，多様性のある組織ではそのような異種結合が行われやすいからである。組織内の多様性を確保することが，その組織の創造性の維持につながるといえる。

実際，アメリカにおいて独創的な技術開発が盛んになされるのは，同国の企業や研究所において個性的な人材が大切にされ，異分野知識の連携が活発になされているためだとしている研究もある（瀬沼，1999，p.10）。より具体的にはこの研究では，アメリカの組織が高い創造性を維持している要因として，「1）画期的な商品・技術を開発したいという主体性。すなわち，アメリカンドリーム的な願望に基づき改良より一攫千金を狙った画期的な技術開発を志向。2）英語によるコミュニケーションの容易さに基づく情報の豊富さ。3）個性を大事にし，異なった意見を尊重し評価する体制。4）NASAのプロジェクトにみられるように異分野連携による大プロジェクト運営」（前掲論文，p.10）の4つをあげている[15]。

このように，新技術・新商品を絶えず創造していくためには，組織の本流とは異なる知識や能力，関心を持った人材を大切にし，組織内の多様性を維持する必要がある。組織内の多様性を確保するためには，異質な人材を守らなければならないのである。

日本でもこのことの重要性を認識している企業は，現場への権限委譲を進める一方，多様性や異質性の排除につながりやすい権限規定など文書化された規則を最小限に減らしたり，あるいは規則に関して言及や参照をなるべく行わず，これを意識する機会が生じないようにして，あえてこれを形骸化している。そして厳格な管理を行わずに経営理念や文化のような緩やかな枠組みで組

織としての統合を保とうとしている。企業によってはそのような知識や能力，知的ベクトルに関する異端派を守るために，社内ベンチャーなどの設立を認めたり，特命的なポストを設けているところもある。このような社内ベンチャーや特命的ポストは，主流派のそれとはまったく異質の知識や能力を保護し発展させる孵卵器，保育器の機能を果たしているとみなせる。

第9節 「学習する組織」の構築

　組織の中には，メンバーが知識の取得に動機づけられている組織と，そうでない組織がある。そして経営学，組織論では，前者は「学習する組織」と呼ばれる。

　知識の活用は短期的な業績の向上をもたらすことはあっても，既存知識の修正や高度化，新しい知識の獲得をともなわなければ，長期的には組織を破綻に追い込む。環境が変化すれば，それまで有効だった知識がそうではなくなるということも多いからである。有効性を失った知識にしがみついていては組織は存続できない。組織が存続するためには，活用とともに環境変化に合わせて知識を修正し，また変化に備えて，さらには主体的に変化を引き起こすべくこれを創造していく必要がある。マーチ (1991) のことばを借りると，知識の単なる活用は「自己破壊的」(self-destructive) であるといえる (March, 1991, p.71, p.85)。

　知識の活用に比べて，その修正や高度化，創造は苦労が多く，また大きな不確実性をともなう。したがって，企業の関心はこういった修正や創造等よりも活用に向きがちである。たとえば技術に関して言えば，活用よりも研究開発の方が圧倒的に多大なコストと労力を要する。したがって新技術でひとたび競争優位を構築した企業も，その後の研究開発が進まず，次世代技術に関しては遅れをとるということが往々にして起こる。場合によっては自社で開発するよりも，たとえ特許料を払ってでも活用に集中し，開発は他社に任せたいという意識が働くし，実際そういうスタンスを取っている企業も近年少なくない。

　しかし前掲のマーチ (1991) が指摘しているように，活用とともに既存知識

の修正や高度化，新しい知識の創造を行わない組織，つまり学習しない組織は長期的には存続できない。たとえば先に取り上げた技術に関して言えば，企業は同じものを使い続けるのではなく，これが陳腐化する前にその修正や高度化，新技術の開発を進めなければ，競争優位性を維持できないのはもちろんのこと，存続することさえ危うくなる。

　実際，存続し成長している組織は学習によって知識を獲得し，獲得した知識を種々の形で組織内に蓄積している。長期的に存続できる組織とは，このような「学習する組織」である。企業に関して言えば，知識創造型企業となることが重要なのである。しかも企業は活用を通じて知識の修正や高度化，創造に努めなければならない。使いながら学ぶというプロセスでこそ，修正と高度化につながる知的触発や生きた知識，価値の高い新しい知識が得られるのである。

　ただし組織において学習するのは結局のところ個々のメンバーである。したがって「学習する組織」とは，現実的には組織メンバーを学習すなわち知識獲得の主体として尊重し，すべてのメンバーが学習に向けて動機づけられている組織であるといえる。

　今日，このような学習能力は企業の競争優位性を大きく左右するようになっている。すなわち環境が流動的で，不連続に変化する状況では，組織内の全メンバーが知識の獲得に動機づけられた「学習する組織」となることが企業にとって特に重要となる。この点について，センゲ (1990) は次のように述べている。「世界がますます緊密に結びつき，ビジネスがさらに複雑化しダイナミックになるにつれ，仕事はますます『ラーニングフル』になる，つまり学習を要する局面が増えるだろう。学習する人間－フォードやスローンやワトソンのような人物が組織にひとりいるだけではもはや足りない。トップの位置で『事態を読み』，他のみんながこの『大戦略家』の指示にしたがうといったやり方では，もはやとうてい対処不可能なのだ」(Senge, 1990, p.4：邦訳, p.10)。

　環境が流動的になっている今日，センゲ（前掲書）の言う「大戦略家」に外部環境の把握と戦略の細部の決定を任せていては，戦略の有効性は著しく低下する。そういう状況下では，トップの策定する戦略は「枠組」的にならざるを

得ず，戦略に具体的内容を付与する役割は現場メンバーにゆだねられる必要がある。現場メンバーには指示を受けるのではなく，自ら「考える」ということが要求されるのである。このようなことから彼は，「これから本当の意味で抜きんでる組織は，あらゆるレベルのスタッフの意欲と学習能力を生かすすべを見いだした組織となるだろう」（*op cit.*, p.4：邦訳，p.10）と述べている。

ニッカーソン＝ゼンジャー（2004）によれば，個人は問題に直面した際にその解（solution）として知識を取得もしくは創造する。したがって，彼らによれば問題解決（problem solving）と知識形成（knowledge formation）は本質的には同じということになる（Nickerson & Zenger, 2004, p.618）。同様のことはミラー（1996）によっても指摘されている。彼によれば，組織における重要な知識獲得機会は意思決定をする際である（Miller, 1996, p.486）[16]。企業では文書等によっても知識は取得されうるが，独自性の強い知識は問題解決，意思決定を通して獲得されるのである。

第1章で述べたように意思決定には関連する知識が必要である一方，意思決定はこのように知識取得の重要な機会となる。一方，「学習する組織」とは，全メンバーが知識取得主体として尊重され，全員で学ぶ組織である。したがって「学習する組織」を形成するためには，全メンバーに意思決定権限を与えて，結果に責任を持たせることで，全員の学習意欲を引き出すことが重要となる。そういう意味で，「分権化はラーニング・オーガニゼーションを設計する際の要と言える」（Senge, 1990, p.288：邦訳，p.288）。企業がこういう組織になるためには，現場すなわち全従業員に意思決定権限を委譲することが重要なのである。

このような観点で，近年，権限を大幅に委譲し，学習のきっかけを従業員に与えたり，またその潜在的な学習能力を引き出そうとする企業が現れている。「エンパワーメント」（empowerment）の名のもとに，自分が学習の主体であるという自覚を促し，知識取得の機会を与えたり，自ら考える癖をつけさせて学習能力を高めようとする取り組みが行われているのである。

前述したように，組織において学習するのは結局は個々のメンバーである。

したがって，企業を「学習する組織」にするためには，大幅な権限委譲によって個々の従業員の学習を促進し，またその能力を高める「エンパワーメント」が必要なのである[17]。

センゲ（前掲書）によれば，独自性の高い知識，価値の大きい知識は多くの場合，困難な課題にチャレンジしたり，思いきった行動に出ることで取得される[18]。このため，「学習する組織」はメンバーへの権限委譲に積極的であると同時に，その失敗に寛大であることが多い (*op cit.*, p.300：邦訳, p.304)。知識の多様性を高めるためにはチャレンジ重視の組織風土を形成することが重要である一方，減点主義の人事考課が行われていたり，失敗を厳しく責め立てる雰囲気が職場にあると，従業員は怖くて挑戦などしない。チャレンジ重視と失敗の許容は一体とされなければならないのである。

組織においてメンバーは，各種の研修会やセミナーを通じて講師から知識を取得することもある[19]。ただし同じ研修であっても，内部で出席が強制される場合，すなわちルーティンワークとして受講する場合よりも，外部の研究会等に自発的に参加する場合の方が，ある種の感動をもって知識を取得できる。このため，「学習する組織」の形成においては，メンバーに意思決定の機会を与え，またその失敗を寛大に受容するのに加えて，外部の講習会やセミナーに出席する自由を与えることも重要となる。実際，多様な知識をベースにその結合や連携によってヒット商品を連続的に創造している企業では，現場の若手従業員に大規模な意思決定権限の委譲が行われ，また彼らが社外の各種研究会に出席することに寛大であると言ってよい[20]。

第10節　ダイナミック・ケイパビリティと　　　　　　ナレッジ・マネジメント

（1）ダイナミック・ケイパビリティ

　現代の市場環境は流動的で，消費者のし好が突然大きく変わることもしばしばある。好景気が続き高級車がよく売れたかと思えば，ガソリン価格が急騰す

ると今度は低燃費車やディーゼル車へのニーズが急増する。環境対策車の購入に減税や助成金支給の措置が決まるとハイブリッドカーの人気が出る。自動車業界だけでも，これを取り巻く環境も消費者ニーズも突発的に変化する。

このような流動的な環境下で企業が存続・成長し，また持続的な競争優位を構築するために重要となる組織能力に，異なる技術的知識や研究開発上の知見を柔軟に連携させて，次々と出現するニーズに対応した新商品を素早く創造する能力がある。換言すれば，企業は常日頃からこういった知識の多様性を確保し，新しいニーズを感知するつど柔軟にこれを連携させ，また組み替えて，臨機応変に新商品を創造していかなければならない。いわば「核融合的」な知識の相互作用により，環境変化に対応して矢継ぎ早に新商品を創造する能力が重要性を増しているのである（図表2－1）。たとえば花王，大日本印刷は，そのような形で高付加価値の新商品を次々と創造して市場に投入し競争優位を維持している代表的企業であると言ってよい[21]。

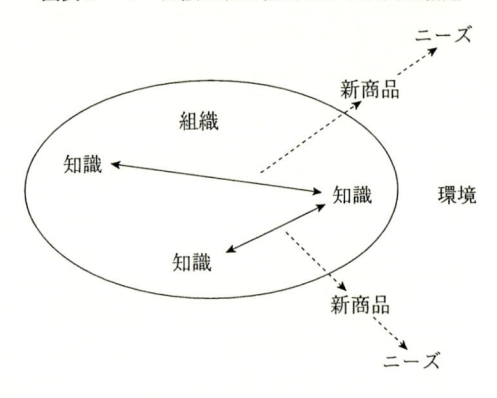

図表2－1　知識の組み換えによる新商品創造

ティース他 (1997)，アイゼンハート＝マーティン (2000)，ウィンター (2003) は，このような組織能力をダイナミック・ケイパビリティと呼ぶ。すなわち，ティース他 (1997) によれば，ダイナミック・ケイパビリティとは，「急速に変化する環境に対応して内外のコンピタンスを統合，構築，再構成する企業の能

力」(Teece, Pisano & Shuen, 1997, p.516) であり,アイゼンハート＝マーティン (2000) によれば,これは「市場の変化に適合し,さらに市場を変革するために,新しい資源構成を実現する組織的で戦略的なルーティンを遂行する能力」(Eisenhardt & Martin, 2000, p.1107) である。ウィンター (2003) によれば,これは「今どうやって食うか」(how we earn a living now) の論理ではなく,環境変化を含む長期において企業を存続と成長に導く組織能力である (Winter, 2003, p.992)。

ダイナミック・ケイパビリティによる資源再構成により創造されるのは,知識とこれを具現化した戦略や新製品等の知的アウトプットである。換言すれば,ダイナミック・ケイパビリティの優劣がはっきり現れるのは知識創造と戦略的意思決定,新製品開発プロセスにおいてである (Eisenhardt & Martin, *op cit.*, pp.1106-1107, pp.1112-1113)。このため,これは動的環境のもとで有効に知識創造プロセスを機能させる組織能力と捉えることもできる (松村, 2006, pp.40-41)。同様の指摘は,カールソン (2001) によってもなされている。すなわち彼によれば,ダイナミック・ケイパビリティの本質は,動的環境のもとで知識の創造 (creation)・統合 (organization)・保存 (storage)・移転 (transfer)・活用 (application) を行う知識プロセス (knowledge processes) を設計し機能させる能力である (Carlsson, 2001, p.620)。

ダイナミック・ケイパビリティ論で重視されている知識創造は,「資源の再構成」ということばに端的に表れているように,個々のメンバーによる一次的な知識取得ではなく,組織内で保有されている知識の組合せ変更,結合パターンの改変による知識創造である。したがって組織内で多様な知識が保有されていなければ,これによる知識と知的アウトプットの創出は早晩行き詰まってしまう。知識にバラエティがなければ,知識の組合せ,結合パターンも限定的となり,ダイナミック・ケイパビリティによる知識創造は機能しなくなるのである。このようなダイナミック・ケイパビリティの行使とそれによる新しい知識および知的アウトプットの創出に関して,知識の多様性は本質的重要性を持つといえる。

このように，企業が知識の結合によって市場でヒットする高付加価値商品を連続的に創造するためには，多様な知識を保有していなければならない。ここで注目されるのは，アッシュビー（1956）によって示された「最小有効多様性」のコンセプトである。すなわち彼によれば，組織は環境変化の中で存続するために，内部に一定レベル以上の多様性を保有しなければならない（Ashby, 1956, p.210：邦訳，p.256）。企業はまさに知識に関して最低限度の多様性を持っていなければ存続できないし，将来の環境変化に備えて常に知識の多様性向上を図る必要がある。その時々の環境に対応した新商品や新事業を創出し，また企業の自己変革を実現する契機となるのは，知識の多様性と異種結合なのである。

保有する知識の多様性を向上させるためには，企業は組織内の自由度を維持しなければならない。すなわち前述したように，エンパワーメントにより現場のメンバーに権限を委譲し業務における各人の裁量を大きくすること，また組織にとって異端的である知識を排除せず，むしろこれを尊重し保護することが重要となる。

たとえば研究開発の場合，テーマを自分で設定し，勤務時間にフレキシビリティを持たせ，社内外で開かれる各種の研究会や講習会に自由に出席できるような体制にする必要がある。自分の知識と結合しうる知識，結合することで新商品のシーズ（種子）になりうる他者の知識を求めてのいわば「徘徊」が許される風土がなければならない。換言すれば，いわゆる「ぶらぶら社員」として社内外を歩き回ることに寛大である必要がある。

また先にも触れたように，異端的な知識を容認する風土が強いほど，知識の多様性は高まる。各人が知識取得に動機づけられることによって，さまざまな知識が組織内の各所で取得されても，既存事業やコアコンピタンスに関連する知識が過度に尊重されているような企業では，自社にとって正統な知識しか内部に残らない。このため本業の競争力強化にはつながらないが新事業の創出に機能しうるような知識を保護するインキュベーター的なしくみを設けておく必要がある。この点については第8節で述べたとおりである。

ただし企業が知識の多様性を維持し，さらに向上させるにとどまらず，多様な知識の間に相互作用を起こし，これを通じて新しいより価値の高い知識と知的アウトプットを創造したり，またいわゆる自己組織化を図るためには，部門の壁を越えて知識を共有し共用する必要がある。各部門，各メンバーが知識を囲い込んでいては，そのような相互作用は起こらないし，知識の創造には「使いながら増やす」という側面があるからである。この観点で，知識の共有共用，いわゆるナレッジ・マネジメントの重要性が再認識されなければならない。

(2) 実効性のあるナレッジ・マネジメント

企業がダイナミック・ケイパビリティを発揮するためには，見せかけではなく，実質的なナレッジ・マネジメントがなされている必要がある。知識に多様性があっても，組織内にそれがばらばらに孤立している場合には，連携や結合はなされにくい。有効なナレッジ・マネジメントが，ダイナミック・ケイパビリティによる知識連携と新商品創造の前提であるといえる。

もっともナレッジ・マネジメントの実践には阻害要因も多い。主なものには以下のものがある。

第一に，自分の知識を開示することへのためらい，心理的抵抗があげられる。「企業において知識はしばしば，権力や影響力と同等のものとみなされる」(von Krogh, Ichijo & Nonaka, 2000, p.45：邦訳，p.78)。したがって，個々の部署は自分たちのパワーを保持しようとして知識を囲い込みがちであるし，組織メンバー各人にも自己の地位を守ろうとして知識を抱え込もうとする傾向がある。「現代の企業組織においては，このような知識の囲い込み (hoarding) にどう対処するかということは基本的な課題の一つである」(*op cit.,* p.45：邦訳，p.78)。

このような囲い込みの傾向が，セクショナリズムと部分的最適化（部分最適）によって発生するか，あるいは強化されるとする研究もある。たとえば，ゴールド他 (2001) はこの点について次のように指摘している。「個人主義を助長する構造，すなわち勤務場所や部門，機能が情報の『秘匿』(hoarding) に機

能するような構造は，組織横断的なナレッジ・マネジメントを阻害しうる。実際，機能領域（functional area）内部における知識共有の最適化は企業全体の知識共有を二の次にしてしまうことが多い」（Gold, Malhotra & Segars, 2001, p.188）。

また開示する際に，自分がこれまでしてきた苦労，ノウハウを提供する自分とそれを利用する第三者という構図が頭に浮かび，出し惜しみすることが考えられる。実際，何も工夫しないと，「ほとんどのエンジニアはノウハウの登録に何もメリットを見出さないし，これを面倒で見返りの少ない業務（less rewarding work）と感じてしまう」（Umemoto, Endo & Machado, 2004, p.95）。

特にレポジトリー，ライブラリーといったナレッジベースを利用する知識の共有と共用には，過去の社員の苦労や努力を土台に成り立つという性格がある。知識の共有化が始まった時期に在籍の組織メンバーは，ノウハウを提供するばかりで，他のメンバーのノウハウを利用することができない。知識の共有が進む後世のメンバーほど知識共有による恩恵が大きくなる。このことに不条理さや不公平感を覚えると，組織メンバーは知識の登録に消極的になる。

一方で，自分のノウハウ，作成した文書や設計図を開示することに積極的な社員，このような知識や知的アウトプットを多くの人に見てほしいという者がいることも確かである。しかしそういう社員も往々にして，どこの誰だかわからない人に勝手に利用されるのは困るとか，どのように扱われるのかわからないのは心配と思ってしまう。

第二に，利用側が「本当に信頼して使っていいのか」というように，他人の知識や知的資産に不信感を持つ場合がある。特に自分の能力や知識に自信がある社員の場合，ミスやバグがあるものを使って顧客に迷惑をかけた場合に，「責任を取らされるのはごめん」という心理が働く。

利用側の心理的障害としては，プライド，自己実現欲求からの抵抗も考えられる。たとえば，「人のマネをするなら，最初から自分でつくりたい」というような感情である。ディクソン（2000）によれば，組織の中には，「ここで獲得された知識でなければ使わない」という文化，「独力での問題解決を志向する文化」を持つ組織もある。すなわち組織によっては，「イノベーションや問題

解決を尊重し，自分たちが創った知識でないものを拒否する傾向がある」（Dixon, 2000, p.73：邦訳, p.108）。他人の知識や知的資産を利用できれば，知的触発や知的生産性向上等の効果があるにもかかわらず，「我々は援助を必要としていない」（*op cit.*, p.95：邦訳, p.142）というように，その利用をかたくなに拒む場合もある。

　第三に，小グループでは知識の共有共用につながるフェイストゥフェイスのコミュニケーションが継続的に行われているが，大規模組織ではそれが成立していない（小林, 1996, p.275）。したがって大規模組織では地理的に離れたメンバー間，在籍時期の異なるメンバー間，言い換えれば分散・非同期で存在する個人間で知識や知的資産の共有共用を行う「場」や「仕組み」を意識的に構築する必要がある。

　このうち，現実のナレッジ・マネジメントで特に顕在化しやすく，また重大な障害となりやすいのは第一の要因，すなわち開示する際の「囲い込み」（出し惜しみ）心理である。企業はこれを克服するために，社員を知識や知的資産の登録に向けて動機づける実効性のある何らかのインセンティブを設ける必要がある。

　この点について，ダルカー（2005）は次のように述べている。「インセンティブは今日ナレッジ・マネジメントの課題の中でも重要なものの一つとなっている。インセンティブというのは，望ましい行為がなされたときに与えられる報酬（reward）あるいは正のフィードバック（positive feedback）のことである。人間は正の報酬をともなう行為をとり続け，負の結果をもたらす行動を避けたがる合目的的な存在であるから，インセンティブは知識の共有を促進すると考えるのが論理的である」(Dalkir, 2005, p.309)。

　またダベンポート＝プルサック（1998）は，このようなインセンティブについて次のように述べている。「知識は，人々の自我や職業に結びついているので，簡単に表出化したり流通させたりすることはできない。したがって，社員に知識を創造・共有・活用させるには，動機づけが必要だ。(中略) 知識行動への動機づけのアプローチは，評価報酬構造と結びついた長期的なインセンティ

ブでなければならない。もしインセンティブが短期的であれば，それはよく目に見えるものでなければならない」(Davenport & Prusak, 1998, p.158：邦訳，pp.310-311)。

　実際，近年の失敗事例で最もよく見られるのは第一の阻害要因が顕在化しているケースである。すなわちナレッジ・マネジメントで効果をあげていない企業では，多くの場合トップダウンによりその意義が強調されているばかりで，登録側の心理的障害を克服する有効なインセンティブが設けられていない。社員はうわべで協力するだけなので，有用な知識や知的資産の登録・開示が進まない。登録するのはどうでもよいノウハウや文書だけである。そしてアクセスしても有用な知識・知的資産が登録されていないために，システムの利用が進まず，そのことがさらなるナレッジ・マネジメントの軽視とこれへの投資削減を招く。システムにアクセスしても「使える」知識がない，だからシステムを使わない，ナレッジ・マネジメントなんてあてにならないし使われないシステムに投資してもムダ，という悪循環が生ずることになる（図表2－2）。「かけ声」だけではナレッジ・マネジメントは進まない。組織メンバーを本気にさせる具体的なインセンティブ，「しかけ」や仕組みこそが今日，企業には求められているのである。

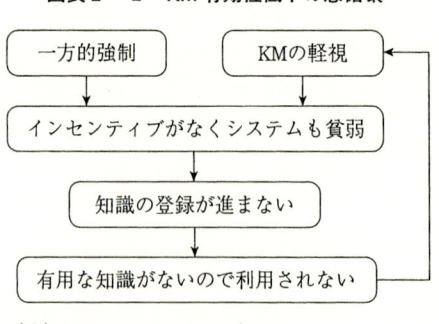

図表2－2　KM有効性低下の悪循環

一方的強制 → KMの軽視
↓
インセンティブがなくシステムも貧弱
↓
知識の登録が進まない
↓
有用な知識がないので利用されない
（ループしてKMの軽視へ戻る）

（注）KM：ナレッジ・マネジメント。

【注】

（1）バーナード（1938）が示した組織の定義に「人間の」「二人以上の」とあるように，組織はヒトがいなければ成り立たない。したがって企業でも実際に組織が機能しだすのは従業員を雇用した後においてである。しかし企業は従業員を雇い入れる前に，組織をどのように編成するかという組織の設計を行っておかなければならない。次章で論ずる「従業員の採用」の前に，この章で組織化について考察するのはこのためである。

（2）ホマンズ（1951）によれば，経営体の場合，人々の相互作用は共通目的に依拠して，個人的動機や私欲を超越した協働活動の体系として統合される（Homans, 1951, p.96：邦訳，p.106）。ただしホマンズは経営体を前提にしないと，協働と無関係に組織を定義しうることを示唆している。すなわち共通目的と協働のない遊び仲間にも組織はあるという。具体的には遊び仲間（ノートン街の不良グループ）にも組織があり，そこには相互的援助と相互的義務の網の目が成立し，組織的不法活動，影響力の系列，統率者の存在があったとしている（op cit., pp.159-177：邦訳，pp.179-193）。

（3）引用文中「協力」の原語は cooperation,「道具的活動」の原語は instrumental activity である。

（4）たとえば営業第1部と営業第2部の連絡は営業本部長を通して行われ，エンジン研究所と車体研究所の連絡は研究統括責任者を通じて行われるといったようになる。

（5）プロジェクト・チームは異なる部門からメンバーを集めて編成した臨時のチームをさす。これはタスク・フォースとも称される。マトリックス組織は部門間の横断関係を恒常化した組織である。これについては第6節で詳しく取り上げる。

（6）LAN は Local Area Network の略で，1つの建物内，敷地内など比較的狭い範囲をカバーする通信ネットワークをさす。インターネットのプロトコルが実装されている場合には，特にイントラネットという。携帯端末は持ち運びできる情報機器をさし，ハンディ・ターミナルとも呼ばれる。

（7）チャンドラー（1962）がアメリカ大企業における組織構造の歴史的変化を研究・分析した後，提示した（Chandler Jr., 1962, pp.13-14：邦訳，pp.29-30）。

（8）環境即応力を高める観点で下層への権限委譲と現場の自律性向上の重要性を説いた代表的な研究にはビア（1981）がある。彼によれば，現場に自律的機能がなく環境変化への適応が遅い企業は「環境変化の速度」（rate of change）に対応できないため淘汰を免れ得ない（Beer, 1981, p.6）。

（9）バーンズ＝ストーカー（1961）は，①権限関係に関する公式化の程度が低い，②職務の標準化が低く臨機応変な遂行が重視されている，③情報の共有度が高く現場が自律的，④分業関係が厳格でなく職能的専門化の度合が低い，といった特徴を備えたシステムを有機的システム，これとは反対の特徴を備えたシステムを機械的システムと呼んだ（Burns & Stalker, 1961, pp.120-122）。

(10) その後，フランス人のファヨール（Henry Fayol）らによって，さらに厳密な職能別部門組織の設計が試みられた。
(11) Alfred P. Sloan Jr. (1875-1966) はマサチューセッツ工科大学を卒業し，ハイアット・ローラー・ベアリング（Hyatt Roller Bearing）社の社長を務めた。1920年GMの副社長に就任し，後に同社の社長と会長を歴任した。彼により採用されたのが今で言う事業部制である。GMの組織づくりと事業規模拡大に貢献した人物として知られるが，慈善活動と研究教育機関の支援にも積極的で，アメリカの大学には同氏の名前が付された講座やコースを持つところがいくつかある。
(12) シボレーは後にスポーティタイプ車のブランドとなるが，当時は低価格の小型車を担当していた。
(13) 本社にいる全体の経営者，つまり代表取締役である社長と区別するために，プレジデントとカタカナ表記するのが一般的である。
(14) ここで組織内の多様性とは，メンバーの知識や能力，関心がさまざまであることを意味する。また組織内の異質性（変異）とは，組織の本流とは異なる知識や能力，関心を持つ人材をさす。
(15) 研究開発における主体性，情報，異分野連携の意義については，次のような補足説明がなされている。「主体性とは単なる積極性とは異なり明確な課題設定とコンセプトを持って挑戦することである。その時のアンビシャスの大きさによって改良に終わるか，革新技術につながるかが分かれる。（中略）明確な課題設定とそれを解決するためのコンセプトの構築と実現には的確な情報の確保が不可欠である。また，創造的発想が異分野との接触よりよく生まれることは知られており，他分野の情報を捕らえる能力が問われる。最近企業における Off JT で異業種交流の研修会が盛んに行われるようになったのも異分野間の知的誘発による創造性の開花に期待するところが大きいためである」（瀬沼，1999, p.10）。
(16) 問題解決ないし意思決定により知識が形成されることを早期に指摘していたのはデューイ（1938）である。彼によれば，「あいまいで，混乱した，矛盾する傾向にみちた，不明瞭な状況」(Dewey, 1938, p.105：邦訳，p.492) の発生を認知し，その不安定さや不明瞭さの原因は何か，それをつきとめ除去するように努力してみようと意識したとき，探究が始まる。つまり彼の立場では，問題発生の認知とそれを解決しようとする意識が，知識創造の契機となるのである。意思決定により選択された解決案がもし適切なものであった場合には，最初の不安定な状況は安定を取り戻し，組織あるいはそのメンバーと環境との関係は調和，均衡状態を回復する。仮説的だった解決案はもはや仮説的なものではなくなり，正しいということが保証された命題となる。当該個人は，問題解決プロセスを通じて，1つの保証つき命題，「知識」を得たことになる (*op cit.*, p.8, pp.112-113：邦訳，p.398, pp.499-500)。

(17) エンパワーメントの目的には，大幅な権限委譲による従業員の学習促進と学習能力の向上以外に，従業員に自主的な問題解決を促しその問題解決能力を高める，目標設定とその達成を従業員に任せ従業員の自主性と意欲を高める，従業員全員を経営改革に巻き込み改革に向けて従業員の自発的努力を促す，その他がある。一方，効果としては，企業が「学習する組織」となること以外に，職務に関する学習により職務遂行の質や効率が向上する，権限委譲と問題解決能力の向上により現場で臨機応変な意思決定や柔軟な対応ができるようになり組織の俊敏さや機動性が増す（組織がアジルになる），従業員の主体性や自主性が増し新技術・新商品のアイデアが出やすくなる等があげられる。

(18) このことはマネジャーによる知識取得に関してもあてはまる。すなわち野心的なミッションや目標への挑戦等，日々の定型業務と区別される企業家活動（entrepreneurship activities）を通じて，マネジャーは戦略的価値の高い知識を取得する（Zahra, Nielsen & Bogner, 1999, pp.172-173）。

(19) その講師が内部のメンバーである場合には，受講者にとっては知識の取得であるものの，組織にとっては知識が獲得されたというよりも伝達あるいは共有されたということになる。しかし講師が外部の人間である場合には，組織にとっても新しい知識が入手されたとみなしうる。すなわち組織の外部に存在する外在的知識を取り込んで内在的知識にするという形でも，知識が取得されるのである。このような外部からの知識取得が，コンサルティング会社との相談やこれによる問題解決策の提示等のプロセスでなされることもある。

(20) この節で取り上げた「学習する組織」論とは別に，経営学，組織論には「組織学習」論がある。これについては白石（2009）で扱っている。

(21) この点について詳しくは前掲の白石（2009）を参照されたい。

第3章
人事・労務と情報

第1節　組織としての企業と従業員

　前章でも述べたように，バーナード (1938) によれば組織とは「意識的に調整された人間の活動や諸力の体系」(Barnard, 1938, p.72：邦訳，p.75) と定義される。そこで行われているのは協力して働く行為すなわち協働 (cooperation) である。この点を重視すると，組織とは「二人以上の人々の協働的活動の体系」(op cit., p.75：邦訳，p.78) ということになる。企業はこのような組織をなす。

　そして企業をはじめ組織は意思決定により動いている。たとえばドラッカー (1954) によれば，「経営管理者はあらゆることを意思決定を通して行う」(Drucker, 1954, p.351：邦訳下巻，p.254)。またサイモン (1976) によると，「管理過程は，決定の過程である」(Simon, 1976, p.8：邦訳，p.11)[1]。企業においてヒトはこのような意思決定の担い手として必要不可欠な存在であるといえる。

　企業は組織の中でも，利益をあげることが重要目的で，またそれが存続の本質的要件である「営利組織」である。この目的あるいは存続要件を充足するために，企業は前述した協働あるいは生産を行っている。すなわち第4章で取り上げる「生産」を広く解釈すれば，どのような企業もこれを行っていることになる。生産という概念を顧客にとって価値のあるものの創出あるいは顧客ニーズの充足活動と広く捉えるならば，無形物やサービスを含むどのような商品にもあてはまるので，企業は「生産組織の制度」(institution for the organization of production) とみなすことができるのである (Grant, 1996, p.110)。

　そして生産は投入物を産出物に変換するプロセスであり，このような生産で

中心的な役割を果たすのはヒトである。自動化された生産体制ではヒトが介在する余地は小さいものの，当該生産体制を構築，改善するのは，そういったことを行うのに必要な知識や情報を備えたヒトである。また不具合が発生した際など突発的な状況ではヒトの意思決定が必要となる。組織の運営には意思決定が不可欠という命題はここでもやはりあてはまることになる。

　このように組織としての企業において中心的構成要素であるのは，ヒトすなわち従業員である。この従業員を確保しその能力を有効活用するための取り組みを人事管理・労務管理，あるいは単に人事・労務と言う。厳密にはこれは，「従業員を合理的に活用するために企業が実施する一連の組織的・計画的な活動の総体」（大東，1996，p.263）と定義される。

　人事管理と労務管理という用語はほぼ同義的，互換的に用いられることが多い。すなわち両者は基本的には同義語であると言ってよい。ただし人事が採用・配属・昇進の3つを主としてさすのに対して，労務は従業員の管理全般をさす一方，これに採用は含まれないというニュアンスの違いがあるという見解もある。また労務は労使関係の調整に重点を置いた用語であるという立場もある。さらに現代ではあまり見られなくなったが，従来はホワイトカラー（事務部門）に関しては人事ということばが高頻度で口にされ，ブルーカラー（工員）に関しては労務ということばが多用されるという使い分けもあった（大東，前掲書，p.264）。

第2節　従業員の採用

　従業員が退職したり，職務の種類や量が増えて人手不足になると，企業は人員を補充しなければならなくなる。現行の事業，つまり今行っているビジネスを維持するために，従業員の補充は不可欠といえる。

　さらに企業は，長期的な経営戦略に基づいて人員計画を立案し，それに従って従業員を採用していく必要がある。具体的には，自社が今後力を入れていく分野をあらかじめ明確にして，その分野で必要度の高いヒトを採用していくこ

とが求められる。現行事業を維持する必要から人員を補充するとともに，将来を見すえて人材を確保しなければならないのである。

たとえば，このような長期的な経営戦略を踏まえた採用の例としては，明治製菓の事例があげられる。明治製菓は菓子専業メーカーからの脱却を目ざし，1970年代以降，農学・食品系以外に，化学系，薬学系の人材を意識的に採用していった。結果として，現在，同社の売上の35％は医薬品事業が占めるようになっている。明治製菓と言えばチョコレートというイメージがあるが，実態は必ずしもそうではない。医薬品事業の売上だけで1,000億円以上あり，これは中堅製薬メーカーなみの売上なのである。

同様に，長期的な視野に立って採用を行ったのはヤクルトである。ヤクルトは売上における乳酸菌飲料への依存度低下を図って，1980年代前半から，明治製菓と同様に従来の農学・食品系のほかに，化学系，薬学系の人材を積極的に採用していった。それから30年たった現在，同社では売上の10％を医薬品事業が占めるようになっている。特に抗ガン剤の分野で同社は注目を集めている。

ただし業界により多少差はあるものの，売上に対する人件費の比率，あるいは支出総額にしめる人件費の割合は，どこの企業でも大きいのが普通である。したがって，このような現在の事業の維持，将来の事業育成という観点で，採用者数は過不足のないように慎重に設定しなければならない。必要以上の人員を抱えると，会社の財務状態にはマイナス要因となるからである。

特に，ボーナスや各種の手当の支払いをともなう正社員の人件費は他の従業員に比べて高いので，最近は正社員の採用をなるべく抑え，そのかわりにいわゆるパートタイマー（パート従業員），アルバイトの採用を増やす企業も目立っている。あるいは人材派遣会社の派遣社員を活用したり，本質的でない業務をアウトソーシングする企業も増加傾向にある[2]。すなわち「正社員数はできるだけ少なく抑えて，非正社員の活用によって景気変動に対処する」という意向が経営側で強まっているといえる（藤村，2004，p.78）。

従業員の採用にあたっては，人員の補充や新たな割当てを必要としている各々の職務の内容を把握し，各職務を担当するのに求められる能力や資格，

パーソナリティ等をあらかじめ明らかにしておく必要がある。ここでは，その職務がどのような環境で，どういう機械・用具を使って，いかなる作業をするのかということを明確にするのと同時に，その職務を行うためにはどのような知識，能力，資格，経験を必要とするのか，どういう性格，心理的傾向が望ましいのかが明らかにされることとなる。

　そのような要件，すなわちどういう人材が求められているのか，また何人募集するか等は採用活動が始まる前に，外部に向けて求人情報として明示される。このような情報発信において，従来，主要な媒体だったのは新聞や求人誌，学校の就職課に送付され掲示される求人票だった。今日ではこれが，インターネットに設けられている各企業のホームページおよび求人専門サイトになってきている。

　求職者はこの求人情報を見て，入社を希望する場合には当該企業に応募する。しかし企業から見て，応募してきた人が本当にそのような能力や資格，パーソナリティ等の要件を満たしているかどうかはわからない。そこで応募者に対し筆記試験，面接等による選考が行われることになる。

　自社に興味を持っている人，将来自社の属する業界に就職したいと考えている人に一定期間だけ体験入社してもらい，職務内容をわかってもらうと同時に，その人の適性と能力を見きわめるインターンシップ制度を導入する企業も増えている。すなわちインターンシップは学生等の求職者が当該企業（業界）およびそこにおける職務内容に関して情報収集をする機会であるとともに，企業が求職者の資質や能力に関して情報を入手する仕組みとしての側面を持つ。これは就業体験を提供する場であると同時に，ある種のスクリーニング機能を担っているのである。これにより情報不足に起因する企業および職務と求職者のミスマッチがある程度回避される。

第3節　教育・研修・訓練

　入社後，従業員は各種の教育や研修・訓練を受けることになる。ヒトを本当

に企業の戦力,経営資源にするにはこれを育成し,単なる「員数」から「人材」にまでレベル・アップする必要がある。入社時はもちろんのこと,入社後の各段階でくり返し教育訓練が行われるのはそのためである。従来,多くの企業では人事部もしくは総務部がこれを担当していた。しかし最近は,このような各段階の教育訓練を専門的に所管する「教育部」のような部署を設置する企業も増えている[3]。

　教育訓練の形態には大きく分けて,対象とする従業員を配属されている職場から招集して実施する集合訓練(Off-JT),職場で先輩社員等から実際の業務遂行を通じて職務知識が伝授されるオンザジョブ・トレーニング(OJT)の2つがある[4]。前者すなわち集合訓練で伝達されるのは主として形式知である一方,後者すなわちOJTでは暗黙知も伝授されうる。

　すなわち第1章で述べたように,知識はことばでの表現が困難な暗黙知とこれが容易な形式知に大別される。暗黙知は,ことばでの表現が難しいから伝達できないというわけでは必ずしもない。言語化できなくても,身振りや手振りといった非言語コミュニケーション,手取り足取り的な訓練によって教え伝えることはできる。ただしそれが可能なのは,教える側と習う側に知的な協力関係がある場合である。教える側が熱意をもって暗黙知を伝えようとし,また習う側がそれを本気で理解し身につけようと努めた場合にのみ暗黙知の移転は可能になる。ことばで表現できる形式知の移転は,これに比べればやさしい(Polanyi, 1967, p.6：邦訳, p.17)。このようなことから暗黙知の伝授はもっぱらOJTで,しかもトレーナーとトレーニーの間に信頼関係と暗黙知授受に対する熱意があるときにのみなされうるといえる。

　なお,野中・竹内(1995)によれば,暗黙知が移転されるプロセスでは,前述した非言語コミュニケーションとともに,経験を共有すること,いわゆる共同体験(共体験)が重要な役割を果たす。具体的には,この点について彼らは次のように述べている。「人は言葉を使わずに,他人の持つ暗黙知を獲得することができる。修行中の弟子がその師から,言葉によらず,観察,模倣,練習によって技能を学ぶのはその一例である。ビジネスにおけるOJTは,基本的

には同じ原理を使う。暗黙知を獲得する鍵は共体験である。経験をなんらかの形で共有しないかぎり，他人の思考プロセスに入り込むことは非常に難しい」（Nonaka & Takeuchi, 1995, pp.62-63：邦訳, p.92）。

第4節　配属先の決定

　大企業では，前に述べた現行事業の維持と将来の事業育成という観点で採用数を設定し，また人員の補充や割当ての必要な職務に求められる能力やパーソナリティ等を明確にする一方，各人の担当職務や配属部署を厳密に決めずに多数の従業員を採用することもある。このような場合には，採用が済んだ後，個々の従業員をどの部署に配属するかが問題となる[5]。

　そこでは適材適所の配属が心がけられなければならない。これは「職務の資格条件にぴったり合った職務遂行能力の持ち主が配置される」ことと定義される（岡本, 1976, p.26）。このような配属が行われれば，職務に関して適切な意思決定と効率的な遂行がなされる確率が増す（伊丹・加護野, 1989, pp.332-340）。

　つまり従業員によって持っている知識と能力，情報網（人脈），パーソナリティ，経歴・経験，思考パターンには違いがある。一方，職務によってもこれらに関して望ましいタイプ，求められる条件は異なる。それぞれの職務には，それを有効に遂行するのに必要な資質やキャリア等がある。これらに関して従業員と職務をマッチさせれば，つまり適材適所の配属が行われれば，そうでない場合に比べて当該職務に関する意思決定がより適切に行われるようになる（図表3－1）。その職務を行う過程で発生する問題に有効に対応し，的確な意思決定をしうる資質やバックグラウンドを持った従業員をそれに配属することが重要なのである。

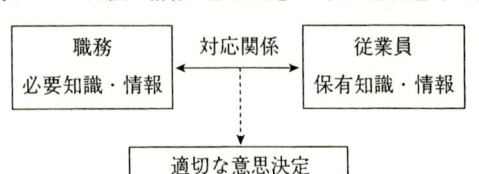

図表3−1　知識・情報と意思決定から見た適材適所の配属

```
┌──────────┐  対応関係  ┌──────────┐
│   職務   │←--------→│  従業員  │
│必要知識・情報│          │保有知識・情報│
└──────────┘          └──────────┘
       │
       ↓
   ┌──────────┐
   │適切な意思決定│
   └──────────┘
```

　ただし，そのような資質やバックグラウンドの点でどの人がどの職務に向いているかを見きわめるのは，実際には簡単ではない。また従業員各人にも希望の部署というのがあろう。希望の部署に配属された場合，当該従業員は喜んで働き，能力を発揮できる可能性も高まる。しかし希望外の部署に配属されると意欲を失い，能力をうまく発揮できない場合も少なくない。従業員の能力をいかせるかどうかはかなりの程度配属によって決まるともいえ，そういう意味では，人事担当者の役割は重大である。

　最近は従業員本人に希望の部署・職務を申告させる自己申告の制度を採用する企業も増えている。ただしすべての従業員の希望を受け入れるということは実際上できないし，また本人が必ずしも自分の能力や適性を正しく把握できているとは限らないから，これですべてが解決するというわけでもない。また個々の従業員の経歴や職務能力（職能）を管理して，これを高める観点，いわゆるキャリア・デベロップメント（career development）の視点も，配属先の決定には必要となる。中には，個々の従業員に自分の経歴や職能をどう高めていくかに関する計画，キャリア・プラン（career plan）を立てさせている企業もある。

　このように配属先の決定には，各従業員の働き場所，能力の発揮場所を決めるのと同時に，その従業員を人材として育成する場所を決めるという意味合いがある。しかも近年は，先にも述べたように従業員にある程度主体的にキャリア形成を計画させている企業も少なくないのである。

第5節　人事考課

(1) 人事考課を行う意義

　企業は職務遂行への意欲，いわゆる動機づけを確保しつつ，従業員に職務にあたらせる一方，個々の従業員の職務遂行への姿勢，遂行のプロセスと能力，遂行の結果を的確に評価する必要がある。言い換えれば，各従業員の勤務態度や職務遂行とその能力，個人業績などを可能な限り客観的に評価しなければならない。これを行うのが人事考課である。

　人事考課は，従業員とその職務遂行を合理的に管理するうえでも，また個々の従業員を公正に処遇するうえでも重要である。実際，人事考課の結果とその記録は，たとえば昇給や昇進，ボーナスの額，配置換えを決定する際に重要な情報となる。

　人事考課は通常，直属の上司（管理者）が行う。ある従業員の職務遂行や能力，成果を評価するためには，当該職務のことがよくわかっており，また当該従業員とその職務遂行を身近で観察できる者でなければならない。この条件に最もよく合致するのは一般的には直属上司なのである。ただし最近では，公平を期すために，1人の従業員を課長と係長など，複数の上司で評価する企業も増えてきている。

　人事考課は会社トップの価値観，企業として継承し今後も受け継ぐべきとみなされている規範を組織全体に知らせるうえでも，大きな役割を担っている。どのような人物が高い評価を受け，結果として表彰や早い昇進，高い給料という報奨を受け取るのかを見て，従業員は自分の会社がどのような人材を求めどういう人物を高く評価するのか，この組織ではどう行動しなければならないのかを知ることになる。人事考課は価値観や規範の共有に機能し，企業という組織の統合に重要な役割を果たしているのである。

(2) 減点主義と加点主義

　企業内で統一的な人事考課を行うには，何を評価項目にするのかということと，それをどのように評価し，評定（得点）をつけるのかという2つの観点が必要となる。

　前者に関して言えば，たとえば勤続年数を重視し自社に長く勤めているということを高く評価する場合もあれば，能力や個人業績を重点的な評価項目とすることもある。第6節で述べるように，人事考課や賃金の算定において能力を重く見る立場は能力主義，個人業績を重視するスタンスは成果主義と呼ばれる。公的な資格を持っていることが人事考課上プラスのポイントになり，これも後に述べるように当該保持者に対して加算給を支給するという場合もある。

　後者の評価，評定のつけ方に関しては，従来，多くの日本企業は，失敗したら減点する減点主義で人事考課を行ってきた。この考え方で考課を行った場合の弊害は，従業員が「事なかれ主義」に陥ってしまうということである。

　しかし現代のように企業環境が流動的で，くり返し新商品を創造していかなければならない状況では，むしろ挑戦するとか，思いきってやってみるというような積極性が従業員に求められる。すなわちこういう環境では，「評価体制としては，主体的に行動することを評価する加点主義であるべき」(瀬沼, 1999, p.10) なのである。

　そのようなことから，最近は人事考課に欧米流の加点主義を採用する日本企業も増えている。これは創造的・挑戦的な仕事をした場合に，点数をプラスする考課のあり方をさす。この場合は，何もしないと持ち点はゼロのままとなる。

　特に，プロジェクト・チームなどを積極的に活用して，新事業の立ち上げや新商品の開発に力を入れているような企業では，加点主義の考課は不可欠である。そのようなチームに対し，「失敗をおそれず，思いきってやってみろ」と命じたところで，それが人事考課制度に裏打ちされていないと，従業員は自分の行動を変えないからである。

　またチャレンジ重視の価値観や文化を組織に根付かせたいときにも，人事考

課を加点主義にし，失敗に対して寛大な態度をとる必要がある。「困難なことにも勇気をもって挑戦せよ」と勧めても，失敗が厳しく責め立てられ，またこれが人事考課上，大きなマイナスとされるような組織では，従業員はこわくてチャレンジなどしないであろう。チャレンジ重視と失敗の許容（加点主義）は一体でなければならないのである。

　たとえばこのようなチャレンジ重視の組織文化で有名なのはサントリーである。同社においてこの精神は「やってみなはれ」ということばで受け継がれている。実際，販売が伸びずに早い段階で市場より撤退となった商品の企画チームが，次の機会に別の商品を手がけてこれをヒットさせるということも同社では多い。失敗を許容し次のチャンスを与える人事体制があるからこそ，「やってみなはれ」の組織文化が新商品創造等にうまく機能しているといえる。

第6節　報酬の支払

（1）賃金の二面性

　労働基準法では賃金について「賃金とは，賃金，給料，手当，賞与，その他名称のいかんを問わず，労働の対償として使用者が労働者に支払うすべてのものをいう」と定義している（労働基準法11条）。

　賃金は，労働者に直接支払われなければならない。そして通貨での支払いが原則である（労働基準法24条1項）。また不規則な支給は認められず，毎月1回以上，一定の期日に支払われなければならない（労働基準法24条2項）[6]。直接手渡す以外に，労使双方が承諾した場合は銀行振込など，ほかの確実な支払方法に代えることができるが，この場合も一定期日，労働者本人の口座にというのが原則となる。

　もし経営者側の責任で労働者が休業になった場合は，経営者は休業期間中その労働者に平均賃金の6割以上を支払わなければならない（労働基準法26条）。

　こうして支払われる賃金は，会社にとっては「費用」の一部を構成するものである。第1節でも述べたように，営利組織，生産組織としての企業はヒトな

くしては成り立たない。このためどの企業も事業を経営するためにヒトを雇い入れる。いわば労働市場から知識や情報とその収集力および活用力，判断力やその他の能力を買っているのである。そして対価として支払う賃金は，原材料費，機械の購入費・減価償却費と同じように売上から差し引かれる。しかも賃金（人件費）は通常，製造原価のかなり大きな部分をしめる。

したがって営利組織としての企業は，できるだけ賃金を低く抑えようとする動機を持つ。存続するためには利益を獲得せねばならず，競合他社と収益性をめぐって競争するという関係に置かれているため，コストとして人件費を統制しようという意思が企業には働くのである。それは原材料や機械設備を安く購入しようとするのと同じである。企業の1つの重要な目的は利益の極大化にあるから，費用の一部である人件費の支出を抑制して利益を増大させようとするのは，ある意味では当然である。

ただし従業員の勤労・勤続への意欲を考慮すると，これは単純になるべく低くすればよいというものでもない。すなわち従業員の職務遂行への意欲を確保し，また自社への帰属意識を維持し強化する必要があるから，一定水準の賃金は保証しなければならない。企業の生産性は従業員の職務遂行意欲，動機づけの強弱に影響されるし，退職率が高いと訓練コストのうち回収されない部分が大きくなるうえに，熟練の形成や知識の高度化が進まない。自社の競争優位の基盤となっている情報網や知識が社外に流出することにもなりかねない。このようなことから従業員の定着率が低い企業は組織としての存続性が低いのである。高い賃金は従業員を職務へ動機づけ，自社の組織に参加させ続けるうえで重要なインセンティブ（誘因）となる。

換言すれば，賃金は従業員とその家族にとっては生活に必要なものを購入する「資金」になる。それによって，生きていくのに必要な食料を得るのはもちろんのこと，衣服を買ったり家賃を払ったりする。したがって従業員にとっては，賃金は高ければ高いほどよいということになる。

このように賃金に関して，従業員の勤労・勤続への意欲は確保したいがコストとしては低く抑えたいという会社側の立場と，高い方が望ましいという従業

員側の立場は必ずしも一致しないので定期的に，少なくとも年に1回，一般的には2月ないし3月に両者の間で賃金等に関して交渉がもたれる。そこで賃金のうち基本給部分の上げ幅，いわゆるベース・アップ（ベア）が決定されることになる。これがいわゆる春闘である。このベース・アップには，各社の業績の良し悪し，経済全体と当該企業が属している業界の景況が反映される[7]。

（2）賃金の算定基準

前述したように，賃金は従業員とその家族の生活を支え，従業員の職務遂行への意欲（動機づけ），勤続の意思に大きな影響力を持っているから，その算定は慎重に行われる必要がある。そこでは高いか低いかもさることながら，従業員間で公平であることが重要となる。すなわち低くとも公平であれば受容できるという個人も少なくないので，各人の賃金がそのようになるというある種の合理性，公平性を確保するための何らかの算定基準が必要となる。

賃金は大きく見て，基本部分（基本給）と加算される部分（加算給）からなる。通常はこれらに，職務内容とは関係なく支払われる各種の手当が加えられて，給料とか給与という名称で，決まった期日に支払われる。各種手当には，住居費の一部を会社が負担する住居手当，通勤にかかる費用を支給する通勤手当などがある。

賃金の主な算定基準には，以下のものがある。どれか1つを採用しているとは限らず，これらのうちいくつかが組み合わせられて使われていることも多い。中心的な基準として1つを用い，他の基準を副次的に見ているというケースもある。

① 勤続年数

賃金を決める1つの基準は，何年その企業に勤務しているかという勤続年数である。一般的には，これは賃金のうち基本部分つまり基本給に影響を及ぼす。この勤続年数を最大限に重視して決める賃金体系が，年功序列型賃金である。従来，日本では多くの企業がこの賃金制度をとっていた。取得すべき情報や知識，熟練には，企業により異なる要素，特殊的部分があるというのがその

1つの合理的根拠である。しかしこの方法では，若い従業員で能力のある者が不満を感じることになる。

　また勤続年数を重視して賃金を決めると，中途採用された人は能力が高くても，その企業での勤続年数が短いために，原則的に賃金が低くなってしまう。このことは，中途採用が少ない時代には影響が小さかったが，近年は日本でも中途採用が増えているため，大きな問題となる。

　このような理由から，年功序列型賃金をとる企業は少なくなっている。しかし基本給の算定基準として，勤続年数がまったく見られないということは稀である。

② 職　位

　基本給に影響を与える要因には，職位もある。実際，多くの企業では，部長・課長・係長という役職によって，基本給が異なる。このような企業では，一段上の職位への昇進は同時に，昇給を意味する。

　こういった伝統的な役職以外に職能や経験年数等によって，主事，主務，主担，主管，マネージャー，エキスパート，グループリーダーといった社内職制を導入している企業も見られる。そういう企業ではこれも賃金の算定基準にされていることが多い[8]。

③ 能　力

　能力も賃金算定の基準とされうる。これは基本給の基準になることもあれば，加算給の基準になることもある。能力を重視した賃金の決定には，これが高い人にやる気を起こさせるという効果がある。

　ただし能力重視の賃金算定は，実際には簡単ではなく，実施にあたっては周到な準備を必要とする。たとえば特定の職務を遂行する能力なのか，どの職務にも通用する一般的な能力なのか等，能力をどう定義するのかが問題となってくる。また能力を判定するのは上司（管理者）であるが，この判定が不公平であると，それから生ずる不満は根強く，大きいものになる。そもそも能力そのものは目に見えないので，これを客観的に評価することもそう簡単ではないのである。

④　成　績

　一定期間に，どれくらいの成績（実績），いわゆる個人業績をあげたかということが，賃金，特に加算部分の算定基準にされることがある。また賞与，いわゆるボーナスの算定時に，これが見られることもある。

　生産部門ならば1カ月に製品を何個つくりあげたか，研究開発部門ならば1年に特許を何件とったか，営業部門ならば1カ月あるいは1年にいくつ契約を獲得したかということが見られる。いわゆる営業成績というのは，一般的には営業部門で見られるこの個人業績をさす。たとえば保険の外交員の場合は何人と契約を結んだか，自動車の営業員の場合は何台売ったかが見られる。

　なお，加算給の算定基準にとどめず，このような成績に基づいて年収や昇給，昇進を決めている企業もある。このような人事考課のスタンスは前節で言及したように成果主義と呼ばれる。

⑤　勤務時間

　勤務時間も，賃金の額に影響する。たとえば定められている勤務時間を超えて働いた場合，基本的には追加賃金が支払われる。このような追加賃金がいわゆる超過勤務手当，あるいは残業手当である。すなわちこれらは「手当」とは言っても，賃金の加算部分つまり加算給である。休日に出勤した場合も，同様の加算給が支払われる。

　ただし近年は，加算給の支払われない残業，いわゆるサービス残業（不払い残業）も多く，これが社会的に問題視されている。

⑥　資　格

　会社側の指定する特定の公的資格を所持している人に対して，追加賃金を支払う会社もある。これは一般に資格手当と呼ばれる。ただし資格手当は，職務と関係のない資格の所持者に支払われる場合は「手当」といえるが，職務に関係のある資格の所持者に支払われる場合には「加算給」とみなすのが適切である。

　たとえば，システムエンジニア（SE）で「情報処理技術者」の資格を持っている人，自動車工場に勤務し「自動車整備士」の資格を持っている人，経理部

門に勤務し「簿記検定」の資格を持っている人などに支払われる資格手当は、職務能力（職能）に期待して支払われる報酬であり、追加賃金つまり加算給であるとみなせる[9]。

（3）年功序列から能力主義へ

多くの日本企業では1990年代において、年功序列型賃金からの脱却と、能力主義型賃金への移行が進められた。2000年代に入ると、さらに成果主義の賃金体系を取り入れる企業が現れ、2010年頃まではこれを導入する企業が増加傾向にあった。

能力主義と成果主義はどのように違うのであろうか。前者すなわち能力主義は職務能力と賃金を連動させるものである。昇進の決定において、これが重要な判断材料とされることもある。この能力主義は、高い職務遂行能力を持っている人は職務遂行レベルも高く、したがって人材としての有用度において優れているという考え方に立脚している。この制度のもとでは、従業員は自分の職務能力を高めようと努力する。高い能力が高い賃金、場合によっては高い職位に結びつくからである。

それに対し、後者の成果主義は担当職務における個人業績と賃金（年収）を連動させるものである。そこでは、職務遂行により実際にどれだけの成果をあげたかが見られる。そもそも賃金は労働の対価として支払われるものであるので、仕事のできばえ、成果に応じてこれを増減させるというのはある意味で公平な賃金制度といえる。

ただし成果主義の賃金制度では、個々の従業員が短期的な成果をあげることに夢中になり、人材としての自分の価値を高めようとか、長期的な視野で自分の能力を伸ばそうという気持ちが起こりにくい。従業員が「何かを行える」のは、その何かを行う能力や知識がその人に備わっているからである。あらゆる業務の根底には、それを遂行するための能力や知識があるといえる。そのような能力・知識が業務遂行の有効性を規定するので、これを向上させる意欲や時間的余裕がないと、結局は企業の組織能力も低下してしまう。

伝統的な枠組みにおける発展途上国企業の競争力が増し，国際的な企業間競争が激化する中で，日本企業には資本力といった従来のファクターではなく，業務の有効性を規定する根本要因である能力や知識をベースに競争優位性を維持・向上させることが求められている。成果主義は，これとは矛盾しがちな評価ポリシーないし賃金体系であるといえる。徐々にそのような矛盾や弊害が顕著になり，人材育成の面でこれは問題があるという見方もなされるようになったことから，近年は一度これを導入した企業の中にも取り止めて別の評価スタイルに変えるところが出てきている。

(4) 福利厚生

福利厚生は，賃金や各種手当以外の方法で従業員およびその家族の生活がいっそう充実するように支援したり，従業員同士の親睦を促進したりする取り組みをさす。これは業務時間以外における従業員の満足度向上を意識して行われることが多い。換言すれば，福利厚生は「企業がその従業員と家族を対象として，労務管理の一環として提供する基本的労働条件以外の諸施設・諸給付の総称」(大東，1996，p.277) である。

福利厚生には「第1に賃金等の基本的労働条件を補完して労働力の質的・量的な確保をはかる経済的機能と，第2に職場における良好な人間関係の形成と労使関係の安定をはかる社会的機能がある」(前掲書，p.277)。前述したように，本人と家族の生活水準向上に寄与したり，従業員同士が親睦を深められるようにしたりすることにより，業務についているとき以外の時間における従業員の満足度を高めるのが福利厚生の役割である。さらにそれを通じて労働の質と量を上げ，また会社への定着率を高めるという目的がある。

従業員を迎え入れる条件は一般的には待遇と呼ばれる。この待遇には賃金だけでなく，ここで取り上げている福利厚生まで含めて考えるのが適切である。実際，これは企業や業界によって大きな相違がある。従業員にとっては，少々賃金が高くても福利厚生が劣っていれば，待遇はよくないということになる。

福利厚生には，次のようなものがある。ただし，先にも触れたようにこのう

ちどれを取り入れているかは企業によって色々である。またそのときの企業環境によって重点が置かれる領域，同じ施設や制度であっても構造設計や運用のあり方は異なってくる。

　第一に，住宅に関するものである。たとえば，これには住宅資金融資制度，社宅や寮の設置がある。

　第二に，健康の維持・増進に関するものである。具体的には，医療サービスの提供，体育館やグラウンド，スイミングプールの設置等がある。医療については社内に医務室を置いている場合もあれば，○○株式会社病院といった大規模な医療施設を設けているケースもある。従業員を対象にして勤務時間内に無料の健康診断を定期的に実施している企業もある。体育館やグラウンド，プールについては当該企業のクラブチームや社内運動サークルに練習場所を提供することでその活動を支援しているという場合も多い。

　第三に，日常生活に関するものである。食堂や日用品販売所の設置，低利資金貸付制度の導入がこれにあたる。企業によっては○○株式会社生協といった組織をつくり，食堂やスーパーをこれに運営させているケースもある。近年は若い従業員中心に「ゆったり」とした雰囲気で食事をしたいという要望が強いことから，レストランやカフェテリア風の社員食堂を設置する企業が増えている。中には，勤務終了後に酒類を出すバーないしパブを設けている企業もある。

　第四に教養・娯楽に関するものである。この例としては図書室や娯楽室，保養所の設置等があげられる。保養所については，社員が安価で宿泊できる施設を風光明媚な観光地に置いている場合が従来多かったが，管理と維持に高額の費用がかかることから，最近は減少傾向にある。

　第五に，その他のものがある。たとえば以上で述べたもの以外に，各種保険料の企業負担等があげられる。

　前述したように，福利厚生には賃金等以外の形で従業員の家計を支援する経済的機能と良好な人間関係形成等につながる社会的機能がある。5つの領域それぞれがどちらの機能を果たしているかを判断するのは容易でないものの，こ

れが比較的はっきりとしているものもある。たとえば第一の住宅に関する施策は，不動産価格の高い日本では特に重要な経済的機能を担っているといえる。第二のジャンルであげた体育館やグラウンド，第四の領域で示した娯楽室は，従業員間のコミュニケーション促進と親睦の強化を主たる目的とした施設であるとみなせる。

第7節　労使関係の調整

(1) 労働組合の形態

　労働組合は従業員が自主的に労働条件の改善，また経済的地位の向上を図ることを主な目的として組織する団体である（労働組合法2条）[10]。日本では労働組合を結成する権利，団結権が法によって保障されている（憲法28条，労働組合法1条）。

　日本と欧米では労働組合の組織形態がかなり異なる。日本では企業別に，言い換えればそれぞれの企業内で労働組合が組織されるが，欧米では職種別あるいは産業別に，換言すれば企業横断的にこれが結成される。

　改めて組織形態で労働組合を分類すると，次のようになる。

①　職種別労働組合

　職種別労働組合は，従業員の所属している産業・企業に関係なく，同じ職種・同じ職務に従事する労働者が結成する組合を言う。職種別労働組合の場合，たとえばドリル工員（旋盤工）は，造船業界に属する人も，自動車業界に属する人も，建設会社に属する人もドリル工員の組合に参加する。溶接工員は溶接工員で組合を結成し，ペイント工員（塗装工）はペイント工員の組合に加入する。事務部門に勤務する従業員（ホワイトカラー）に関しても同様で，企業や産業を問わず，販売職は販売職，コンピュータ・プログラマーはプログラマー，秘書職は秘書職で組合を結成する。

②　産業別労働組合

　職種のいかんにかかわらず，同じ産業で働く従業員の間で結成される組合が

産業別労働組合である。職務の内容にかかわらず，その産業にたずさわるすべての人が組織化の対象になる。

産業別労働組合の場合，たとえば造船業界で働く人は，ドリル工具であっても，溶接工具，ペイント工具であってもみな造船の組合に所属する。有名なのはアメリカの UAW (United Automobile Workers) で，職種を問わず自動車業界で働くすべての労働者が加入している。同国の主要な産業別労働組合にはこの他に，鉄鋼，炭鉱，運輸，郵便などの組合がある。これらは，ある意味で原理主義的で，かつ権限の大きい指導部を持つ一方，そのような「保守的な組合執行部に反対して組合民主主義や草の根レベルの動員を主張する勢力が存在した」というのも事実である (鈴木，2005, p.7)。

③ 企業別労働組合

企業別労働組合は，企業ごとに，そこで働く従業員により結成される組合を言う。企業内組合という呼び方もなされる。1つの会社内で結成されるため，職種別，産業別よりも規模は小さくなる。日本ではこの形態が一般的で，「○○株式会社労働組合」といった名の労組が各企業で結成されているというのが現状である。

日本の場合，このような企業別労働組合を基本的に正社員だけで組織してきた。一方では，第2節で述べたように，従業員採用のウェイトが正社員からパートタイマーやアルバイトに移ってきている。このようなことから従業員に占める組合員の比率，いわゆる組合加入率（組織率）は長期的に低下し続け，組合に加入している絶対数（組合員数）も1994年以降，減少傾向にある (藤村，2004, p.78)。

同じ業界内の企業別組合が集まって，「○○労連」という緩やかな形の産業別労働組合をつくっている場合もある。ただしこのような産業別労組は独立性・主体性の強い指導部を持っているわけではないという点で，アメリカ型のそれとは明らかに異なる。日本にもこのような緩やかな産業別労組が見られるが，「産業別組織の役員の大部分は，企業別組合出身者に占められている」のであり，各企業別組合から代表が派遣され，その合議により運営されていると

いうのが実態に近い（鈴木，2004，p.21）。

（2）労働組合への加入

労働組合の加入形態に注目すると，これには組合への加入が雇用（入社）よりも優先されるクローズド・ショップ，雇用後に加入が全員に強制されるユニオン・ショップ，組合に入るか否かは本人の自由意思であるオープン・ショップがある。3つの違いをより詳しく説明すると，次のようになる。

① クローズド・ショップ

組合員であることを雇用の条件とするのがクローズド・ショップである[11]。したがって労働者は雇用される前に，すなわち企業への応募に先立ち，組合に加入する必要がある。経営者は人員を増やす場合には，原則として組合員の中から雇い入れなければならない。組合からの脱退は解雇を意味する。

このクローズド・ショップは19世紀にイギリスで登場し，徐々に他のヨーロッパ諸国とアメリカに広まっていった。しかし1980年代以降，労働者には団結する権利がある一方，団結しない権利すなわち消極的団結権（Right not to Organize）もあってしかるべきだという考え方が各国で強まっていった。今世紀に入ってからもそのような傾向に変わりはなく，近年，この加入形態は衰退しつつある。日本ではもともと，この方式をとっている業界や企業は極めて稀である。

② ユニオン・ショップ

ユニオン・ショップは，従業員全員に組合加入が強制される加入形態である[12]。クローズド・ショップのように，必ずしも入社の前に組合に入る必要はないが，入社した場合には，組合への加入が義務づけられる。クローズド・ショップ同様，組合からの脱退は解雇を意味する。日本では従来，比較的この加入形態が多かった。

一般的には，組合員に賃金の引き上げ，福利厚生の充実等に関してどれだけ利益を提供するかにかかわりなく全従業員を組合員として確保できるので，組

合が従業員にもたらすベネフィットは次に述べるオープン・ショップよりも小さい傾向があると言われる。しかしこれとは逆の見方，すなわちユニオン・ショップは「労働組合の組合員へのサービス努力を高め，労働者と組合の効率性を高める」という見解を示している実証研究も見られる（高橋, 2009, p.12)。

③　オープン・ショップ

オープン・ショップは，労働組合に入るか否かが労働者個人の判断に委ねられるという加入形態である[13]。歴史的に見ると，これは経営者側が反労働組合運動を展開する過程で登場したと言われる（関口, 2010, pp.18-19)。近年は先に述べた理由で，すなわち労働者には団結しない権利もあるという考え方が強まっているということを背景に，欧米諸国でクローズド・ショップからオープン・ショップへの移行が見られる。また日本でも労働者の価値観が多様化しているのを受けて，これが増大傾向にある。

このオープン・ショップでは，組合に加入するのも脱退するのも従業員の自由となる。ただし加入・脱退は自由であるものの，経営者側に対する交渉力を高めるために，組合は活動の内容を説明しその意義を強調するなど勧誘活動を行い，加入率を少しでも高めようとしているのが一般的である。

（3）団体交渉

労働組合が賃金，労働時間，そのほかの労働条件について，経営者（使用者）側と交渉するのが，いわゆる団体交渉である。個々人は力関係において会社と対等の立場にあるとは必ずしもいえないので，労働者は団結して前述した労働組合を結成する。この労働組合が労働条件等の改善を求めて経営者側に掛け合い，これと議論するのが団体交渉である。個人の交渉力は限られているし，賃金や労働時間等は労働者全員の共通した問題であるので，個々人としてではなく結束して会社側とこのような交渉を行うのが労働者にとって合理的なのである。

日本では団体交渉の権利，団体交渉権が法によって保障されており，経営者が正当な理由なしにこれを拒否することは禁じられている（憲法28条，労働組合

法7条2号)。そして団体交渉の結果，双方が歩み寄って意見が一致すれば，労使間で協定を結ぶ。これがいわゆる労働協約である。

団体交渉がまとまらないときには，労働者は争議行為を行うことができる(憲法28条)。この争議行為とは労働者が労働条件等をめぐってその主張を貫徹するためにとる行為をさす(労働関係調整法7条)。

労働者のこの権利がいわゆる争議権である。争議行為の代表例は共同で業務を放棄するストライキである。これに対して，経営者側は事業所を閉鎖するロック・アウトで対抗することができる。

争議行為はどの労働者でも自由に行えるわけではなく，運輸(鉄道など)，郵便，通信(電話など)，電力，ガス，水道，医療に携わる労働者が争議を行う際には，その他の職業の者が行う場合に比べて制約が多い(労働関係調整法8条)。たとえば内閣総理大臣により緊急調整の決定が行われた場合には，その公表日から50日間は争議ができない(労働関係調整法38条)。

争議行為には，ストライキのほかに，サボタージュがある。これは共同して仕事を怠けることをいう。たとえば電車の運転を休止するのはストライキで，のろのろ運転をするのはサボタージュである。

ところで，ストライキを行った際に，放棄した業務に対する賃金を労働者は請求できるのであろうか。1時間のストライキならまだしも，数日間，数カ月間に及ぶストライキの場合は，これは労働者にとって重要な問題である。これについては，答は基本的にはノーである。放棄した業務に対する賃金の請求権は，労働者側にはないとされている。これは争議における「ノーワーク・ノーペイの原則」と呼ばれる。

それでは，ストライキによって会社に損害が生じた場合，経営者は労働者に対し損害賠償を請求できるのであろうか。これも答はノーである。正当な争議行為の場合，損害が生じても，経営者は労働組合と労働者に賠償請求することはできないというのが一般的な見解となっている。これがいわゆる争議における「民事免責の原則」である。

争議が長引けば，労使双方が損失をこうむるだけでなく，一般の人々にも迷

惑が及ぶことが多いので，双方の意見を適切に調整して，その解決を図る必要も生ずる。このようなことから，第三者的な立場で争議の解決を図る機関として，労働委員会が設けられている。より具体的には，厚生労働省の管轄下に中央労働委員会，都道府県ごとに地方労働委員会が置かれている。

（4）労使関係と製品・サービス

　労働組合と経営者（使用者）との関係は労使関係と呼ばれる。労使関係は従業員の動機づけと密接に関係している。

　労働者には団結権や争議権があるものの，年中ストライキを行っている企業は，今日の日本では稀である。これは日本企業の多くで労使関係が良好に保たれているためである。うがった見方をすれば，労使の対立が行き着くところまで行かず，「あうんの呼吸」で両者の間に妥協が成立する。「なあなあ」の雰囲気で無難な落とし所に行き着くという間柄，「なれ合い」と言えば語弊があるが，ある意味でそのように見えてしまう関係であることも少なくない。

　海外には労使関係が悪く，大規模なストライキが頻繁に行われ，毎回，国民生活に重大な影響を及ぼしている国もある。たとえば隣国の大韓民国（韓国）は比較的，ストライキの多い国である。目的達成に向けて徹底的に闘うという傾向が強く，労働組合が要求を貫徹するために行うというストライキ本来の姿に近い。またイタリア，イギリス，フランス等のヨーロッパ諸国もストライキが多く，しかも全産業の労働者が参加して全国規模で行うゼネストが比較的よく行われる[14]。

　そのような諸外国に比べ，日本企業の労使関係はかなり良好といえる。労使関係が良好であれば，消費者に対し供給される製品やサービスの質もよいものとなる傾向がある。つまり労使関係が友好的であれば職務遂行に対する従業員の動機づけが維持され，一般的には消費者によりよい製品やサービスが供給される。

　しかし労使関係が対立的，抗争的で，相互不信に陥っているときは従業員の動機づけが進まず，生み出される製品やサービスの質も悪くなりがちである。

たとえば日本に以前あった一部の国有・国営企業では，労使関係が悪かったために顧客がないがしろにされ，「お客様を大切にする」というようなサービスや応対があまり見られなかった。そのような企業の多くは民営化された後，サービスや応対が随分よくなったと言われる。これは私企業となって業績向上への意識が強化されたのと同時に，敵対的だった労使関係が比較的良好になったことに一因があるのだろう。

　労使関係の良し悪しが，その企業で生産される製品やサービスの質にも影響を与えることから，企業は良好な労使関係の構築と維持を図る必要がある。ただしこれは，組合が経営側にいわば丸め込まれたり，あるいは抑圧されて「言いなり」になり，団体交渉権や争議権を行使しづらくなっているという関係であってはいけない。このような労使関係は表面上は友好的であっても，本当に健全な関係とはいえない。単に組合を懐柔するのではなく，情報共有と信頼関係を土台にした成熟した労使関係，本音で議論してわかり合えるような関係が求められているのである。そのためには，経営側と組合側が対等の立場で率直に意見を交わしたり情報を交換し合う場を常日頃から設けることが重要である[15]。

第8節　ダイバーシティ・マネジメント

（1）ダイバーシティの重要性

　第2章第10節で言及したように，画期的なアイデアや新商品は，多様な知識や情報の相互作用から生まれる。知識や情報，考え方や視点，ものの見方が自分とは異なる他の従業員とコミュニケーションをとる過程で，知識と知識の結合や連携，知的触発や気づきが起こるのである。その時々の環境に対応した新商品や新事業，戦略を創出し，また企業の自己変革を実現する契機となるのは，知識や情報の多様性を土台にしたこれらの異種結合と知的触発である。

　このように企業に革新をもたらすのは多様な知識や情報の間で起こる異種結合と知的触発であることを考えると，企業が新技術，新商品をくり返し創造す

るためには，知識や情報の多様性を維持・向上させなければならないことになる。そしてそのためには，企業は多様な人材を確保し，また組織内の自由度を維持する必要がある。このような人材の多様性を維持し向上させる取り組みはダイバーシティ・マネジメントと呼ばれる（図表3-2）。

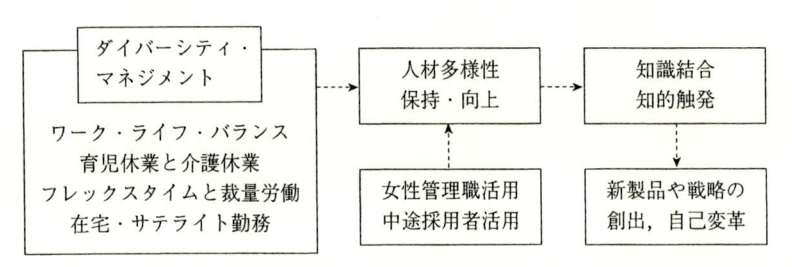

図表3-2　ダイバーシティ・マネジメントと知識創造

| ダイバーシティ・マネジメント
ワーク・ライフ・バランス
育児休業と介護休業
フレックスタイムと裁量労働
在宅・サテライト勤務 | → | 人材多様性
保持・向上
↑↓
女性管理職活用
中途採用者活用 | → | 知識結合
知的触発
↓
新製品や戦略の
創出，自己変革 |

日本には伝統的に，「出る杭を打つ」「横並び」といったことばに象徴されるように同質性を重んじる風土があった。同質性が組織の和や結束につながるという考え方が支配的だったのである。これは狩猟民族とは異なる農耕民族に一般的に見られる文化であるとも言われる。

しかし先に言及したように，斬新なアイデアや新商品は多様性のある知識や情報の相互作用から創発する。つまり人材に多様性があれば，問題解決や企画会議などの際に前例にとらわれないブレークスルー的な発想が出やすくなるし，色々な視点で議論することも可能になる。言い換えれば，「様々な性格や習慣，視点を持つ人が集まることで，アイデアを豊富に備えた組織になる」（井上，2006, p.29）。またそのように人材が多様であれば，知識の異種結合や異分野知識の連携によって，付加価値の高い商品，画期的な新商品が生まれやすくなる。

人材の多様性を受容し，これを向上させる取り組みであるダイバーシティ・マネジメントは知的触発や知識の異種結合が起こる土壌をつくるだけでなく，有能な人材の採用と定着にも貢献する。すなわち少子高齢社会的な傾向の加速と生産人口の減少の中で有能な人材を多数雇用することは徐々に難しくなって

いくが，ダイバーシティ・マネジメントの発想はこれを確保することにもつながる。言い換えれば，家庭の状況，性別や国籍にこだわっていては今後，有能な人材を確保することは難しい。「労働力人口が減り続けるなか，優れた人材を継続的に企業に集めるには，性別や国籍，年齢，障害の有無，学歴にとらわれず多様な人材を迎え入れる『ダイバーシティ』の考えが不可欠となる」（上木，2009，p.126）のである。

このような優れた人材の確保につながるという点を重視すると，ダイバーシティ・マネジメントは「有能な人材確保のために，女性，外国人，少数民族などを受容し活用できる組織を作る人材管理手法」（井上，2006，p.29）と定義づけられる。労働力人口が減少する中で有能な人材を確保するためには，「家事や育児にあまりかかわらず，深夜まで働ける大卒の男性社員を戦略の中心にした従来の人事制度や業務の分担，職場の習慣を改める必要がある」（上木，前掲論文，p.126）といえる。

近年，製品の設計においてユーザー・フレンドリーというコンセプトが重要となった。これは端的に言えば，使い手のことをよく考えていて，消費者にとってなじみやすいということを重視した設計概念を言う。しかし今日，フレンドリーさを心がけなければならないのは，このような製品と消費者に関してだけではない。勤務の仕方についても，従業員とその家族のことをよく考えていて，これにやさしいファミリー・フレンドリーな制度設計が求められているといえる。換言すれば，企業は対外的には製品をユーザー・フレンドリーにする努力をする必要がある一方，対内的には勤務の仕組みをファミリー・フレンドリーにしなければならない。つまり組織にもファミリー・フレンドリーな組織というのがある。ダイバーシティ・マネジメントは自社をファミリー・フレンドリーな組織にすることにつながるのである。

（2）ワーク・ライフ・バランス

かつて日本には長時間の残業をいとわない会社中心タイプの人が多く，また企業側もそのような人を重用してきた。そのような労働者を揶揄して「仕事中

毒」「働きバチ」「24時間社員」と呼んだりもした。見方によっては，このような人たちが「企業戦士」として日本の経済発展を支えてきたという側面があることも否定できない。

ところが近年，若い労働者中心に意識や価値観に大きな変化が生じている。すなわち今日では，「あくせく働くのは嫌。ほどほどに働きたい」とか「昇進したいとは思わない」という人も多い。この点について，山極 (2010) は次のようにコメントしている。「実態として，仕事一辺倒の人はどんどん減っている。そうした意識変化を見逃すと，制度の設計や運用を間違え，マイナス面が広がる」(山極，2010, 24面)。

その一方で，今日でも放っておくと連日深夜まで残業に励むという従業員はいるし，それを明示的にあるいは暗に推奨している企業もある。しかし極度の仕事志向は一歩間違うと家庭と私生活を犠牲にすることになり，またこれが長期に及ぶと肉体的な疲弊状態，いわゆる過労に陥る原因となる。肉体的なものだけでなく精神的な疲弊状態にもなりやすく，さらに進んでメンタルヘルスが崩れるという事態にもなりかねない。長時間の残業をいとわず，がむしゃらに働くという労働のスタイルはバーンアウトする，つまり疲れ果てて「燃え尽きる」という危険性も大きいのである。また外部労働市場が充実し，中途採用が増大傾向にある今日では，このような勤務のあり方は従業員の定着率を低めてしまいかねない。

このように深夜まで残業させたり，休日に出勤させたりして，従業員をいわば「仕事づけ」にするような勤務体制は仮に短期的には大きな成果をあげたとしても，前述したように従業員を肉体的あるいは精神的な疲弊に追い込むリスクを秘めているため，長期的には有効とはいえない。そのような勤務を強いている企業が存続性と成長性を持つかどうかも疑問である。「長期的な視野に立てば，従業員に過度な残業をさせずに適度な休暇を取らせることが，高い生産性を維持して組織に定着してもらうことにつながる」(上木，2009, p.127) のである。

このようなことから生まれたのが，仕事と私生活の均衡を保つワーク・ライ

フ・バランスというコンセプトである。これは言い換えれば，仕事のうえで成果をあげながら，充実した私生活を送るために，働き方を見直すという発想である。

　ただし実践にあたっては阻害要因も多い。たとえば長時間勤務を当然視するトップの考え方や組織風土，職場の雰囲気がそのような阻害要因になりやすい。この点に関して山極（2010）は次のように述べている。「まず企業トップの意識改革が必要だ。そして職場のマネジメントや風土を変えていかなければならない。（中略）長時間労働が慣習化していて，上司がいる間は帰れないといった職場も多い」（山極, 2010, 24面）。また無駄の多い業務プロセスや長時間におよぶ会議の慣習もワーク・ライフ・バランス実践の障害となりやすい。先の山極（2010）はこのことについて次のようにコメントしている。「まず，無駄な業務を廃止する。次に業務プロセスを簡素化する。特に目立つのは，長時間で効率の悪い会議である」（前掲記事, 24面）。このように，ワーク・ライフ・バランスに取り組むに際して，これを契機に抜本的なプロセス変革（リエンジニアリング）や会議の効率化・合理化を図ることも企業にとり重要となる。

　ワーク・ライフ・バランスの発想に立つ企業は，従業員の残業に歯止めをかけ，また有給休暇の取得を促すことになる。突然の残業規制は従業員を混乱させるだけだが，あらかじめ残業の制限についてアナウンスしておけば，従業員は限られた時間の中で集中的に仕事に取り組むようになるので，一般的には業務の効率性は増す。従業員は限られた時間の有効活用を意識し，職務遂行上の無駄をなくそうと心がけるので，時間あたりの生産性はアップし，結局，企業全体としての業務効率性も持続ないし向上することになるのである。

　このようなことから，「7時前退社」を励行したり，残業を最小限にとどめる「早く帰ろうの日」や定時退社・帰宅を推奨する「ノー残業デー」を週に1回等の割合で定期的に設ける企業も増えている。また企業によっては，各従業員にその日の目標退社時刻を記したバッジを胸につけさせているところもある。これを超えて勤務している場合には，上司が一声かけて注意を促すのである。

各従業員の労働時間を把握するために情報システムを活用する企業も現れている。このような企業では，従業員は出社時と退社時に，入退館ゲートのセンサーに非接触ICタグ（RFID）付きの社員証をかざす。そうすることにより，各従業員の在社時間を正確につかむのである。事前に退社予定時刻を申告しておき，実際の退社がこれより30分以上遅くなった場合，翌日，「退社が遅れた理由を報告してください」というメールをその従業員に自動送信したり，そういう事態が続いた場合にサーバーが「退社が予定より遅れぎみです」というメッセージを送るようにしている企業も見られる。社内ネットワーク経由で従業員の出退社時刻をマネジャーに通知するようにしている企業もある。

　ワーク・ライフ・バランスを実現するための具体的方策として，後述する育児・介護休業制度の活用も考えられる。企業によっては，この具体策として在宅勤務制度，フレックスタイム制を採用しているケースもある。ただしこの場合には，時間に関する厳しい自己統制と自己管理が要求される。

　ワーク・ライフ・バランスは男女が平等に責任を分かちあう社会，いわゆる男女共同参画社会の構築，および少子化対策の一環として政府も後押ししている。このことからもわかるように，当初は女性社員の活躍の場を広げるということにその主たる目的があった。しかしこれに関して，「最近では性別や年齢，国籍，信条などにかかわらず，多様な人材を活用するダイバーシティの推進という観点から取り組む動き」が見られる（西頭，2008，p.27）。

　言い換えれば，プライベートタイムの充実は必ずしも育児や家族のだんらんの時間が増えることには限定されない。多様な価値観やライフスタイルを持つ人材の能力をいかすダイバーシティ・マネジメントの有効性向上という観点でも，プライベートの充実は重要なのである。すなわちワーク・ライフ・バランスは，「ボランティアやNPO（非営利組織）活動，生涯学習など，様々な価値観を持つ社員の生活を支援するものと理解する」必要がある（西頭，前掲論文，p.27，（　）内の補足は西頭による）。

　ワーク・ライフ・バランスの効果として創造力の向上をあげる研究者もいる。たとえば先に紹介した山極（2010）はこれに関して次のように述べている。

「ワークとライフ（自己啓発，育児，趣味，社会貢献など）の様々な活動を相互に行うことで好循環がつくられる。生活に幸せや生きがいを感じ，気持ちも豊かになって，仕事に対するモチベーションが高まり，これまでにないアイデアが生まれて，新たな価値ある商品やサービスを創造できるようになる」（山極，2010，25面，（　）内の補足は記事による）。

　日本ではこれまで仕事と私生活を「仕事をとるか？　プライベートをとるか？」というように両者を二者択一の関係，あるいは「私生活を犠牲にして仕事に打ち込む」（またはその逆）というようなトレードオフの関係に見てきたが，今後は私生活が充実することで仕事への意欲が高まるという相乗効果の視点，両者の調和により両方とも充実するというワーク・ライフ・バランスの発想がますます重要になっていくであろう。

（3）育児休業と介護休業

　一般的には，育児休業は「1歳未満の子供」を養育するための休業をさし，介護休業は「2週間以上にわたり常に生活補助を必要とする家族」を介護するための休業をさす。育児・介護休業法はこれらの休業を労働者の権利として保障している[16]。これに加えて，2010年に施行された改正育児・介護休業法では，短時間勤務制度や所定外労働免除制度の導入が企業に義務づけられた。これは3歳未満の子供を持つ労働者が利用できる1日6時間勤務といった所定労働時間の短縮措置，またそのような労働者から申請があった場合における所定外労働の免除を原則化するよう企業に義務づけたというものである。

　このような休業制度は，育児と介護を労働者の権利と位置づけ，これらと仕事の両立を支援することを目的としている。また法律は，これらの休業の取得を男女両方に認めており，夫が子育てのために休業をとることも制度上可能になっている。そのため，この制度は男女共同参画社会の形成に貢献すると期待されている。実際，企業の中には男性社員に育児休業を取ることを勧めたり，法律上の制度よりも充実した独自の休業制度を設けて「赤ちゃんが生まれたら，お父さんも休もう！」といったキャンペーンを展開してこの取得を促して

いる企業もある（上木，2009, p.129）。

　育児や介護を行うのは女性とは限らないものの，このような休業制度によって女性社員，女性管理職が結婚・出産等の後も働き続けることは，企業にどのようなベネフィットをもたらすのであろうか。上木（前掲論文）はこのメリットとして次の3つをあげている。すなわち，第一に優秀な人材を確保しやすくなる，第二に採用や育成にかかるコストを低減できる，第三に女性の視点を活用できる可能性が高まり商品開発やサービス改善に対する発想が豊かになる，ということである（上木，前掲論文，p.127）。第二の採用・育成コストの低減については，山極（2010）によっても「良い人材が出産・育児で辞めてしまった場合，新たに採用するコストや研修コストなどを計算すると，育児休業をとってもらって職場復帰できる環境を整えるコストの方が軽い」（山極，2010, 25面）という指摘がなされている。

　しかし現在のところ，この休業制度の活用はあまり進んでいるとはいえない。つまり法律は育児休業と介護休業をとる権利を労働者に認めている一方，これらの取得は当初期待されていたようには進んでいないというのが現状である。法律上は，これらの休業をとったことにより解雇など不利な扱いが生じてはならないとなっているが，職場復帰後に関する色々な不安から，現実には取得はあまり進んでいない。

　またワーク・ライフ・バランスの阻害要因として述べた長時間労働を当然視する組織風土や職場の雰囲気があると，前述した短時間勤務制度等も機能しづらくなる。この点については次のようなコメントもある。「そもそも長時間労働に陥りがちな職場では，短時間勤務の利用は難しい。残業する通常勤務者が不公平感を持つためだ。また総合職などは残業してあたり前といった，職場風土の見直しも必要だろう」（日本経済新聞，2010年3月3日）。

　他方で，育児に関しては，以上の制度を利用せずにこれと仕事を両立したいという労働者もいる。このような希望に応えるために，就学前の子供を対象にした社内託児所を設ける企業も増えている。この場合は，子供と一緒に出勤し，子供を託児所に預けてから業務につき，勤務終了後は子供とともに帰宅す

るという形になる。

　ダイバーシティ・マネジメントの観点では，育児と介護に関してのみ休業を認めるというのは合理的とはいえない。このようなことから，一部の企業は育児休業・介護休業のほかに，「ボランティア休職（休暇）制度」「リフレッシュ休暇制度」等を導入している。

（4）フレックスタイムと裁量労働制

　企業の所定業務時間として比較的多いのは，朝9時から夕方5時前後というものである。しかし職務によっては，早朝の方が効率のよいもの，あるいは逆に夜遅くの方が都合のよいものもある。つまり全従業員の間で業務時間を統一するよりも，顧客や取引先のタイムスケジュールに業務時間を合わせたり，仕事のはかどる時間帯に柔軟にこれを設定する方が会社全体にとってよいということもある。このような場合，業務時間を一律に定めるのではなく，始業と終業の時刻に幅をもたせ従業員の判断にこの設定をゆだねるのが合理的である。このように業務時間帯を従業員にある程度自由に決めさせるのがフレックスタイム制である。

　ただし完全に自由にすると，フェイストゥフェイスや電話によるコミュニケーションを社員間でとることが難しくなる。先に「ある程度自由に」と述べたのはそのためである。業務時間帯がまったく違っていても，文書や電子メールで報告・連絡・相談をとることはできるが，現実の企業では従業員同士がじかに会って話をする必要があることも多い。密度の高いコミュニケーションは実際に会って話をする対面的な会話により実現するからである。このようなことから，フレックスタイム制を採用する場合でも，全社員が必ず勤務するコアタイムを設けるのが普通である。一定の範囲内，時間枠の中で，始業と終業の時刻を設定するのである。

　フレックスタイム制によって，業務の効率性が増したり，ラッシュアワーから解放されて通勤時の疲労が軽減・緩和されるなどの効果が期待される一方，早めの出社・退社時刻を設定しても職場の雰囲気等から早く帰宅できない場合

もあり，労働時間の増大につながるという危険性もある。こういった危険性もあるため，フレックスタイム制の導入にあたっては労働基準法上，労使協定を締結し，この実施を就業規則等に明記することが求められている（労働基準法32条の3）。

一方，職務によっては専門性・特殊性が高いため，業務時間の配分や職務遂行の手段・方法が労働者の裁量に大幅にゆだねられるのが適当，あるいはゆだねざるをえないというものもある。このような高度に専門的な職務では勤務時間と成果の関係が必ずしも明確ではないので，決まった時間，職場にいさせるということが雇用者側にとってあまり意味を持たないことが多い。こういう場合，業務時間や職務遂行の手段・方法に関しては従業員自らが合理的に判断するという裁量労働制を労使の合意により導入することができる。

裁量労働制の場合，従業員は実際の労働時間とは関係なく，労使であらかじめ協定した時間働いたとみなされる。このみなし労働時間が存在するため，労働時間という発想が完全になくなっているわけではないが，これが実質的な意味を持たず，形式化あるいは形骸化しているといえる。

この制度の対象となるのは，前述したように業務時間や職務遂行が労働者の裁量にゆだねられるのが適当な高度に専門的な職務である。たとえば新製品や新技術に関する研究開発，取材や編集，放送や映画関連のプロデューサーとディレクターがこれにあたるとされている。

このように高度の専門職を対象とした制度であるので，これを適用されるということは自分がある意味でスペシャリストであると認められたことになる。したがって適用によってある種の誇りが生まれ，職務への動機づけが強化されるという効果もある。

企業にとっては時間外手当，いわゆる残業代の圧縮につながるのが一般的だが，職務遂行の有効性向上ではなく人件費の切り詰めが主たる目的であると，裁量労働制は失敗すると言われている。

（5）在宅勤務とサテライトオフィス

　近年，電子通信，特に遠距離間でこれを行うテレコミュニケーション（telecommunication）が急速に発展・普及している。この技術を活用して従来の勤務場所以外で業務を行うのがいわゆるテレワークである。たとえば職場外で文書を作成し，電子メールと添付ファイルでこれを提出するような働き方がこれにあたる。端的に言えばこれは，「働く者が時間と場所を自由に選択して働くことができる働き方」で，「通勤負担の軽減に加え，多様な生活環境にある個々人のニーズに対応することができる働き方」であると見ることができる（厚生労働省，2004，p.1）。

　このようなテレワークの究極的な形態は，自宅で職務を遂行する在宅勤務である。これは厚生労働省によれば，「事業主と雇用関係にある労働者が情報通信機器を活用して，労働時間の全部又は一部について，自宅で業務に従事する勤務形態」（前掲文書，p.1）と定義づけられる。そして同省はこれを「労働者が仕事と生活の調和を図りながら，その能力を発揮して生産性を向上させることができ，また，個々の生きがいや働きがいの充実を実現することができる」（前掲文書，p.1）と評価している。つまり在宅勤務は前述したワーク・ライフ・バランス実現という点で有効性が高い勤務形態であるといえる。

　企業にとって，在宅勤務には育児・介護等を理由に有能な人材が離職するのを防止することができるという利点がある。その反面，勤務中に従業員に対する管理が行えないという短所もある。オフィス内の近くにいれば，職務に関して管理者と従業員の間で対面的な報告・連絡・相談ができるが，在宅勤務の場合これが行えない。見えるところに部下がいる場合は，顔色が悪かったり過労ぎみであれば，早く仕事を切り上げて帰宅するように促すこともできるが，在宅勤務の部下にはそのような健康管理も行えない。

　在宅勤務のメリットは，従業員から見れば，通勤に関する肉体的・精神的負担が少ない，家族との団らんが増える等によりワーク・ライフ・バランスが改善されるというものである。

　その反面，在宅勤務には業務時間と生活時間の区別があいまいになるという

危険性もある。家族と過ごす時間が増える一方，子供が走り回る音やけんかの声が聞こえる，たびたびドアをノックされる，誰もいないときは電話が鳴るたびにこれに出ざるをえないという状況があると，仕事の能率が落ちてしまうことも考えられる。テレビをつけたい，洗濯をしたい，飼い犬の頭をなでたいという，とっさの気まぐれに打ち勝つ必要もある。旅行のパンフレットを見たい，インターネット上で旅行先の情報を検索したい，ホームページの渡り歩き（ネットサーフィン）をしたい，冷蔵庫をあけて食べ物を探したい，日が傾いたときに缶ビールを開けたいといった気持ちも抑え込まなければならない[17]。

　逆に，誰にも邪魔されずに快適に業務を行えるという環境が自宅にあると，きりがつくまで仕事に打ち込むこととなり，連日連夜，気がつけば真夜中という事態になりかねない。つまり慢性的な残業過多に陥る危険性があるといえる。冷静に自己の状況を見つめつつ「仕事ざんまい」の日々を送るのならまだしも，だらだらと節度なく業務を続け無意識のうちに「仕事づけ」になっているというのは問題がある。

　このように在宅勤務においては，厳格な自己管理，すなわち自分で自分を管理する厳しいセルフコントロールが求められる。自律的な時間管理を行える人でないと，家庭にのめり込むか，逆に仕事づけとなり，ワーク・ライフ・バランスが崩れてしまうのである。子育てや介護と仕事を両立できると言っても，仕事をしながら子供の世話をしたり，年老いた親の介護ができるわけではない。仕事と私生活に区切りを設けられず，同じ時間帯にこれらが混在すると，在宅勤務のメリットは小さいものとなってしまう。このため企業によっては，在宅勤務者に仕事を始めた時刻と終えた時刻を毎日，電子メール，その他の方法で報告させているところもある。

　また在宅勤務には，当該従業員と上司・同僚との対面的コミュニケーションが希薄になるという短所もある。最初は場所と時間を選ばずに自分のスタイルで仕事をしたいと思っていた人も，在宅勤務が長くなるにつれて，同僚と接触する機会がないことに不安を感じるようになると言われる。このため在宅勤務の日数に1カ月あたり何日までという制限を設けたり，これを積極的に取り入

れている企業も週1回等のペースで出社日を設けているのが一般的である。

　なお，テレワークを行う場所には自宅以外に，郊外に立地する事務所，いわゆるサテライトオフィスがある。一般的にはこれに勤務する従業員は，当該オフィスの近くに自宅がある者か，少なくともそのオフィスで働くことにより通勤時間が従来よりも短縮する者である。環境に恵まれていて好立地というサテライトオフィスであっても，従業員にとって通勤に長時間を要するのであれば，そこに勤務するメリットは小さくなるからである。

　通常はサテライトオフィスと本社はブロードバンド回線で結ばれており，文書等の送受信はもちろんのこと，動画像を交えた会議が行えるようになっている場合が多い。さらに進んで，自宅とサテライトオフィスを問わずテレワークにおいては，地理的な分散が協働やテレワーカーの心理に悪影響を及ぼさないように，「同僚の存在や職場の雰囲気などが自然に感じ取れ，また自身の状況も伝わる双方向なコミュニケーション環境」（野中, 2010, p.415）を準備する必要があるという指摘もある。すなわち分散して勤務する社員間に距離の壁を意識させないためには，「テレワーカーとオフィスワーカー間の情報のギャップ」を埋めることが重要であり，必要に応じ文書等の送受信やテレビ会議を行うだけでなく，両者の俯瞰映像を相互的かつ常時的にディスプレイに表示するなど臨場感形成を図る必要があるという（前掲論文, p.418）。

（6）女性の管理職登用

　かつて日本では，女性労働者に関して深夜労働や休日出勤を規制する保護規定が労働基準法等で定められていた。一方，管理職の中には長時間の残業など厳しい労働条件と幅広い責任を負わねばならないものもある。そのため，このような女子保護規定を理由に，女性に管理職を任せることにちゅうちょする企業もあった。そういう状況に対して，保護規定は本当に女性を保護しているのか，それとも女性の活用を妨げて男女間の差別を助長しているのかわからないという声もあった。

　このようなことから，現在では法律上の女子保護規定はほとんどが撤廃され

ている。つまり女性も男性と同じような残業，休日出勤が可能となっているのである。これによって企業は残業や休日出勤をともなう管理職に女性を登用しやすくなった。少なくとも保護規定を理由に女性を管理職に任命することをためらう合理性はなくなった。

　しかし現実には，女性管理者の比率は日本企業ではまだ高いとはいえない。女性だからという理由で，あるいは逆に男性だからという理由で，有能な人材を管理職に活用しないのは企業として合理性を欠く。職場の活性化，組織としての存続性と成長性の向上という観点では，男女に関係なく管理職としての適性を備えた人材をこれに登用するのが適切なのである。

　実際，女性管理者比率を企業が持つ組織的活力の重要な基準としている研究や調査も多い。たとえば日本経済新聞社の優良企業調査（通称プリズム）でも，女性部長比率が「組織としての活力」の測定指標となっている。

（7）中途採用者を活用する風土と仕組み

　企業では，企画会議などで前例や既存の枠組みにとらわれない斬新な発想が求められることがある。ところがこのような会議も結局は社内の人の集まりであるから，既成概念や慣例の打破が期待されていても，意見の衝突を避けようという意識が強く働いたり，旧来の思考フレームワークから抜け出せないために，結論は往々にして，あたり障りのないもの，意外性もインパクトもないものとなってしまう。すなわち「忌憚無く，率直に意見を」と説いても，参加しているのはその企業の文化や価値観に染まったり，規範を身につけた従業員であるから，会議における討論はこれらの影響下で進行することになる。その組織のメンバーである以上，文化や価値観，規範の影響は免れえないため，思考も議論もある枠組内で行われがちとなる。

　斬新な発想は往々にして，ほかの従業員にはない独自の情報網を持っていたり，ものの見方や考え方がその組織で受け継がれてきたものとはかけ離れている人材，主流派（正統派）と異なる知的ベクトルを持つ異端派によってもたらされることが多い。

このような観点で重要なのは中途採用者の活用である。中途採用者は，その会社ひと筋でやってきた「生え抜き」の従業員が持っていない情報網や知識，考え方を有していることが多いからである。そういうことから，他社での職務経験を持つ中途採用者を積極的に取り込むことも企業にとって重要となる。

　そして中途採用した異才を意識的にこういった会議，意思決定に参加させることで，社外の新しい知識や考え方を導入し，「社内の人の集まり」という限界を克服することが可能となる。しかし実際には，中途採用を行っていても，その知識や視点，情報網を活かすという発想が弱い企業が少なくない。「早くこちらのやり方に慣れろ」というように独自の発想や他企業で得たノウハウを封じ込めている企業がむしろ多数派であろう。ダイバーシティ・マネジメントではこのような中途採用者の活用にも注意が払われなければならない。現状打破による突破口，ブレークスルーを得るためには，その個性やノウハウ，内部の者には無い視点を尊重しなければならないのである。

第9節　人事・労務の新しい動き

(1) 社内公募

　ある部や課に人員不足が生じた場合に，外部からの採用者で補充せず，社内で人員を募集するということを大々的に行う企業が近年増えている。このような募集は社内公募と呼ばれる。新規事業分野に進出したり，自社出資の別会社や他社との合弁企業をつくる場合に，これが行われることもある。

　従来は，自分の職務，上司や職場に強い不満を持っている人は，動機づけを失ったまま何とか仕事を続けるか，退職するしかなかった。ここで取り上げている社内公募は，いわば「社内転職」を可能にする制度である。

　実際，一部の企業は，この制度を使って従業員が別の部や課に異動することを「社内転職」と呼んでいる。どこの部・課で人員を募集しているかという情報は，情報システム（社内ネット）上で知らされる。応募したい人は先方の部や課の担当者に連絡し，相手側の部長・課長に面接してもらう。応募の秘密は守

られるため，社内転職がうまくいかなかった場合でも，それまでの職場で従来と同じように働き続けることができる。

この制度を導入すると，社内に埋もれている有能な人材を活用することができるし，積極的に自分の人材価値を高めるために他の職務につきたいという人のニーズにも応えられるようになる。また職場の人間関係等で悩んでいる人も，他の部・課に移ることにより会社をやめなくて済むようになる。言い換えれば，社内公募は前述したように社内における転職を可能にするので，従業員の定着率を高める効果がある。したがって見方によってはこれも前節で述べたダイバーシティ・マネジメントの具体策と捉えることもできる。

ここ数年，大企業を中心に，この制度を採用する例が増えており，特に海外における新規事業の立ち上げを担えるような人材を社内公募する企業が目だっている。ソニー，日産自動車，日本IBMが比較的早い時期にこの制度を導入した。

(2) マイスター制度

工場にはその企業の競争優位に寄与している暗黙知が多い一方，これをマニュアル等に整理して若い従業員に伝えるということは難しい。すなわちこれを後の代に残そうとする場合には，フェイストゥフェイスでの継承を図る必要がある。その際に暗黙知の保有者を何らかの形で厚遇するということも考えられる。

このような発想に立って，工場の熟練工に「マイスター」等の称号を与えて，これに言語化しにくい特殊技能の「手取り足取り」による伝授を任せている企業もある。通常，このような地位に任命されると，手当の支給，定年の延長もしくは再雇用契約といった特典も与えられる。通常のOJTで工場における暗黙知の伝承を行うという考え方もあるが，このようなマイスター制度には「技能を経営資源ととらえることで，ベテランは教えることに対するモチベーションが向上するし，学ぶ側も真剣になる」(西，2008，p.148)という効果がある。

ただし技能伝承では，すべての技能を漠然と次代に伝えようとしてもうまくいかないことが多い。やみくもにベテラン工員をマイスター等に任命するのではなく，技能伝承の意義を全従業員に認識させる一方，残すべき技能とはどのようなものかを定義する必要がある。すなわちマイスター制度による技能伝承で成果をあげるためには，あらかじめ「どんな技能領域で何人の熟練者を育てなければならないのかを明らかにし，技能伝承が経営上の課題であることを周知する必要がある」(前掲記事，p.148)。

(3) ワークシェアリング

　景気の悪化，市場の冷え込み等により製品の売れ行きが鈍ると，企業は生産活動の縮小に迫られる。その場合，従来よりも人員が少なくて済むようになり，これに余剰が生ずることになる。この人員余剰を企業はリストラ (解雇) によって解消することもできる。ワークシェアリングは，そうせずに雇用水準を維持しつつ，従業員1人あたりの労働時間を削減することで人員余剰状態を乗りきる考え方をさす。縮小した業務量をみんなで分け合うという発想である。ほかの趣旨や意図で行われるワークシェアリングもあるが，2010年前後から特に注目されるようになったのはこのような雇用維持を目的としたシェアリングである。

　ワークシェアリングでは多くの場合，労働時間が短くなるとともに賃金もカットされて通常よりもこれが低くなる。一部の従業員を解雇して残りの従業員の雇用と労働時間，賃金を従来どおり維持するのではなく，全員で労働時間の短縮と賃金カットという苦しみを分かち合って需要の減退に耐えるわけである。

　ドイツのように，全国規模でこれを行って失業者の発生を抑制してきた国もある。日本では，2010年前後からこれに取り組む企業が現れた。一部の企業は賃金の減少分を補うための副業を従業員に認めたが，これは会社への帰属意識や忠誠心を弱めることとなり，マイナス面が大きかったと考えられている。

(4) ストック・オプション

　株式会社の株が値上がりしている際に，値上がり前の価格で株を購入する権利を与えれば，株価上昇の利得を従業員に還元できることになる。それを具体化したのがストック・オプション（stock option）である。すなわちこれは株主総会の決議を条件に，一定価格で自社の株を購入できる権利（新株予約権）を従業員に与えるという制度である[18]。自社の株価が上昇したときにこの権利を行使すれば，付与されたときと行使するときの株価の差額がある種の利得になる。株価が下がっているときには，ストック・オプションを行使しなければ損失は発生しない。

　ストック・オプションの行使価額は，一般的にはこれを与える直前の市場株価を参考に決められる。たとえば価額が500円に設定された場合，株価が800円になっているときでも，1,000円になっているときでも，500円で買うことができることになる[19]。

　購入した自社株を売却して，値上がりによる利益（キャピタルゲイン）を現金として得ることもできる。このため，ストック・オプションは従業員にとっては一種の報酬となる。値上がり幅が大きければ，証券会社に払う手数料や所得税を差し引いても多額の売却益を手に入れることも可能となる。

　会社の発展が自分の経済的利益に直結すれば，一般に従業員の職務遂行に対する動機づけは促進される。このようなことから，この制度は多くの企業で動機づけの手段，インセンティブになっている。すなわちストック・オプションは自社の株価が値上がりするほど利得が大きくなる一方，株価はその会社の業績とかなり連動しているため，ストック・オプションを与えられると従業員は通常，自社の業績をよくしようと従来にも増して努力するのである。

(5) 年俸制

　プロ野球の日本シリーズが終わると，新聞のスポーツ欄に「年俸」「契約更改」という活字がよく載るようになる。この場合の年俸とは雇用側と個々の選手が協議して合意した年収のことで，主としてこの協議を行うのが契約更改で

ある。このようにして年収を決める賃金制度は年俸制と呼ばれ，これを導入すると，毎年，年収等に関する契約をあらたに結ぶ前述の契約更改が必然的に行われることになる。逆に言えば，契約更改によって1年ごとに年収を決めるのが年俸制と言ってもよい。

先に言及したプロ野球選手のように，年俸制と契約更改が一般的である職業は従来はプロ・スポーツにほぼ限定されていたが，一般企業にも第5節および第6節で述べた成果主義の人事考課と組み合わせる形で年俸制を導入するところが増えている。特に，管理職に対しこの制度を採用する企業が目立っている。

1年ごとに年収を決めるとは言っても，会社の財務状態や業績によって，人件費として支払える総額には限界がある。したがって年俸には何らかの基準や歯止めが必要となる。前述したように成果主義との組み合わせで年俸制を導入する企業が多いのは，このためである。そもそも個人業績や仕事のできばえを評価するだけでこれらを賃金に反映しないというのはある意味で中途半端である一方，毎月この評価を行い月給を毎回変えるというのも難しい。そのようなことから成果主義と年俸制を組み合わせるのは自然な流れであるといえる。

契約更改では次年度の年俸を決定するのと同時に達成目標が決められるので，年俸制はある種の「目標による管理」という側面も持っている。つまり厳格な管理を行わなくとも，目標達成に向けて自発的努力がなされるというメリットがこの制度にはある。またこれにはプロの職業人としての自覚強化，従業員間に個人業績をめぐる競争が起こることによる社内の活性化という意義もある。

ただし年俸制の場合，年収が前年よりも減ること（減俸）も大いにありうる。年収が増える，あるいは少なくとも維持されるということを前提にして住宅ローン等を組んでいる人にとって，減俸は大きな痛手となる。このことを重く見て，住宅ローンも安心して組めないようでは従業員は「その会社の10年先のことを考えて仕事をするわけがない」（高橋，2004，pp.51-52）というように，この賃金体系は日本企業では機能しないという批判も研究者および実務家双方

にある。

【注】

（1）今日の企業では「考える現場」の構築が求められており，すべての意思決定が管理者によって担われるとは限らないが，管理者の本質的役割は意思決定であるといえる。

（2）アウトソーシング（outsourcing）は業務を外部に委託したり，サービスを外部から調達することをさす。

（3）ベッカー（1964）はヒトが企業の生産活動で中心的役割を担い，また教育を受けることを通じて個々人は自分の生産性を高めるという立場からヒトを「人的資本」（human capital）と呼んでいる（Becker, 1964, p.2：邦訳，p.12）。

（4）Off-JT は Off the Job Training の略で，研修所や訓練施設等において職務から離れて行われる訓練をさす。この場合は通常，講習やレクチャー等の形をとり，教育訓練を専門とする社内もしくは社外の講師が指導者を務める。OJT は On the Job Training の略で，日々の業務を通じて職場で行われる訓練をさす。ここでは先輩社員が指導者役（コーチ）となるのが一般的である。

（5）実際の配属は多くの場合，前述した Off-JT 形式による研修後となる。

（6）毎月1回以上であるから，週払いでも構わない。ただしその場合でも毎週金曜日に支給というように，期日を定めなければならない。

（7）個々の労働者の賃金の上げ幅には，基本給の上昇（ベース・アップ）のほかに，本人の勤続年数，勤務態度，能力，成績など人事考課の結果が関係してくる。

（8）これらの職位は企業独自に設けられるので，同じ呼称たとえば主事を用いていてもA社ではこれが伝統的な職制で言う部長クラス，B社では係長クラスということが往々にしてある。また同じ主務，グループリーダーという呼称を使っていても，主務がグループリーダーより上位であることもあれば，下位であることもある。

（9）税理士・公認会計士，福祉関連の資格，情報処理・コンピュータ関連の資格など，資格手当が支払われることのある公的資格は多数ある。そういう意味では，日本は資格社会であるといえる。サロウ（1977）によれば，人材採用にかかるコストと採用後の訓練コストをなるべく低く抑えようとする意識が強い企業は，資格や学歴を重視する傾向がある（Thurow, 1977, p.326）。

（10）役員が参加する場合，経営者側から財政的援助を受けている場合は，労働組合とは認められない。

（11）クローズド・ショップ（closed shop）のショップは工場を意味する。直訳すると，これは「閉ざされた工場」ということになる。

（12）ユニオン・ショップ（union shop）は直訳すると「労働組合の工場」ということにな

る。
(13) オープン・ショップ（open shop）は直訳すると「開かれた工場」で，非組合員にも門戸が開かれている工場を意味する。
(14) ここで述べているように全国規模，複数産業で行われるストライキは特に「ゼネスト」と呼ばれる。これが行われると，場合によっては社会全体で生産活動が停止し，経済の機能がマヒする。日本で行われることは極めて稀であるが，ヨーロッパの一部の国では働く者全般に共通する問題を解決するために，労働者が一国全体で結束し連帯してこれを行うことがある。そのような場合，交通機関がマヒするのはもちろんのこと，美術館や博物館も閉館になる。
(15) 企業によっては，従業員の経営参加に資することを1つの目的として従業員持株制度を導入しているところもある。これは従業員の自社株購入を奨励し，大株主として従業員持株会を組織する制度である。この制度を採用している企業では，たとえば従業員が給料の何％かを毎月積み立てて，自社の株を取得する。そして従業員持株会という組織をつくって，大株主となる。日本の大企業の中には，従業員持株会が10位以内の大株主になっている企業もある。そのような企業では，自分の会社という意識が従業員の間で強いと言われる。
(16) 法律の正式名称は「育児休業，介護休業等，育児または家族介護を行う労働者の福祉に関する法律」である。
(17) 一部の在宅勤務者の間で，気持ちを切り替えるのにある程度有効と言われているのは服を着替えるというものである。つまり業務時間とプライベートタイムに「けじめ」をつけるために，仕事用の服をつくっておく。そして一日の業務開始時には必ずその仕事着に着替えるようにすれば，個人差もあろうが「これから仕事だ」という気分になれるというのである。実際，服を着替えないどころか，パジャマ姿のまま仕事を行うと，業務時間と生活時間の境界は不明瞭となろう。
(18) 付与対象者が取締役を含んだり，あるいはこれに限定されている場合もある。
(19) ただし通常は，ストック・オプションを与えられた後，一定の年数が経過しないと，権利を行使できない。税制上，この年数は付与決議後2年から10年とされている。

第4章

生産と情報

第1節　生産の流れ

　近年のモノづくりは，簡単な工作機械で家電の部品をつくる工場もあれば，自動車を大規模な生産設備やロボットで大量生産するメーカー，コンピュータ制御の石油化学工場もあるというように，様相や形態が種々さまざまになっている。

　しかし種々さまざまであっても，これらモノづくりを行っている企業の多くが目ざしていることは共通している。それは市場の求める製品をできるだけ低いコストで，しかもよい品質でつくることである。この目標を達成するために行われるのがいわゆる生産管理である。つまり生産管理とは，良質の製品を低コストでつくるために生産プロセスがより合理的となるようにする取り組みをさす。換言すれば，生産に関する基本的な考え方や流れは普遍的であり，それは製品の企画と設計，工程設計，生産量の決定，スケジューリング，原材料や部品の購買，進捗と品質の管理，計画と実際の差異分析およびそれに対する緊急対策と再発防止，設備の保全等からなっている[1]。

　ただし基本的な考え方や流れは普遍的であるものの，実務に関して言えば近年，生産への情報（通信）技術の活用が進んでいる。すなわち生産するモノによっても多少異なるが，時代とともに情報技術の活用度合が増し，この活用ノウハウが生産管理の有効性を規定するようになってきている。たとえば第9節で取り上げるように，情報システムによって生産を統合管理するCIM，1つの組立ラインで異なる形状の製品を生産するFMSが普及し，生産，特に大量生

産の有効性向上に寄与している。このようなことから，根底にある考え方や基本的な流れは先に述べたように普遍的であるものの，IT（ICT）活用に関する高度な知識と技法の必要性が増し，生産においてこれをどう活用するかが実務家・研究者双方の間で重要な関心事になっているのである。

生産管理においては，生産のくり返しから得られる経験・知識を生かしていくことも大切である。たとえば現実の企業では，何らかの理由でいつも使っている原材料とは別のものを使用したところ，そちらの方がコストと耐久性に関して優れていることが判明するといった事態が往々にして生ずる。また作業中の障害発生をきっかけに工程に関して問題のある個所に気づいたり，その改善につながるヒントが得られるというようなこともしばしば起こる。モノづくりにこのような発見や気づきを取り入れれば，原材料や工程はよりよいものになる。そしてそれによって製品の品質が向上し，生産コストが削減されうる。

生産管理においては，作業が計画通り進むように管理することも重要であるが，生産のくり返しから得られる経験・知識を生かして，生産活動の有効性を向上させていくこともそれに劣らず重要なのである。

第2節　製品の企画と設計

生産に関わる最初の意思決定問題は「どのような製品をつくるか」というものである。この問題は製品の企画と呼ばれる。

つまり製品の企画とは，端的に言えばどういう製品を生産するかに関して考え，意思決定することをさす。言い換えれば，製品の機能や形，構造を検討するのが製品企画である。次章で取り上げる「製品計画」は，生産し販売する製品の種類や構成をプランニングし，新製品の開発，既存製品の改良，新用途の発見，製品の廃棄等を担う活動である。一方，ここで取り上げている製品の企画はこのうち主として新製品の開発に関わっており，個別の新製品に関しその特徴や形状，機能を考える活動である。そしてこの後には，製品の形や構造を図面などに具体化する製品の設計が続く。

製品の企画と設計は，大まかに言えば前者が新しい製品のコンセプトをねる作業，後者はその細部を具体化し図面等に表す業務である。この2つはより具体的には，次のように説明される[2]。

　製品の企画においては，ニーズ等に関する市場情報や競合企業の動向，技術的なトレンド，自社内の研究開発状況に基づき，新製品のアイデア提案とその選択，コンセプトの形成が行われる。このうち市場や競合企業に関する豊富な情報は販売部門が保有し，社内および社外の技術に関する具体的な情報と知識は研究開発部門が持っているのが一般的なので，製品の企画には両部門が参加するのが普通である。このような情報と知識を土台に，買い手のニーズを充足し，その購買意欲を刺激するような新製品のアイデア創造，コンセプト形成と概要策定が行われる。すなわち「こういう製品をつくったらどうか」というアイデア創出を受けて，それはどういうジャンルの製品で，いかなる特徴を持ち，誰がどのような時に使うと有用かという製品コンセプトがねられることになる。そしてそのコンセプトを具現化するための機能・性能，外形，構造，原材料などに関する概要が決定される。

　見方によっては，このような製品の企画はニーズ等に関する情報と技術的シーズつまり新製品の創造に結びつく研究開発上の知識が具体的なコンセプトに結実し，結晶化していくプロセスである。ただしこの段階ではまだ新製品の「姿」が構想されるだけで，細部は具体化されない。

　そして製品の設計とは，ある研究者のことばを借りるならば，「目的の機能をはたす製品を設計図面上に描写し，生産可能にする働き」（人見，1990, p.99）である。つまり設計は，製品企画の結果定まった内容を図面等に具体化し，外形，寸法や部品の素材など製品の細部を明示的にする活動であるといえる（黒田，1989, p.25）。これは設計に関する情報，設計情報を形式的に整えて目に見えるようにする作業でもある。そしてその結果生まれるある種の知的アウトプットが設計図である。後に述べるように，見方によっては企業の生産活動は設計情報を原材料に転写して，物理的なモノへと形づくるプロセスであるといえる。設計図はそのような情報転写における原版の役割を果たす（藤本，2004,

p.88)。

　設計は，企画と同様に買い手のニーズを充足し購買意欲を刺激するという視点は当然のこと，故障が発生しないという信頼性，使用により害や危険が生じないという安全性，効率よく低コストで生産できるという経済性，省資源でリサイクルがしやすいという環境保護の観点で行われなければならない（人見，1972, pp.77-78)。

　営利組織および生産組織としての企業が存続し成長するためには，消費者のニーズを充足するような製品を創造しなければならないから，前にも述べたように製品の企画は研究開発部門だけで行われるのではなく，販売部門の協力を得て進められるのが一般的である。消費者のニーズを一番よく知っているのは，販売部門だからである。

　これまでなかったまったく新しいタイプの製品が企画された際に，技術的には画期的であっても，市場に受け入れられず，商品としてヒットしないこともある。だからこそ新製品の企画にあたっては，販売部門の協力下で市場のニーズを分析するということが必要になるのである。

　ただしそのような協力体制のもとで取り組んでも，市場に関する情報が不足していたり不正確であったり，あるいは情報の読み違えや拙劣な分析がなされると，新製品の企画はうまくいかないことが多い。市場とそのニーズ，技術の動向を十分に調査し詳細な分析を行ったにもかかわらず売れない製品というのもたくさんある。すなわち社内の評判は悪かったが企画担当者の熱意に負けて試しに売り出したところ生産が追いつかないようなヒット製品となったというものもあるし，社運をかけて開発しヒット間違いなしと思われていたけれどもさっぱり売れず在庫の山となったという製品もある。前述したように技術的に画期的だからヒットするとは限らないし，社内の事前評価と実際に売り出した際の市場の評価が往々にして異なるところに新製品企画の難しさがある（高橋，2000, p.12)。

　技術的には画期的であったがヒットしなかった製品の一例として超音速旅客機コンコルドがあげられる。これはイギリス・フランス両国による国家的共同

事業として開発された飛行機で，音の速度よりも速く飛べるという性能自体は大変優れていた。しかし利用したのは，とにかく1秒でも早く目的地に着きたいという多忙なビジネスパーソンと，物珍しさで乗る一部の富裕客に限られた。速さよりも低料金を重視する多数の旅行客のニーズに応えられず，現在は就航をやめている。

　ソニーが開発したベータ式ビデオも技術的には優れていた。しかしパナソニック（松下）・ビクター・日立・シャープ・東芝がVHS連合を組み，VHS対応のビデオソフトが増える一方，ベータ対応のビデオソフトが少なくなったことが一因で，市場より撤退した。自己以外のユーザー数が自己の便益を規定する効果，いわゆるネットワーク外部性が強い製品の場合，機能や性能よりもむしろユーザー数やソフト等補完財の豊富さが，競争の行方を左右するのである。

　逆に，当初の開発意図とは異なる特性という意味で技術的には失敗だったのにヒットしたのはメモや付せんとしてはる紙製品「ポストイット」である。1969年に，3M（スリーエム）中央研究所のスペンサー・シルバー（Spencer Silver）という研究者が，限りなく強力な接着剤の開発中に，限りなく力の弱い接着剤を開発してしまったことがきっかけで，この製品は生まれた。

　なお前述した設計図の作成後，場合によっては模型たとえばクレイモデル（粘土模型）がつくられて，外観デザイン等の適切性が検討されることもある。また設計図に基づいて試しに製品をつくってみるといういわゆる試作が行われ，試作品を実際に使用してみて不具合や問題点がないかがチェックされることも多い。

第3節　工程設計

　「どのような製品をつくるか」が決まると，今度はこれを「どのようにつくるか」ということが企業にとって意思決定問題となる。一般に原材料の投入に始まり，加工・組立，検査にいたるプロセスと，その各段階は工程と呼ばれ

る。つまり工程にはプロセス全体，作業の順序という意味と，プロセスを構成する各パート，各段階という意味がある。両方の意味での工程を適切なものにする取り組みが，ここで取り上げる工程設計である。通常は最初にプロセス全体に関する設計が行われ，次に個々の職務（要素工程）の設計に取り組まれる。

先にも述べたように，工程は「プロセス全体」と「プロセスを構成する各段階」の両方を意味する。いずれの場合も，工程設計は経済性，弾力性，安全性，人間性の観点で行われなければならない。つまりよい工程とは低コストで経済的に生産でき，製品の改良や生産規模の変化に柔軟に対応でき，従業員が安全に作業でき，そこで働く人たちに充実感を生むような工程をさす（吉田，1987，p.65）。

工程設計においては，前述したようにまずプロセス全体の設計が行われるのが一般的である。ここでは合理的な作業の順序が考えられ，その順序に従って，工場全体における各生産設備，各作業場，各資材置場，倉庫，事務室などの配置が決められる。いわゆる工場レイアウトというのはこの配置をさす。生産が流れ作業で行われる場合には，組立ライン上に各職務が配置される[3]。

ただし工場レイアウトは，生産を行っているうちに製品の構造や加工方法の改変等にともなって修正の必要が生ずる場合もあるということ，将来的に変更もありうるということを前提にしておかなければならない。先にも言及したように，弾力性を備えていなければならないのである。

工場レイアウトが決まると，各作業の設計が行われる。この設計では，各作業場内のレイアウトつまり作業場レイアウトが，作業者の動きをもとに決められる。作業台，使用される機械や工具が，作業の際の動線や手足の動きから，適切に配置される。

また作業場レイアウトと並行して，各作業に関してムダのない合理的な作業方法が設定される。標準作業法ないし作業現場でよく口にされる手順というのは一般的にこれをさす。このような手順を決める際には，動作の自然さを意識する必要があると言われる。テイラー（Frederick W.Taylor），ギルブレス（Frank B.Gilbreth）ら，古典的管理論の研究者はこのようなムダのない合理的な作業方

法，手順について積極的に研究を行った。その結果得られた知見の中には，今でも通用するものがある。すなわち標準作業法を設計する際には一般的に守るべきとされている事項がいくつかある[4]。

熟練者が社内にいる作業については，手順を設定する際その動作の分析が行われる。「どんな作業でも簡単な動作の連なりによって構成されている」のが一般的であるから，分析の際には「作業を単純な動作に分ける」とともに「分割された動作を研究する」ことになる（山下，1990，p.114）。これに関しては，ビデオカメラで撮影し録画した動画像を分析するという手法も使われる。

標準作業法（手順）の策定とあわせて，適正なスピードでその作業を行ったときに要する時間が測定され，作業上の標準時間ないし目標タイムとして設定される。標準時間には，加工や組立そのものにかかる時間のほかに，機械や工具の準備や原材料の補充に要する時間，工具の交換にかかる時間も含まれる。

従来，この標準時間は「最も有能な労働者による最速の作業時間」とすべきと考えられていた。しかしこのような考え方に基づいて設定した標準作業時間は労働者に機械のような動作を強要しかねない。すなわちこのような標準時間によって管理すると，業務遂行に心理的な余裕がまったく無くなる。これは労働者にストレスと疎外感を生むことになる。

そのため現代では，これを「普通の労働者が余裕をもって行える作業時間」とすべきという考え方が一般的になっている。すなわち今日，標準時間は以下のように定義される。「標準作業時間とは所定の作業条件のもとに決められた作業方法で，ある習熟期間を経た作業者が，標準のペースで作業を遂行するのに要する時間のことである」（並木・倉持，1970，p.163）。あるいはこれは次のようにも定義できる。「標準時間とは，標準作業条件のもとで，その作業をするのにふさわしい普通の熟練度を持った作業者が，普通程度の努力で，その作業を行った場合の時間である」（日比，1975，p.55）。現代ではこのように，標準作業時間は「普通程度の努力」という観点で設定されなければならないと考えられている。少しなれた人が無理をせず，普通に作業すれば達成可能な時間が標準時間であり，生産の各職務における目標タイムなのである。

第4節　生産量の決定

　生産すべき製品が決まり，また工程設計が済むと，実際に生産を行うための意思決定をすることになる。特に重要となるのは，どのくらい生産するかという生産の数量に関する決定である。そこで前提となるのは，その製品に対する需要の見通し，すなわち需要予測である。見方を変えれば，これは販売の見通し，販売予測ということになる。

　ただし需要予測とそれに基づく生産量の決定が特に重要であるのは，食品や日用品，家電製品などのように，個々の商品に需要ないし注文が割り当てられておらず生産後に購買者を確保できるだろうという見込みのもとに行われる生産，あるいはこれ位は売れるだろうという期待のもとに行われる生産，いわゆる見込生産においてである。生産量の決定がまずいと，後に述べるように製品在庫あるいは品切れを引き起こすからである。しかしビルや橋，ダム等の建造物，大型船舶のように，注文を受けてから建設・製造する生産，受注生産ではこれはそれほど重要ではない[5]。注文を受けた数だけ生産すれば，在庫も品切れも発生しないからである。

　生産量決定の前提となる需要予測は，ここ数年あるいはここ数カ月の当該製品の販売実績，周期変動，その他，過去のデータを分析することでなされる[6]。端的に言えば，これは需要に関して「過去の事実のなかに未来の兆候をみつけ出すということにほかならない」(山下，1990，p.55)。

　しかし長期的な傾向やパターンを乱す要因（かく乱要因）もあり，実際の需要量はなかなか予測通りにはならない。たとえば，たまたまその年が冷夏になるとアイスクリームやビール，エアコンの需要量は減る。つまり需要予測は不確定な要素と仮定の上に立てられるものであるため，将来の不確実性から完全にまぬがれることはできない。すなわち基本的にこれは「将来の危険と不確実性から完全に脱却できるものではない」(前掲書，p.54)。

　実際の需要よりも生産量が少ないと，社会的に見れば品不足が起こることに

なる。品不足とは，需要に生産が追いついていない状態で，その点で消費者に対して迷惑をかけていることになる。そしてこれは個々の販売店では，在庫がなくなる品切れとこれによる収益減（品切れ損失），言い換えれば販売機会を逃す機会損失という現象になって現れる。もっとも現実にはこういうように予測以上に売れて，メーカーあるいは販売店が「うれしい悲鳴をあげる」といった事態になることは少ない。むしろよく発生するのはこの逆，すなわち実際の需要よりも生産量が多すぎるケースである。この場合には，在庫とこれを管理する費用，いわゆる在庫費用が増大する。

　現実の購買場面に即して述べると，何かの製品を購入する際に店員は「在庫がある」「在庫がない」ということばをよく口にする。「在庫がある」と買い手は当該製品をその場で購入することが可能であるが，「在庫がない」と生産や納品を待たなければならない。場合によっては購入を断念するという意思決定もなされうる。このようなとき売り手側には，在庫があれば売れていたはずなのに，これが無いために売れないという前述の品切れ損失，販売機会損失が生じるのである。

　したがって売り手や買い手にとって在庫はある方が望ましいともいえるが，在庫を生産したり，仕入れるのにもコストがかかっているので，企業にとってはこれはモノに資金がはりついて回収できずにいる状態を意味する。しかも日本の場合，不動産価格が高いので，これを管理するための倉庫等の費用も高額となる。機械などの場合，湿度や温度等の調整に気を配らないと，どんどん劣化していく。これを防止するための空調等に費やすコストも無視できない。たとえ万全な管理を行っても，旧式化，旧型化していくという「陳腐化」のコストもある。このようなことから，大きな在庫を抱えると，それにともなう在庫費用が経営を圧迫することになる。

　したがって理想を言えば，生産したらそのつど瞬時に売れるというのが企業にとっては望ましい。しかし実際には，生産した製品が即座に売れるわけではないので，メーカーや流通経路には製品在庫が生まれがちとなる。

第5節　スケジューリング

　生産する数量が決まると，次にいつからいつまでにどの作業を行うべきかが具体的に計画されなければならない。すなわち前節で述べた生産量の意思決定後いわゆるスケジューリングあるいは日程計画に取り組まれることとなる[7]。厳密にはこれは，「一定の期間もしくはある注文によって指定された納入期日までに具体的な生産数量を最少の所要時間で完成するように，各職場における各機械や各作業者の実情に合わせて，その作業の着手と完了の予定日時を暦日上に決定することである」(山下，1990, p.137) と定義される。ある研究グループはこれを，「生産活動を営む企業では，必ず実施しなければならない時間的側面からの管理手法」と位置づけている (橋本・帆足・黒澤・加藤，1993, p.98)。

　前の節で，生産量の決定は見込生産の場合に特に重要であると述べた。ここで述べるスケジューリングは逆で，見込生産においてよりも，受注生産でより本質的な問題となる。見込生産ではたいてい，オートメーション化された大量生産システムで日々同じ規格の製品を生産しているので，計画した生産量をこなすのはそれほど難しくはないからである。それに対して受注生産の場合，自社の都合を無視して飛び込んでくる注文を，限られた資源と決まった生産設備をやりくりしてこなさなければならないので，スケジューリングは複雑になる。

　このように生産量の決定とは対照的に，スケジューリングは受注生産でより重要な問題となる。この場合のスケジューリングすなわち受注生産における日程計画は，「製造を納期までに達成できるように，製造工程の各段階を進めるための時間割りをつくること」と定義される (田杉・森，1961, p.106)。

　スケジューリングでは，まず生産現場に流す注文の選択，処理すべき作業（ジョブ）の順序付けが行われる。このいわゆるディスパッチング (dispatching) は工場，組立ライン，作業場（班），作業者，機械や処理システム，その他に関してなされうる。つまり受注しているいくつかの船舶のうちどれを先に工場に

建造させるのか，注文を受けた家具のうちどのオーダーから先に職人へ伝えるのか，複数のスーパーから印刷依頼を受けたチラシ原稿をどういう順序で印刷機に入れるのかといったように，どのジョブを先に流すかという意思決定は色々なレベルでなされる。

　比較的小規模の工場では，班や工具へのジョブ割当が工場長の判断によってなされてきた。そして生産指示情報の伝達は班別あるいは工具別に小さく区分けされた棚のボックスや小型ポスト（状差し）にその日の作業指図書を始業前に入れることによって行われるのが一般的であった。単純明快であることから，現在でもこの方式をとっている工場は少なくない。このボックスおよびこれに指図書を入れる行為は「差し立て」と呼ばれる。この「差し立て」はその機能に注目すると，本質的にはディスパッチングを行っているとみなせる（佐藤，2000, p.122）。

　一方，大規模工場ではディスパッチングに関する何らかのルールが採用され，作業現場に流す注文に関する意思決定がプログラム化されていることも多い。主なディスパッチング・ルールには以下のようなものがある。

　先に来た注文を先に流すのが先着順（先入れ先出し），FIFO（First In First Out）である。これを採用した場合には，スケジュール（日程計画）の作成が容易となる。しかしそれが最適という保証はない。

　加工時間が最短のものを先に流す最短加工順，SPT（Shortest Processing Time）というルールもある。この最短加工順は生産待ち件数が少なくなるというのが長所である。短所は加工時間の長いものはいつまでも待たされるということである。

　これと逆の発想をとるのが最長加工順，LPT（Longest Processing Time）ルールである。このルールの下では完成までに長時間を要するものに先に着手することになる。長時間を要するジョブの納期遅れリスクを削減できる一方，加工時間の短いジョブの待ち件数は多くなる傾向がある。

　納期が迫っているものから先に流す緊急順，EDD（Earliest Due Date）というルールが採られることもある。この緊急順は納期遅れの件数を減らすことがで

きる。ただし緊急度の高い大型注文が入ると，生産待ち件数は多くなる。

このように，ディスパッチングの各ルールには，一長一短があり，どれがよいかは一概にいえない。実際，どの方法を採っているかは企業によってまちまちであるし，同じ企業でも時と場合によって変わることもある。

同種の組立ラインが複数ある場合は，どのジョブをどのラインで担当するかを決める必要がある[8]。この際には，各ライン間で作業量がなるべく均等になるようにし，ライン間の負荷のつりあい，ライン・バランスが維持されなければならない。

ディスパッチング，ラインへのジョブの割当と並行して，どの注文に何日かけるか，あるいは1つのジョブをこなす過程でどの作業に何日かけるかが決められる。複数の生産ラインがある場合は，ラインごとにスケジュールが立てられる[9]。

これは多くの場合，図表（進度表）に表される。進度表の作成には今日，コンピュータが利用されるのが一般的である。このような図表の原型をつくったのはガント（Henry L. Gantt）であるので，これをガント・チャートと呼ぶこともある。

第6節　原材料と部品の購買

製造業（メーカー）はモノづくりを担っているものの，何でもかんでも一から作っている企業というのは現実には少ない。一般的には生産量が決定するとそれに合わせて原材料や内製していない部品を外部から仕入れることになる。すなわち，「自社で製品生産に必要な材料・部品などをすべて自社工場で製造することは，技術面・設備面・経済面などの制約から困難なことが多い。そういう意味で，自社製品の一部を他社の生産能力に依存することになる」（甲斐, 1982, p.249）。たとえば自動車メーカーや家電メーカーも，「下請け」と呼ばれる協力企業から部品・パーツ類を調達して完成品に仕上げるのである。

このように現代のメーカーは，原料や材料，部品の相当数を社外から仕入れ

て，これらを組み立てたり配合したりする形で製品を生産している。ただし，ここで「原料や材料，部品の相当数」と述べたように，すべてを外部から調達するわけではなく，原材料・部品（特に後者）の中には内製しているものもある。つまり生産に関わる重要な意思決定問題には，内製か外注かというものがある。

　一般的に外注が有利，あるいは外注せざるを得ないというのは，生産するのに自社にない高度の専門技術や設備を必要とする場合，生産量が少なく自社生産ではコストが高くなる場合等である。このような場合は，「専門の工場に委せた方が，品質面でもコスト面でも有利である」（甲斐，前掲書，p.249）ので，基本的には外注するのが合理的となる。

　外注する原材料や部品の調達（仕入）を実際に担当するのは購買部等の部署である。ここにおける使命は基本的には，品質のよいものを低コストで，なるべくジャスト・イン・タイムで納品となるようにすることである。

　このような原材料の購買には仕入先をそのつど選ぶ場合と，系列取引のように固定してしまう場合がある。両者の長所と短所を述べると以下のようになる。

　原材料や部品の納入業者を毎回選択する場合の長所は第一に，最も安い価格の業者を選べるということである。また業者同士が競争するので価格の低下と品質の向上が期待できる。短所は，業者を選ぶのに情報収集コスト，手間・時間がかかるということである。また長期的な取引関係にない企業との売買には，情報偏在にともなう駆け引き的行動，いわゆる機会主義発生のリスクがある。したがって，これを防止するために相手がそのような行為に出ないかどうかを監視する必要がある。特に取引実績のない初回売買の場合，相手が信頼できる業者かどうかも不確実なのでそのようなモニタリングに費やすエネルギーは大きいものとなる。スポット取引においては，ひとことで言うと取引にともなうコスト，取引コストが大きくなるわけである。

　一方，系列取引のように原材料や部品の仕入先を固定し，長期間これとの取引関係を継続することの長所は，相手業者に品質や納期に関して細かい要求が

できるということである。細部を契約で取り交わして文書に明記しなくとも，信頼関係に基づいて問題を解決し，柔軟に取引を進めることもできる。また相手に対して技術的な指導も行えるし，完成品メーカーと部品メーカーとの間で共同開発が行われることもある。実際，日本では従来，完成品メーカーと下請け部品メーカーとの間でそのようなコラボレーションが行われてきた。メーカーにとって，こういう下請け企業との組織的な知識創造も競争優位を形成するうえで今後ますます重要になると考えられる[10]。しかしながら長期的な取引関係には，当該業者の売値が最も安いとは限らず，むしろ仕入コストそのものは一般的には高くなりがちという短所がある。また取引になれ合い的な意識が生じると，納期の遅れや品質の低下が発生する恐れもある。

第7節　進捗管理と品質管理

　情報の観点で言えば，企業の生産活動は設計図等に保存された設計情報を原材料に転写して物理的に製品へとこれを具現化するプロセスであるとみなせる（図表4－1）。たとえば，金型を用いたプレス工程で1枚の鋼板からドア・パネルを成型するという作業は，設計図に記載された設計情報が金型という媒体を通じて，1,000トンの機械的エネルギー（物理的な力）によって表面処理鋼板に転写されるということにほかならない。「この転写をくり返しやっているのが，現代の大量生産体制」であると見ることができる（藤本，2004，p.88）。

　生産管理の1つのポイントは，このような情報転写において転写された側すなわち完成品が元の設計情報（規格）通りとなる比率，いわゆる歩留まり率を高め，これを100％に限りなく近づけるということである。これに関して重要な役割を担うのは後に述べる品質管理と品質検査である。また生産は情報転写としての側面を持つ一方，単なる情報媒体間のコピーやダビングと異なり，前述したように機械的エネルギーを加えるという物理的な作業をともなうから，即座に完了するわけではなく，その時間管理が必要となる。そこで生産プロセスにおける各作業は，スケジュール通りに進行するように，進行状況が監督さ

図表 4 − 1　情報転写としての生産

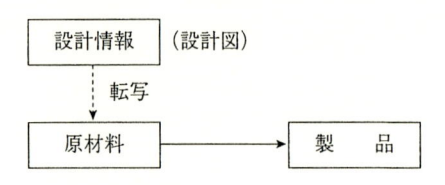

```
設計情報  （設計図）
   ↓転写
 原材料  ───→  製　品
```

れることになる。これがいわゆる進捗管理である。

　ここでは，生産活動がモニターされ，前節で述べた進度表通りに生産が進行しているかどうかが見られ，遅れがある場合にはその解消，定時進行への復帰が試みられる。すなわち，「特に生産の数量と時期に関して予定と実績を把握」し，遅延が生じている場合には，その原因を調査・分析して，担当マネジャーが遅延回復を生産現場に指示することになる（人見, 1996, p.319）。

　ここで述べたように作業の進み具合が計画よりも遅かったり，あるいは前述の歩留まり率が見込みより低い場合には，その原因が分析されることになる。これが差異分析である。そのように計画や見込みからの差異が生じた原因を分析することにより，結果的に工程改善につながる情報や知識が得られることがある。差異分析によって，計画と実際の食い違いの原因が明らかになるだけでなく，将来の工程改善，工程設計上の重要な資料が手に入ることになるのである。

　現場主体でこのような差異の原因を分析し，作業方法や設備の改善策を考案して実行する活動はカイゼンと呼ばれる。カイゼン活動によって作業の効率と生産性の向上，仕掛品在庫の削減，作業現場のスペース的なゆとりの増大，運搬の合理化，事故の減少がもたらされることがある。ただし問題となっていた現象やこれに対するカイゼンの内容は情報として生産管理特に工程管理のマネジャーにフィードバックされなければならない（図表4−2）。そうでないと，その成果が将来に受け継がれないこともありうる。この点について，朝香（1980）は次のように述べている。「計画部門では現在の手持の情報をもとにしている。したがって現在のやり方に"むだ"が多くても，そのまま次期計画へ

とり入れられてしまう。せっかく現場で改善したとしても，その情報が伝わらなければ改善という言葉は"むだ"になってしまう。現場情報を軽んじることは欠点である」(朝香，1980, p.236)。

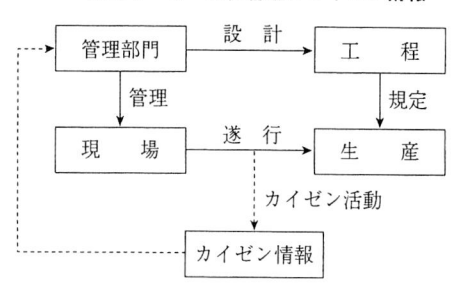

図表4－2　工程管理とカイゼン情報

```
管理部門 ──設計──→ 工　程
  │                    │
  │管理              規定│
  ↓                    ↓
現　場 ──遂行──→ 生　産
                    │
                カイゼン活動
                    ↓
              カイゼン情報
```

　スケジュールからの遅延が生じる原因には種々さまざまなものがある。たとえばスケジュール自体に問題があるというケースもある。これは言い換えれば，「生産計画が適切を欠き，すべてにむりのある場合」(山下，1990, p.152)である。このような状況ではラインや作業者に能力以上の負荷がかかり，ラインの停止が起こりやすくなるだけでなく，不良品の発生率も高まる。飛び込みの作業命令を現場に出し，かつ今までの納期を変更しない「押し込み」を行った場合にも，同様の事態が発生しうる。

　機械や設備が故障するというように，予期せぬ問題により，日程計画が乱れることもある[11]。そういう問題が発生したときには，さしあたっての対策，緊急対策がとられる。通常これは，複数考えられる。たとえば，故障した機械を分解して調べたところ調子の悪い部品が見つかった場合にとるべき緊急対策としては，他の工作方法で代用する，部品を修理する，部品を新しいものと取りかえる，機械ごと買いかえる，当該作業を外注に出すなど，色々なものが考えられる。その複数考えられる対策の中から，日程計画や品質への悪影響が小さく，定常状態（常態）への復旧が最も確実でしかも経済的なものを選ぶのが，緊急対策をめぐる意思決定のポイントである。そして決定した緊急対策を

実施後，正常生産への復帰が図られ，これが確認されることとなる。

　生産プロセスでは，このような進行の管理とともに，つくられる製品が設計時に定められた基準を満たし，規格通りになるようにマネージする品質管理と，製品がそのような基準・規格の観点で良品であるかどうかを調べる品質検査も行われる。特に手工業もしくはそれに近い生産体制の場合，人間の手作業に大きく依存する分，どうしても品質のむら，不良品がある程度は出てしまう。自動化された設備への依存度が大きい場合であっても，何も管理をしなければ，このような品質のむら，不良品は発生しうる。「同一の製造設備を使って，同一の原材料で，同一の方法で同じ製品をつくっても，できた製品の品質に差がでることも少なくない」(三浦，1980，p.133)のである。品質検査によって，こういう品質のむらを減らし，不良品の出荷を防ぐことができる。

　一般的には，この品質検査は製造部門が自ら行うのではなく，厳格・公正を期して独立した検査部門が担当する。検査の方法には，全製品を検査する全数検査と，一部の製品を検査して全体の品質を推定する抜き取り検査（サンプル検査）がある。

　全数検査では検査からはずれる製品が生じず，非検査の半製品や完成品に不良品が発生するという事態を防止できる[12]。しかし検査対象数が膨大になると，検査自体にミスが生じることもありうる。また全数検査は生産担当者によい意味での緊張感を形成することもあるが，逆に全数検査してもらえるから少しくらい不良品が混じっても大丈夫，検査で排除してもらえるという油断を生むこともある。検査にともなってその製品を分解しなければならない場合や，検査項目が多く検査に時間とコストがかかる場合も，全数検査は適さない。

　このような場合は，抜き取り検査が望ましいか，あるいはそうせざるを得なくなる。すなわち抜き取り検査は，製品の分解が必要である場合には有効であるし，また全数検査に比べて実施に必要な時間とコストが小さくて済むという長所がある。しかし半製品や完成品の一部しか調べないので，不良率ゼロを保証することはできない。このため基本的にはこれは「安価で大量の製品や，使用時に不良品が容易に発見除去でき」(横尾，1980，p.163)，かつ「不良品に対し

ては後日であっても修理しまたは良品と交換する」(前掲書, p.164)ということで買い手が納得している場合に実施可能となる。

　品質検査は、どの段階で検査するかによっても区別される。すなわち実施のタイミングに着目すれば、これは完成品検査と中間検査に分類できる。前者は製品が完成した段階で行う検査で、最終検査とも呼ばれる。後者は工程と工程の間で行う検査である。通常は完成品検査だけか、中間検査と完成品検査が行われる。つまり中間検査だけ実施されるというのは稀である。

　以上で品質検査について述べたが、注意を要するのは検査の目的は良品と不良品を選別することであり、厳密な意味でこれに品質を向上させる機能はないということである。たとえば完成品検査の場合、いくら細部にわたり厳しい検査を行っても、売られる製品の品質が向上するわけではない。製品間にある品質のむらが減ることは重要であるし、またこれを品質改善とみなすことも可能であるが、良品と判定された製品についてはなんら品質の変化は生じていない。中間検査に関しても同様のことがいえる。検査して不良品をとり除いても、ただ検査基準に達しない半製品を排除したにすぎず、品質がよくなったわけではないのである。検査は良品を買い手に届けるうえで不可欠であるが、「検査済み」というシールを貼るのと、品質をよくするための活動は明確に区別されなければならない。

　このように、検査は不良品の出荷を防げても、これに良品と判定された半製品、完成品の品質をよくする機能はない。製品の品質というのは検査以前の業務で丹念につくりあげられ、そして出荷後も管理を継続することによって維持されるもので、検査で瞬時につくられるものではない。日本の一部工場で口にされている「品質は工程でつくり込め」あるいは「設計と工程でつくり込め」(石川, 1981, p.112)というスローガンはこの考え方を端的に言い表したものである。換言すれば、検査はモノづくりに必要不可欠であるものの、その効果に過大な期待を持つのではなく、検査前後のプロセスで製品の品質をよくする地道な努力が現場の従業員により行われなければならない。このための活動が品質管理である。すなわち現場主体で品質を向上させるのが品質管理、いわゆる

QC（Quality Control）活動の目的であり機能である。日本では，これをグループごとに行うこともあり，この場合のグループを QC サークルと呼ぶ。

　従来，この品質管理は生産部門内で行われるものと考えられていた。しかし不良品の発生原因が生産プロセス以外にあることも往々にしてある。たとえば，「検査時点では良品であっても，輸送，保管中に変形，変質したりさびが発生したりすることがある」(横尾，1980，p.163)。すなわち前述した「品質は工程でつくり込め」というスローガンのもと工場で良品をつくっても，品質の劣化が工程外たとえば配送中のトラックの中で生ずることもある。

　このようなことから，品質管理重視の企業や研究者の間に，これを生産部門だけの役割とする考え方を固定観念であると批判し，これは企業の活動全般を通じて行われるべきであるという発想が生まれた。たとえば，朝香 (1980) はこの立場で次のように述べている。「"品質管理は製造部門にまかせておけばよい" という思想がまだまだぬけきれていない。品質は工程でつくり込むという言葉につられて，品質，コスト，納期などすべて製造現場にまかせておけばよいと思っているのだろう。しかし，本当にそう考えてよいのだろうか」(朝香，1980，p.234)。また別の研究グループは全社的，総合的な品質管理の必要性を次のように説いている。「品質管理を効果的に実施するためには，市場の調査，研究・開発，製品の企画，設計，生産準備，購買・外注，製造，検査，販売およびアフターサービス並びに財務，人事，教育など企業活動の全段階にわたり，経営者を始め管理者，監督者，作業者など企業の全員の参加と協力が必要である」(橋本・帆足・黒澤・加藤，1993，p.229)[13]。

　このような立場から生まれたのが TQM, 総合的品質管理である[14]。つまり TQM は，生産部門だけでなく，製品の設計から出荷まで，さらには事務部門も巻き込んで，品質管理を行おうというものである。換言すれば，研究開発部門が新製品の開発時にこれを不良品の生じにくい材質や構造にすること，事務部門の従業員が有効に職務をこなすこと，たとえば営業員が顧客に製品の使用等に関する適切な助言をすることも，品質の向上につながるという考え方である。このような TQM を行っている会社では，品質管理は従業員すべての責任

であり，個々人が強い品質意識を持つことが求められることになる。

なお国際標準化機構（ISO）は製品の設計・製造から検査にいたる一連のプロセスにおける品質管理に関して必要な実施事項や基準を設け，これをクリアした企業に ISO9000 という規格を認定している。取得にあたっては品質管理に関する内部監査の整備，品質管理運営者と経営者責任の明確化，不適合製品の識別法と処置法の設定，その他が求められる。また日本では，日本科学技術連盟が工業製品の品質管理向上に貢献した個人，企業に対してデミング賞を授与している[15]。

第8節　問題の再発防止と設備保全

前節で述べた緊急対策は，いわば一時しのぎであって，事態を根本的に解決するものではない。このような場あたり的な処置だけでは，再び同じ問題が発生する危険性がある。そこで再び同じ問題が発生しないように，根本的な対策がとられなければならない。これが再発防止策である。緊急対策の目的が「現象を除去する」ことであるのに対して，再発防止策のそれは「根本原因を除去する」ことにある（石川，1981, p.121）。そしてここでは今後同じ問題が起こる可能性が低く，しかも経済的であるという対策をとることが重要となる。

たとえば前節でも例として出した設備や機械の故障は，再発防止策を講じなければならない生産管理上の典型的な問題である。完全な手工業の場合は別であるが，今日の生産には何らかの設備や機械が用いられる。そしてこれらは使用の過程で性能が低下し，故障が起こりやすくなる。

このような設備や機械の性能低下と故障を最小限に抑えるためには，使用後のメンテナンス（手入れ），計画的な点検と整備といったいわゆる保全を実施する必要がある。ただしこのような保全にも費用がかかる。したがって，保全をどの程度念入りに行うかは，その設備や機械の購入費用，故障する経験的確率（予想頻度），性能が低下する速度，故障や性能低下が生じた際にどのような影響が出るか，どれくらい大きな損失が発生するかを考えて決めなければならな

い。

　すでにこのような保全を行っているにもかかわらず故障が発生したという場合には，再発防止策としてこの強化が検討されなければならない。たとえばそれまで月一度油をさしていたのを週に一度にするといった具合である。

　一方では，いくら保全を行っても，設備や機械がまったく故障しないということはあり得ないから，故障に対する対策を事前に取っておく必要があるという立場もある（甲斐，1982，pp.155-157）。このような故障の発生を前提にした際，具体的には次のような事前対策をとってこれに備えることが考えられる。1つは，故障してから補修部品を手配するのでは遅いので，故障が起こりやすい個所を把握しておき，補修部品をあらかじめ手配し，保管しておくというものである。また自分で点検と簡単な修理ができるように従業員を教育するのも有効であろう。これと併せて，設備や機械ごとに，応急修理用のマニュアルを作成し，作業場に用意しておくことも考えられる。場合によっては，故障に備え代替用（予備）の機械を用意しておき，故障しても生産が中断しないようにする必要もあろう。

第9節　生産における在庫削減とスピードの向上

　近年話題になっている生産管理法には，何らかの形で情報（通信）技術，IT（ICT）を利用しているものが多い。それにより，日本企業のモノづくりはスピードと柔軟性が向上している。主な取り組みには以下のものがある。

（1）カンバン方式

　第4節でも述べたように，製品の生産にはコストがかかっているので，在庫は資金がモノにはりついて回収待ちの状態を意味する。このほか広義の在庫費用には，保管中に在庫が質的に劣化する，たとえばさびることによる損失も含まれる。さらには，保管している間にその製品が古いタイプ，旧型モデルになってしまうという陳腐化による損失もある。土地の値段が下がっているとは

いえ，諸外国に比べれば日本の地価はかなり高い水準にあるので，在庫を保管する倉庫に関わる経費，すなわち保管場所を借りたり買ったりする費用も無視できない。こういった種々の費用が発生するため，在庫は最小限に抑えられなければならない。

　このような在庫費用は工場内でも発生しうる。つまり後工程の処理能力に前工程が追いついていないと，後工程が「遊ぶ」状態，いわゆる手待ちが生じる一方，前工程から来た加工対象を後工程がさばききれないと，加工待ちの半製品，仕掛品が発生する。また外注部品の仕入数が多すぎると，これに関して組付け待ちが生ずる。これら加工待ち半製品，組付け待ち部品も企業にとってはある種の在庫であり，在庫費用の発生源となる。

　トヨタ自動車における成功後に導入企業が増えていったカンバン方式は，このような在庫を劇的に削減する生産管理システムである[16]。カンバンとはプレート，ビニール袋に入れられたカードなどで，基本的には，これは半製品や部品の入っているコンテナ（収容ケース）に貼られる。

　カンバンの重要性は情報媒体としての機能にある。その情報伝達機能に注目すると，これには主に生産指示情報が書かれたものと引き取り情報が書かれたものがある。生産指示情報としては，生産すべき半製品や部品の品名・品番，生産数量，生産後の置き場所が書かれている。引き取り情報については，収容すべき半製品や部品の品名・品番，収容数，どこでそれをコンテナに収容するのか，そしてどこにコンテナを置けばよいのかが記されている。

　ある工程の担当者は作業対象の半製品や部品がなくなると，カンバンを前工程に送ることになる。加工対象がなくなった時点で「カンバンがはずれ，前工程に落とされる」のである。このようなカンバンの授受により，必要な半製品や部品が前工程で用意され，担当者によって後工程に届けられる。たとえば必要なヘッドランプが必要なときに，必要な数量だけ，その組付けを行う作業場に搬入される。

　カンバンのないときに前工程は後工程に送る部品等をつくらないし，また運びもしない。これにより「つくり過ぎ」「運び過ぎ」が起こらないようにして

いるのである。各工程は必要以上の半製品や部品を持たないし，過剰に生産することもない。

このようにカンバン方式では前工程が後工程に加工対象をプッシュするのではなく，後工程がカンバンを用いて前工程から加工対象をプルする。「後工程が前工程に，必要なものを，必要なとき，必要なだけ引き取りに行く」「前工程は引き取られた分だけつくればよい」というのがカンバン方式の発想なのである（大野，1978, p.11）。

必要なものが，必要なときにそのつど，必要なだけ，必要な所に到着する仕組みはジャスト・イン・タイム（Just In Time），もしくは頭文字をとってJITと称される。カンバン方式の基本思想はまさにこのジャスト・イン・タイムにあるといえる。

先にも述べたように，加工待ちの半製品や組付け待ちの部品は工場において在庫費用を生じさせる。すなわち半製品をつくったり部品を仕入れたりするのにも費用がかかっているので，半製品や部品の在庫は，資金がそこに張りついて眠っていることを意味する。カンバン方式はこのような半製品や部品の在庫削減に機能する。

実際，トヨタの場合，カンバン方式の対象範囲は部品納入業者にまで及ぶ。中には配達回数が1日に10回を超える業者もある。このため，ほとんどの部品業者は，トヨタの工場の近辺に立地している。近隣に部品納入業者が立地し，この協力があるからこそ，広範囲に及ぶカンバン方式は可能なのである。

（2）CAD/CAM と CIM

生産へのコンピュータ利用として長年にわたる実績があるのはCADとCAMである。その本格的な実用化がなされたのは1970年代前半だったと言われている。このうちCADはコンピュータを利用した設計，CAMはコンピュータ活用による製造を意味する[17]。

ただし両者は別々のものではなく，一貫したものであるという見方に立って，CAD/CAMという用語が使われるのが一般的である。

CADでは，コンピュータのディスプレイを製図用紙に見たてて，設計図の作成および修正等を行い，これから製造用データを作成する。さらに設計図の各点の座標データをコンピュータに記憶させた後，図を旋回させて透視図（立体図）を作成することも可能である。これらの機能によって設計作業の大幅な効率化と省力化が実現している。

一方，自動工作機械（ロボット）の制御は従来，人間が設計図等を見ながらプログラムを入力することで行っていた。しかしCADによって，コンピュータとディスク等の電子媒体に，設計に関するデータが保存されるようになったため，これに少し手を加えれば制御プログラムの作成が済むようになった。このようなコンピュータによる制御プログラムの作成とこれによる自動工作機械のコントロールが，CAD/CAMの本質である。

以上で述べたCAD/CAMよりも情報システム（コンピュータ）でカバーする範囲が広い生産システムがコンピュータ統合生産，CIM（Computer Integrated Manufacturing）である。CAD/CAMの場合，情報システムで支援するのは設計と製造であるが，CIMでは受注・設計・製造・検査・出荷までをシステムでサポートする。

このようにCIMはCAD/CAMよりも広範囲の業務に情報システムを活用し，製品の受注から生産，出荷にいたる業務をコンピュータで一貫して行うというものである。このためCIMを構築するためには，まず開発部門，営業部門，生産部門，物流部門，購買部門など，社内のあらゆる部門を通信ネットワークで結ぶ必要がある。

CIMは，モバイル・コンピューティングと組み合わせると導入効果が大きくなる。すなわちこのシステムを確立し，またモバイル・コンピューティングを活用すると，営業員は相手企業のオフィスで，ノートパソコンや携帯端末で自社の生産部門に打診して，その場で見積りを出せるようになる[18]。そして相手がそれでよいということになれば，携帯端末で工場に生産指示を出す。営業員が携帯端末から発した生産指示情報は最寄りの支社・支店までは無線で送信され，支社・支店から工場へはオンライン回線で送信される。そのとたん，は

るかかなたにある工場の組立ラインで生産が自動的に始まる。

　すなわちCIMとモバイル・コンピューティングを併用すると，顧客のオフィスで注文を受けた際に，携帯端末に製品番号と個数を入力して生産を指示すると，ほとんど無人化された山奥の工場で即座に設備が動き出し，生産が始まるのである。

　営業員が相手企業から注文内容を持ち帰り，見積りを出し，その見積書をまた相手企業に持っていって，OKが出れば工場に生産指示を出すというプロセスが簡素化され通信ネットワーク上で行われるようになる。営業員が相手企業のオフィスにいながらにして生産指示が出せるため，製品の納入は格段に早くなるのである。

　早期にCIMを導入して成果をあげた企業には，ベアリング・メーカーの日本精工，コンピュータ・メーカーの日本IBMがある。特に日本精工のCIM用情報システム「マグマ・システム」は，一時期，他の日本企業にとってCIMのお手本的存在となっていた感がある。

　これらCAD/CAMとCIMは日本の産業界に確実に定着し，企業における設計業務と製造業務およびこれらの関連業務の効率性向上に貢献している。つまり両者とも日本企業にとって最先端の技術というよりは，生産活動を支える1つの基盤的な技術になっている。いずれにせよインパクト，導入効果の大きい技術であり，また日本企業にとって競争優位の重要な土台になっていることは忘れるべきではないだろう。

(3) サプライチェーン・マネジメントとCPFR

　第4節で，需要の予測がはずれ，生産量と実際の需要が異なると，品不足や販売機会損失が発生したり，あるいは在庫費用が増大すると述べた。このような生産の過不足は，問屋や小売店と在庫や販売動向に関する情報を共有し，需要の変化に合わせて生産計画，生産量を臨機応変に変えるアジルな生産を行うことである程度防止できる[19]。

　そしてメーカーがこのようなアジルな生産を行うと，原材料の発注量が頻繁

に変化することになる。原材料の供給業者が発注量の急な増減に対応できないと，メーカーは生産量を臨機応変に変えることはできない。生産量を増やしたくても，それに必要な原材料が確保できなければ，増産はできないのである。したがってこのようなアジルな生産には，原材料業者の協力と注文量増減への即応力が不可欠といえる。

　このように過不足のない生産を行うということを1つの大きな目的として原材料業者，メーカー，問屋・卸，小売店をネットワークで結び，情報共有を図る取り組みがサプライチェーン・マネジメント（Supply Chain Management），いわゆるSCMである。厳密には，サプライチェーンとは「顧客・小売業・卸売業・製造業・部品資材サプライヤー等の供給活動の連鎖構造」（藤野，1998，p.5）のことで，これが合理的になるように管理するサプライチェーン・マネジメント，SCMは「不確定性の高い市場変化にサプライチェーン全体をアジル（機敏）に対応させ，ダイナミックに最適化を図る」取り組みであるといえる（前掲書，p.5,（　）内の補足は藤野による）。

　そして的確な需要予測を立てるためにSCMのネットワーク上で参加企業が情報を交換しあい，その需要予測に基づいて当該企業各社が在庫を増減させる取り組みはCPFRと一般に呼ばれる[20]。このようなサプライチェーン・マネジメントとCPFRの効果として，ウォルト＝ガットーナ（1998）は，チャネル・トータル在庫の縮小がもたらされ，企業単位ではなくチャネル全体のコスト削減が実現するとしている（Walt & Gattorna, 1998, p.489：邦訳，p.320）[21]。

（4）FMSとBTO

　近年，消費者のニーズの多様化がますます進んでおり，企業もこれに対応しなければシェアと利益を維持・向上させるのが難しくなっている。しかしこれまでの自動化された大規模生産ラインは少品種大量生産を行うことを想定して構築されていたため，生産する製品の規格が固定的であるほど有効性が高かった。少数の決まった規格の製品を連続生産することに威力を発揮してきたのである。ニーズの多様化に応えるためには，多品種の製品，色々な規格のモノを

少量ずつ生産するシステム，これまでとは違うタイプの自動化ラインを必要とする。

そのような多品種少量生産を前提にしたのがフレキシブル生産システム，いわゆるFMS（Flexible Manufacturing System）である。これは端的に言えば，製品を異なる形状に加工できる柔軟性の高い自動生産システムである。今までのFA（Factory Automation）は先に言及した少品種大量生産を自動化したものであるが，FMSは多品種少量生産を自動化したシステムであるといえる。このFMSを導入すると，1つの組立ラインで異なる形や構造の製品をつくることができるようになり，消費者の多様なニーズに対応可能となる。たとえばすでに自動車メーカーには，FMSを導入して1つの生産ラインで違う種類の車を生産しているところがある。

また近年は，FMSとインターネットによる受注を結びつけて，顧客の要望する仕様で製品を組み立てるBTO（Build To Order）を導入する企業が増大している業界もある[22]。たとえばパソコン業界がその例である。初めてこれを本格的に行ったのは，アメリカのデル（Dell）社である。購入希望者からインターネット経由で希望のスペックを受け付け，その通りに組み立てて，宅配業者のフェデックス（FedEx）すなわちフェデラル・エクスプレス（Federal Express）社に委託して，届けるようにしたのである。

日本のパソコン・メーカーの中にも，最近はインターネットのホームページを開くと，「BTOする」というアイコンが設定されている企業がある。そのアイコンをクリックすると，BTO用のページが開かれ，希望するスペック，好みのCPUやディスプレイのタイプが選べ，オーダーメイド感覚でパソコンをつくってもらえるのである。つくられたパソコンはデルと同じように宅配業者によって届けられる。

このようなことから最近，パソコンをインターネットで発注するユーザーも少なくない。その相当数はパソコンの操作になれており，使うパソコンにこだわりのある熟練ユーザーである。家電量販店でも同等のパソコンがほぼ同価格，あるいはむしろ安い価格で売っているにもかかわらずそのような人たちが

インターネットで発注する1つの大きな理由は，このBTOにあると考えられる。つまりネットで発注するとBTOのサービスが利用でき，自分の好みのパソコンに組み立ててもらえることが，ネットでのパソコン販売が伸びている要因であるといえる。

　生産を全面的にBTOに移行する場合は，組立ラインの柔軟性を高めて前述したFMSを構築する必要がある。BTO生産にすると，顧客から注文を待ち，確定受注後に生産に入るので原材料在庫は少なくて済むし，仕掛品在庫も大幅に削減される。また完成後すぐに出荷されるので，製品在庫も基本的には生まれない。

(5) セル生産

　アメリカの代表的自動車メーカーであるフォード (Ford) 社が20世紀の初頭に移動式組立ラインを導入し，分業と流れ作業によるモデルTの生産を本格化して以降，この移動ラインをベースにした分業と流れ作業が大量生産の1つの基本的な形態となった。これはベルトコンベアに加工対象物を置いて作業者間に流し，作業者は加工対象が自分の所にやってくるつど限定的かつ定型的な作業をこれに対して行うというものである。現在でも，このような移動式ラインを利用した分業と流れ作業は多くの企業に見られる一般的な大量生産方式となっている。

　こういう流れ作業の場合，生産性は最も長い作業時間を要するルーティンに規定されることになる。ベルトコンベアの速度あるいはこれを制御するタクトタイムは，作業の最も早い工程ではなく最も遅い工程に合わせざるを得ないから，所要時間の長い作業工程が1つでもあれば全体としてのスピードはその制約（ボトルネック制約）を受けることになる。これは作業者の能力に差があるためというよりも，むしろラインを設計する際に工程間，作業間で完全に負荷を平準化することが困難なために発生する。いずれにせよ，遅い作業にペースを合わせるため，必要時間の短いパートに手待ちが発生しやすく，極論すれば「鼻歌まじり」でもベルトコンベアのスピードに対応できるという作業者が生

じることになる。

　またこのような移動式組立ラインによる流れ作業の場合，生産する製品の種類が変わると，工程の再設計やラインの組み直し，工作機械の調整や入れ替え，購入を余儀なくされる。現実企業では，新製品開発やモデルチェンジ，需要のシフトを受けての製品構成および担当品種の変更にともなって，こういう事態が発生する。

　一方，工程ごとに作業場が異なるような分業の場合，工程間の仕掛品在庫をいかに減らすかという課題があり，在庫削減のためにはカンバン方式のように何らかの工夫をしなければならない。

　このような硬直性や非効率を重く見て，流れ作業および複数作業場での分業という生産方式を見直そうとする動きが今世紀に入って現れた。流れ作業と分業にはメリットも多い一方，デメリットもある。これを取りやめれば，メリットは享受できなくなる一方，作業者すなわち人間が本来持っている柔軟性を活用できるという発想である。

　そういう立場から，流れ作業と分業をやめて，個人もしくはチームに製品の組立を任せるようにしたのがセル生産方式である。ある研究者はこれを「一人ないし数人の作業者がひとつの製品を作り上げる自己完結性の高い生産方式」（岩室，2002, p.27）と定義している。

　セル生産では作業台の上に加工対象物を置き，一から製品を組み立てて完成させる。この作業台は企業によっては「屋台」と称される。先に「個人もしくはチーム」「一人ないし数人」と述べたように，1つの作業台にいる従業員は1人の場合と複数の場合がある。つまりセル生産には単独ですべてを行う一人生産（一人屋台）方式と，数人の従業員で行うチーム生産方式がある。

　このようにセル生産では移動式の組立ラインは使われず，また工程ごとに作業場が分散しているということもない。したがってこの生産体制の下では，前述のボトルネック制約が働かないし，仕掛品在庫もほとんど発生しない。1人で組み立てる場合にはつくりかけの半製品を他の作業者と授受するということはないし，チームで組み立てる場合にも作業台上の加工対象を取り囲んで歩き

回る形になるので工程間で受け渡す仕掛品は原則として生じない。

　また生産品種の変更にも柔軟に対応できる。従業員に対する事前の説明や研修が必要なのは当然であるが，従来のようにラインの改造をしなくとも，部品棚と工具棚を交換すれば作業場の準備はほぼ済んだことになる。製造開始前の期間すなわち実際に製造にとりかかるまでの時間，いわゆる製造リードタイムも短縮される。

　さらに従業員は製品が出来あがっていく様子を見ることができるし，完成品に対し自分（たち）でつくった製品という意識，誇りを持つこともできる。これにより，作業に対する従業員の動機づけも高まることが期待される。移動式組立ラインの場合は，担当作業が終わった後で加工対象がどのように姿を変えていくのかは作業者には見えなかった。セル生産では最初から最後までの工程，場合によって検査をも自分1人，あるいは自分とチームのメンバーで担当するので，品質に対する責任感も高まるのである。

　その反面，従業員を多能工に養成する必要があるので，セル生産は教育・訓練に長時間を要する。また担当する範囲が広くなるため，手抜かりやミスも生じやすくなるという危険性がある。

【注】
（1）生産の類義語に製造がある。これは特に機械的な製品の加工・組立という意味で使われることが多い。本書でもこれはそのような意味で使用する。
（2）実際には，企画と設計は一連の業務として行われ，どこまでが企画，どこからが設計と明確に区分できないこともある。特に製品規格の詳細，いわゆる仕様ないしスペックが決まっていない設計前期，いわゆる概念設計段階と企画は境界があいまいである。すなわち整然としたプロセスで新製品の設計図が作成されることもあれば，こん然とした流れでこれが出来あがっていくこともある。
（3）ここで組立ラインとは，ベルトコンベアなど移動式の生産設備をさす。たとえば自動車の組立で，ペダル類の取り付けと，シフトレバーの取り付けが連続して行われるならば，この2つの作業場はラインに前後する形で，すなわち隣り合わせで設置される。
（4）作業設計上の一般的ルールとして具体的には，1）右手と左手の動作開始および動作終了を同じにする，2）「探す」「考える」といった動作をはぶく，3）材料や工具は手

の届く範囲に作業の順序に従って置く，4）体を動かさず腕を動かす，腕を動かさず手首を動かす，手首を動かさず指を動かす，というように動作を最小限にくい止める，5）なるべく歩かない（できれば一歩も動かない），6）作業する高さを適切に設定し腰をかがめたり背伸びしたりしないようにする，7）ある動作から次の動作への移行が円滑になるようにする，8）重力と慣性を利用する，その他があげられる．

(5) 見込生産は生産数量が多く，受注生産は当該数量が少ない傾向がある．そのため，両者をそれぞれ大量見込生産，個別受注生産と呼ぶこともある．

(6) 周期変動とは一定のサイクルを持つ変化をさす．たとえば季節変動がこれにあたる．

(7) 日程計画という用語は，作業の進行に関して計画を立てること（スケジューリング）を意味する場合と，立てた計画（スケジュール）をさす場合の両方がある．

(8) 複数の作業場，工場がある場合も同様の問題が発生しうる．

(9) 前の注で述べたように，複数の作業場，工場がある場合も同様のことがいえる．

(10) 調達コストの削減を重視して，部品調達先をそのつど変えると，このような下請け企業とのコラボレーションは望めなくなる．すなわちコスト面では継続取引よりもスポット取引の方が仮に有利としても，長期的に見てこれが望ましいかは不確かである．むしろコスト削減の観点からよく行われる系列取引の排除は，場合によっては競争優位基盤の一部を自ら破壊することにもなりうる．

(11) このような予期せぬ遅延原因には設備・機械の故障以外に，購入原材料や外注部品の納品遅れ，納入品の不良，従業員の欠勤や作業中の急病，その他がある．

(12) 本書では半製品，仕掛品という用語を厳密に区別せず，まだ完全な製品になっていない作りかけのもの，加工中の未完成製品という意味で使うこととする．

(13) 一部の研究者は，このような考え方の重要性を比較的古くから指摘していた（たとえば河村，1964，pp.159-160）．

(14) 全社的，総合的な品質管理は1990年代には，TQC（Total Quality Control）と呼ばれていた．これと意味はほぼ同じであるが，近年はここで用いているTQM（Total Quality Management）ということばが一般的になっている．

(15) デミング賞という名称は，品質管理の研究者エドワード・デミング（Edward Deming）にちなんでつけられたものである．同氏はいわゆるPDCAサイクルによる業務改善を提唱したことで知られる．

(16) カンバンは1959年にトヨタ自動車・元町工場で導入され，1962年に同社の全工場で採用された．近年は「カンバン」とカタカナ表記されることが多くなったが，当時は「かんばん」とひらがなで記されていた．

(17) CADはComputer Aided Design（コンピュータ支援設計）の略，CAMはComputer Aided Manufacturing（コンピュータ支援製造）の略である．これらCAD, CAMという略称の方が普及しているので，本書でもこれを使うこととする．以下で取り上げる

CIM, CPFR, FMS, BTO についても同様である。なお厳密には，テープに入力されたデータで動く萌芽的な CAM が生まれたのが1950年代の初頭，CAD の原型が開発されたのは1960年代半ばで，両者ともマサチューセッツ工科大学（MIT）の貢献が大きい。本格的に実用化されたのは本文でも述べているように1970年代前半で，演算とグラフィックの性能が高いコンピュータが登場した後であった。普及の契機となったのはアメリカの航空機メーカーであるロッキード（Lockheed，現在 Lockheed Martin）社によるソフトの開発と社外への販売である。すなわち1972年，同社は CAD/CAM 用の自社開発ソフト「キャダム」（CADAM）の外販を IBM と共同で開始した。これが多くの企業で採用され，先進国に CAD/CAM が急速に広まっていった。

(18) モバイル・コンピューティングは移動中や訪問先でコンピュータを使用することをさす。ワイヤレス（無線通信）技術の発達により利便性が向上している。

(19) 第2章の脚注17でも示したように，アジル（agile）は俊敏，機敏であることを意味する。

(20) CPFR は Collaborative（共同での），Planning（計画），Forecasting（予測），Replenishment（在庫補充）の頭文字をとった略語である。すなわち CPFR は本文でも述べているように，的確な需要予測を立てるため，サプライチェーン・マネジメント用に構築されたネットワーク上で参加企業が情報を交換しあい，その需要予測に基づいて当該 SCM 参加企業が在庫を増減することをさす。

(21) ここでチャネル・トータル在庫とは流通経路全体で見たある製品に関連する在庫，特にメーカー，問屋・卸，小売店が抱えている当該製品の在庫の合計量をさす。

(22) 脚注2でも言及したように，仕様は製品規格の詳細，具体的な性能データや構成部品のことで，specification（設計書類）の最初の4文字をとってスペックとも呼ばれる。BTO は本文でも示しているように Build To Order の略である。直訳すると「オーダーに向かって組み立てる」であるが，受注仕様での組立を意味する。

第5章

販売と情報

第1節　販売管理の流れ

　前章で製品を企画し生産するプロセスについて述べた。生産された製品は次に「商品」として販売されなければならない。この販売は，資金の循環プロセスにおいて製品に貼り付いている資金が現金の形で回収される局面にあたる。
　現金の形を当初とっていた資金は，企業の購買活動によってまず労働力・固定資産・原材料等に変化する。そして生産活動によってこれら生産要素から製品が生まれ，販売活動によってこれが商品として売られ現金に変換されることになる。企業が事業活動を行うプロセスで，現金の形態をとっていた資金は，労働力や固定資産・原材料，製品に形を変え，最後にまた現金として回収されるのである。企業が存続し，事業を継続して行うためには，この絶え間ない循環が必要となる[1]。
　このように開発や生産に投じられた財務的資源は，最終的に製品の販売により現金の形で回収されなければならない。企業は存続するために，先に述べたようにこのプロセスを絶えず回転させる必要がある。しかも投資や購買活動から製品販売と現金回収までのサイクルタイムは短いほどよく，また回収される現金は多い方が望ましい。
　このような観点で重要となってくるのが広義の販売管理で，これを構成する主要な活動としては市場調査，製品計画，販路選択，価格設定，販売促進の5つがあげられる。端的に言えば，市場調査は市場に関する情報を入手する活動で，製品計画は入手した情報を製品に反映させる活動である。販路選択は生産

された製品を市場に行き渡らせるための経路を選択ないし設定し製品流通を円滑にする活動であり、価格設定は製品に価格をつける活動である。販売促進は市場調査とは反対に、企業から市場へ製品に関する情報を提供する活動であるといえる。

これらの諸活動はマッカーシー（1968）によれば、どういう製品をつくり、それをどういう経路で販売し、価格をいくらにし、どのような手段で販売促進を行うかに関する意思決定をし、それを実行するプロセスと見ることができる。つまり販売管理は製品（Product），販売の経路（Place），価格（Price），販売促進（Promotion）の4つのPを決定し遂行する過程として捉えられるという（McCarthy, 1968, p.31）。

このような4つのPを決定する際には、対象とする顧客層をはっきりさせておく必要がある。一般的には、子供か若者か老人か、女性か男性か、未婚か既婚かなど買い手を種々の基準で分ける市場細分化（マーケット・セグメンテーション）を行ったうえで、ねらう対象すなわちターゲットを決めることになる[2]。そして対象とするセグメントのニーズや価値観、その他の特性を前提に、4Pに関する意思決定を行うのである。市場調査はこの意思決定に役立つ情報を入手するために行われるといえる（図表5－1）。

図表5－1　販売管理と情報

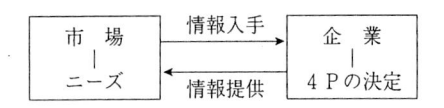

```
┌─────┐  情報入手  ┌─────┐
│ 市 場 │ ←──────── │ 企 業 │
│  │  │            │  │  │
│ ニーズ │ ────────→ │4Pの決定│
└─────┘  情報提供  └─────┘
```

第2節　市場調査

（1）情報ベースの販売競争

第1章第2節で述べたように、何らかの意思決定を行う際には、前提として情報が必要となる。前節で触れたように、販売管理、マッカーシー（1968）の

言う4Pに関する意思決定で前提となるのは市場に関する情報である。しかしながら市場に関する情報は，手をこまねいていて入ってくるわけではない。企業が積極的に入手しようと努力して，初めて価値の高い情報が得られるのである。この市場に関する情報を入手する活動がここで取り上げる市場調査，マーケット・リサーチ（market research）である。

　このような市場調査で入手すべき情報として重要なのは買い手，特に最終顧客のニーズ，消費財の場合には消費者のニーズである[3]。このニーズとは何かが欠乏し，欲しがっている状態，あるいは欲しがっているものを意味する[4]。

　新製品の創造等においてこのような消費者のニーズを最優先する姿勢をマーケット・イン（Market In）あるいはニーズ志向と呼ぶ。これは消費者ニーズの把握と製品開発へのその反映を最重要とする考え方，言い換えれば新製品のアイデアをニーズに求めようとする立場である。

　それに対し，製品の性能や技術的なレベルの高さを追求する姿勢がいわゆるプロダクト・アウト（Product Out），シーズ志向である[5]。これは端的に言えば，ニーズよりもむしろ製品そのものの性能的・機能的特性を強く意識する立場である。

　両者は企業経営，特に新製品開発に対する姿勢を表しており，どちらがよいとは一概にはいえない。またいずれの場合も市場調査は企業にとり必要不可欠な活動である。ただし特にマーケット・イン，ニーズ志向の企業において消費者に関する情報の入手は本質的重要性を持ち，力が入れられることとなる。

　コトラー（2000）は市場調査の重要性を強調し，これについて，企業間の販売競争は今日「販売力をベースとした戦いではなく情報をベースとした戦いになりつつある」（Kotler, 2000, p.99：邦訳，p.125）とさえ述べている。そしてどのような調査方法をとる場合にも情報の収集と分析は，①問題と調査目的の明確化，②調査計画の作成，③情報の収集，④情報の分析，⑤分析結果の提出という5段階をとる必要があるとしている。彼によれば，企業では誰もが市場情報にアクセスし，これを活用できなければならない。特に販売部門のマネジャー

には重要な市場情報が自動的に入ってくるようになっている必要がある。市場情報を効率的に入手し，全社的に「情報が豊富に流れる仕組みを作らなければならない」のである (*op cit.,* p.100：邦訳, pp.126-127)。

（2）市場調査の方法

　前項の「情報ベースの販売競争」では，市場調査の重要性と基本的な流れについて述べた。次に市場調査の具体的な方法とその特徴について検討してみよう。市場調査の方法には大きく分けてヒヤリング，アンケート，観察法，実験法の4種類がある。

　① ヒヤリング

　前項で述べたように，市場調査で入手すべき情報として重要性が高いのは，消費者（最終顧客）のニーズである。そしてニーズをはじめ，消費者に関する情報を入手する方法として，ある意味で最も単純で手っ取り早いのは，消費者から直接，話を聞くというものである。このようなヒヤリングは一般的には座談会やインタビューという形式で行われる。

　このヒヤリングの場合，不可避的に実施対象者は少数に限定される。このため密度の高いコミュニケーションにより価値の高い知見が得られることもある一方，それが一般性を持つかどうかが問題となる。

　一部のスーパーは，会員カードの利用状況をもとに以前はよく来店してくれていたものの最近来なくなってしまった客，自店から離れていったいわゆる離反客を把握し，これに対するヒヤリングに力を入れている。この場合も，聴取した意見や不満が一般性を持ちうるもの，換言すれば顧客に広く共通しているものなのか，特殊な要因によるもの，すなわち個人的なものなのかを慎重に判断する必要がある。このような意見や不満には店舗経営の改善につながる重要な情報やヒントが含まれていることが多い一方，特別なケースに過敏に反応すると多数派のニーズや価値観に応えられなくなる危険性もあるからである。

　② アンケート

　アンケートは，質問表と回答用紙を使用する市場調査方法である[6]。これ

はさらに，家庭に訪問して回答してもらう訪問アンケート，街頭で回答してもらう街頭アンケート，郵便によって質問表と回答用紙の送付・返送を行う郵送アンケート，電話を通して質問に答えてもらう電話アンケートに分かれる。

アンケートには，回答者が直接質問表に記入する場合と，回答者が口頭で答えたことを調査者が記入する場合がある。ただし電話アンケートの場合は，回答用紙への記入は必ず調査側が行う。

いずれの場合も，対象全体から特定の家庭・個人を抜き出したうえで調査を行う。この場合，調査の対象全体を母集団，母集団から一部を抜きだすことを抽出ないしサンプリング，抽出された母集団の一部を標本ないしサンプルと呼ぶ。抽出では多くの場合，無差別にサンプルを抜き出す無作為抽出が行われる。

有益な情報が得られるかどうかは，質問表の内容，つまり適切な質問文が設定されているか否かに大きくかかっている。また実施対象者のうちどれ位の割合から回答が得られたかという回収率が情報の信頼性を左右する。

③ 観察法

観察法は，観察されていることをなるべく意識させないようにして，消費者の自然な行動，ありのままの振る舞いを直接観察する市場調査方法である。街頭で行う場合と，専用の部屋（観察室）に消費者を集めて行う場合がある。

前者つまり街頭で行う場合は，流行やトレンドをつかむために消費者の行動を観察する。調査担当者はウォッチャーと呼ばれ，この人達が流行中のもの，あるいは次にはやりそうなものを探るために繁華街等で消費者を観察する。ただし商品ごとに「はやり」に敏感な人，こだわりのある人が集まる場所は違うので，観察する場所も商品によって異なってくる。一例をあげると，ファッションやアクセサリーの場合，東京の原宿や青山等が流行の発信地的な場所になるので，ここでの観察が中心になる。

流通小売業の中には，新規出店時における街頭観察に力を入れている企業が多い。たとえば百貨店の伊勢丹では，新店舗立ち上げを担当するマネジャーが出店先の街を「徹底的に歩いて人を観察」して回り，「顧客を解析する」（田

中・池田・飯泉, 2007, p.31)。そして「顧客と正対し, その姿を愚直に見極めることで商品構成を決め, 売り場を作り上げていく」(前掲記事, p.31)[7]。これは消費者のし好やニーズによって, 取扱商品や売り場づくりがかなり異なってくるためである。

観察法は街頭で行われる以外に, 独特の観察室を用いて実施されることもある。これは2室が隣り合わせになった構造になっていて, 壁の一部に通常ワンウェイ・ミラー(マジック・ミラー)がはめられている。

そこで消費者に製品や試作品, その他を見せ, それについて自由に感想を語ってもらったり, ディスカッションをしてもらう。その様子を隣の部屋(モニター室)から観察する。音声は小型マイクで拾われ, 観察側に伝えられる。

たとえば製品の容器・パッケージ類を決める際には, 色々なデザインのものをテーブルに置いておき, どのデザインがよいかを消費者に話し合ってもらう。会話の内容も大切であるが, 被験者すなわち観察されている人がどのデザインのものを最初に手に取ったか, 手に取られる回数が最も多いのはどれかということが見られる。

④ 実験法

実験法は新製品を試験的に市場投入して, 消費者の反応を確かめる市場調査方法である。最初から新製品を全国販売するのはリスクが大きいので, 限られた地域でテスト販売(試験販売)し, 売れ行きを見たり消費者の声を収集したりするわけである。

テストエリアとして適切なのは, 人口構造(年齢構成や男女比率), 所得水準, 職業構成, 考え方やし好(好み)がその国の平均に近い地域である。これらの属性に関して特殊な地域で販売が好調だったとしても, 全国的によく売れるとは限らないからである。日本の場合, この条件に比較的よくあてはまるとされているのは静岡県である。地理的にも同県は東日本と西日本の中間的な位置にある。このため, テスト販売の場所としては静岡県が比較的よく選ばれる。すなわちある種の新製品は同県で一定期間試しに販売してみて, 売れ行きがよければ全国販売されることになる。たとえば日本たばこ産業(JT)が新しいタバ

コを商品化した際にも，たいていはまず静岡県でテスト販売される。日本マクドナルドの新メニューの中にも，全国販売に先立ち同県でテスト販売されたというものが少なくない。

　繁華街に実験的に店を出して，消費者のニーズを探ったり，新製品をテスト販売して，これに対する消費者の反応を見る場合もある。このような店はアンテナ・ショップと呼ばれる。

第3節　製品計画

　製造業企業の中には単一製品メーカーではなく，複数の製品を生産しているものがある。このような場合，個々の製品に関してどのようなポジションにあるか，また今後どういうポジションを目指すのかが問題となる。たとえば収益源となっている製品あるいはこれを目指す製品もあれば，競争劣位にあり将来性の乏しい製品，撤退の対象とする製品もあろう。また自社の社名すなわちコーポレート・ブランドをつけて，シンボル的存在，いわゆる看板製品への育成を図るものもあろう。何らかの基準や座標軸により各製品のポジションや位置づけを明らかにし，全体としての製品構成を合理的にしなければならないのである。これがここで取り上げる製品計画である。

　製品の機能・性能，原材料，ブランド，容器などもこのような位置づけによって変わってくる。たとえば自社のシンボル的な存在，前述した看板製品ないしフラッグシップとするのならば，一般的にはコーポレート・ブランドを前面に出し，性能と原材料を最高のものにし，容器を豪華にするといった具合である[8]。

（1）プロダクト・ライフサイクル

　同じ製品ジャンルたとえばテレビ1つをとっても家電店の売り場に並んでいる製品は年々変わっている。これが意味しているのは，生き物と同じように製品にも寿命があるということである。このような製品の寿命は一般的には需要

や売上によっていくつかの時期（段階）に区分され，全体としてはプロダクト・ライフサイクルと呼ばれる。代表的な時期区分は導入期，成長期，成熟期，衰退期というもので，その概要は以下のように説明される（Levitt, 1965, pp.81-83）。ただしこれはある種のモデルであるので，現実には製品によってライフサイクルの様態に多少の相違があるのはもちろんである。

① 導入期

ライフサイクルの第一段階は導入期と呼ばれる。これはその製品が新製品として売り出された当初の時期である。この段階では，まだその製品に関する情報が市場に行き渡っていないため，当該製品の知名度は低く，その機能や特徴も十分知られていない。新製品の存在と機能・性能や長所を消費者に知らせるために，宣伝広告すなわち市場への情報伝達が積極的に行われる。

この段階では収益を上回る投資と経費支出が必要で，赤字の状態が続く。つまり採算はまだとれない。

② 成長期

次に来るのは成長期である。これは，当該新製品に対する需要が増大する時期である。宣伝広告やそのほかの販売促進活動の効果が現れ，製品の知名度があがり，またその機能や特徴が消費者に広く知られるようになる。結果として売上が増大し，利益が出始める。

他方で，成長性や収益性の面で有望な製品であることがわかると，他企業が参入し，先発企業と後続参入企業との間で競争が始まる。各社は製品に独自性を持たせる差別化，あるいは他社よりも低い原価で生産するコスト・リーダーシップとそれを土台にした低価格戦略等によってこのような企業間競争において優位に立とうとする。

成長期では，一般的には当該製品の売上は伸びていくものの，以上のように後発企業の参入が続き企業間競争が激化することにより，利益をあげるのに苦労する企業も生ずる。

③ 成熟期

成長していた製品もやがてはそのテンポが鈍化し，成熟期を迎える。これ

は，その製品に対する需要が頭打ちになる段階である。ここでは新規需要はほとんど望めなくなる。そして販売はもっぱら買い替え需要（更新需要）向けとなり，売上におけるこれへの依存度が高くなる[9]。このような状態を需要の飽和という。

このように需要は飽和しているが，成熟期においても他社による当該製品市場への参入が続くこともある。需要の飽和とこのような競合企業の増大によって，当該製品に関する企業間の収益性格差が大きくなる。

④　衰退期

製品は基本的にはやがて衰退期を迎える。これは，その製品に対する需要が減退していく段階である。売上，利益ともに低下の傾向が段々と顕著になり，生産の縮小が余儀なくされる。たとえば，現行製品よりも品質や機能・性能が格段に優れた新製品が開発されると，当該製品は買い替え需要さえも見こめなくなる。

なおロジャース（1962）は，ライフサイクルのどの段階で製品を購入するかによって，消費者は次の4つに分類できるとしている（Rogers, 1962, p.162）。

第一に，革新者，言い換えれば先行的購入者である。これは導入期にその製品を買った人をさす。その製品に関してだけ導入期に買ったという人もいれば，どんな製品でも新発売の際に飛びつく「初物好き」の消費者もいる。

第二に，初期採用者である。これは成長期にその製品を買った人である。逆に言うと，革新者の後に初期採用者が続くことでその製品の市場が成長する。

第三に，追随者である。これは成熟期にその製品を買った人である。言い換えれば，当該製品が社会的に普及するのを待ってから買った人をさす。

第四に，遅滞者である。これは衰退期にその製品を購入した人，すなわち大多数の人が買い終えてから当該製品を買った消費者である。革新者と同様に，その製品に関してだけ購入が遅れたという人と，どんな製品に関しても大多数の人が買うまで待つという保守的な人がいる。

（2）プロダクト・ミックス

　ここまでで製品が導入期，成長期，成熟期，衰退期というライフサイクルをたどることについて述べてきた。しかし成熟期に達した後，その製品が衰退期に入るのをくい止める方法がないわけではない。成熟期に入った製品を改良するなり，あるいは従来と異なる使用シーンを考案するなどすれば，成熟期の製品といえども，新たな成長プロセスにのせることができる[10]。衰退期に入った製品がまったく新しいライフサイクルを得るというのは困難だが，寿命の延長は努力次第で可能であり，これは比較的実現しやすいといえる[11]。

　しかし製品改良および新しい使用シーン考案の努力が最大限行われても，需要が減少し，完全な衰退期に入る場合もある。むしろ製品は基本的には，いつかは衰退期にいたる。その場合は，当該製品にいつ見切りをつけ，その事業から撤退するかが問題となってくる[12]。そして，この事実すなわち製品はいつかは衰退期にいたるということを考慮すると，企業は収益を安定させるために，ライフステージの異なるいくつかの製品を組み合わせて保有しなければならないことになる。たとえば製品Aが成熟期・衰退期に達する前に，将来的に予測される製品Aの収益減少を補うために，次の新製品B，Cを市場投入しておかなければならない。

　これがいわゆるプロダクト・ミックス（Product Mix）という考え方で，適切なプロダクト・ミックスをつくりあげる代表的な手法にはプロダクト・ポートフォリオ・マネジメント（Product Portfolio Management），略してPPMがある。

　このPPMによれば，製品や事業は競合他社と比べた自社シェア（相対的シェア）と当該製品・事業の市場成長率によって，シェアが高く市場成長率も高い「花形」（Star），シェアが高く市場成長率の低い「金のなる木」（Cash Cow），シェアが低く市場成長率の高い「問題児」（Problem Child），シェアが低く市場成長率も低い「負け犬」（Dog）に分類できる（図表5-2）。

図表 5 − 2　PPM の製品分類

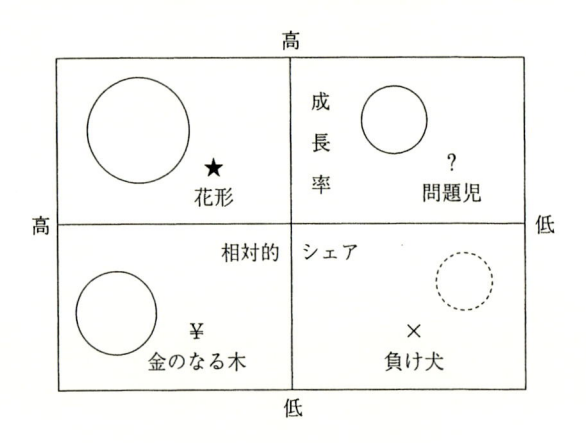

※　円の大きさは事業・製品の売上規模を示す。
　　負け犬の点線円は撤退の検討対象であることを示す。

出所：Henderson, 1979, p.165；邦訳，p.236を参考に筆者作成。

　先に述べたように，「花形」「金のなる木」「問題児」「負け犬」というポジションは競合他社と比べた相対的シェアと市場成長率で分類される。シェアが高いということは自社の競争力が強いことを表し，この場合は一般的には利益率も高い。また市場成長率が高いということは，その製品の市場規模が拡大していることを意味する。
　企業にとっては，「負け犬」を除く「花形」や「金のなる木」，「花形」となりうる「問題児」を適切に組み合わせて持つことが重要となる。理想的なプロダクト・ミックスは経営の中核となる売上規模の大きい「花形」製品を持ち，「問題児」(将来の芽)として新製品を持ち，資金源となる「金のなる木」も保有している一方，「負け犬」の製品をまったく持っていないという製品構成である。逆に不適切なプロダクト・ミックスというのは，「花形」製品あるいは「金のなる木」を持たず，自社の競争力が弱く市場としてもじり貧の「負け犬」製品を抱えているというものである。
　この分類において，「負け犬」は企業にとって望ましくないポジションで，

当該ポジションにある製品は撤退の対象となるが,「問題児」は次代の芽という性格を持つので逆に育成の対象となる。「金のなる木」は「問題児」等への投資とこの育成を行うための資金供給源としての役割を果たすことが多いので,製品改良や新しい使用シーンの考案によって「延命」を図る必要がある。このように,プロダクト・ポートフォリオ・マネジメントで効果をあげるためには,新製品の開発,製品改良,新しい使用シーンの考案,既存製品からの撤退といった諸活動が適切に行われなければならない。そこで,次にこの4つの活動について取り上げる。

(3) 新製品の開発

　新製品開発をうまく行って,消費者に広く受け入れられる新製品を他社に先駆けてつくることができれば,その新製品は当初から「花形」となることができる。実際には,そのような最初から「花形」という新製品をつくることには多大な困難をともなうのであるが,開発が有効になされれば「問題児」をつくることはできる。

　この「問題児」には,先にも述べたように,将来「花形」に育って中核的事業となりうる「次代の芽」という性格がある。「花形」「金のなる木」を多数保有している場合も含めて,企業は新製品開発の努力をし,この「次代の芽」である「問題児」をつくっておく必要がある。プロダクト・ミックスに「問題児」がないことこそ問題なのである。

　新製品の開発と市場投入(発売)は,一般的には次のようなプロセスで行われる。ただし企業と製品により,多少相違があるのはもちろんであるし,また前の段階に戻るというフィードバックも現実にはなされうる。

　第1段階は,アイデアの探索を行うフェーズである。ここでは「こういう製品を新たにつくったらどうか」というひらめきが求められることとなる。企業の内外から集められるニーズや技術動向に関する情報,社内で保有されているこれらに関する知識をもとに,このような新製品のアイデアが創出される。すなわち新しい商品化につながるアイデアは基本的にはニーズから生まれるか,

あるいは新技術から生まれる。第2節で述べたように，新製品アイデアの源泉としてニーズを重視する立場がマーケット・イン（ニーズ志向），新技術を重視する立場がプロダクト・アウト（シーズ志向）である。

第2段階では，アイデアの選別が行われる。複数のアイデアから商品化の技術的可能性，商品化した際の収益性，市場の成長見込み等の点で有望なものが選ばれる。

第3段階は，第4章で述べた企画と設計が行われるフェーズである。ここでは，どういうジャンルの製品で，いかなる特徴を持ち，誰がどういう時に使用すると便利かという製品コンセプトがねられる。そしてそのコンセプトを具現化するための構造や機能，原材料や外形などが決められ，これが設計図に表示される。場合によっては，設計図の作成後，次の試作に入る前に粘土模型，いわゆるクレイモデル等がつくられることもある。

第4段階は，試作である。ここでは設計図に基づいて，試しに製品をつくってみるということが行われる。さらにそれを実際に使用してみて，不具合や問題点がないかがチェックされ，見つかった場合には前の段階に立ち戻ることになる。

第5段階では，テスト販売が行われる。すなわち消費者の反応を見るために，第2節で説明したように新製品の試験的な市場投入がなされる。これと前後して販売経路の設定，発売の告知，事前プロモーションが行われる。

第6段階は，大量生産（量産）と本格的な発売のフェーズである。ここで生産を担当するラインや設備が稼働を開始し，発売が大規模な形でなされるのである。この段階は，本節の第1項で述べた導入期にあたり，ここからその製品のライフサイクルが始まる。

現実の新製品開発と発売はケース・バイ・ケースの所もあり，必ずしもこのように整然とした流れで行われるとも限らないが，単純化するとこれは以上のようなプロセスで行われる。そして「花形」になりうる製品，つまり市場でヒットする製品を生み出すためには，最初の三段階が重要であると言われている。というのは第4段階の試作以降は，一定の経験と資金があればどこの企業

でも行えることで，失敗はめったに起こらないからである。

　換言すれば，新製品の開発と市場投入の経験・ノウハウをある程度持っている企業ならば，試作や生産，発売をどのように行えばよいかを十分知っているはずである。このような企業でヒット製品を生み出せないとすれば，それは試作以前の段階に問題があるからであり，アイデアやコンセプトのまずさにその原因があるという場合がほとんどである。たとえばセールスポイントとして重視した機能が消費者にとってはほとんど不要のものであり，購買意欲を刺激しないといったケースである。

（4）製品の改良

　需要の減退や競争の激化などにより製品の売上が低迷している場合，これを回復し，伸ばす1つの方法は製品を改良するというものである。製品を改良し，これに関する情報を市場に伝達することによって，当該製品のライフサイクルが長くなる場合もある。これにより市場が成熟期を迎え，成長率が頭打ちになった「金のなる木」も寿命を延ばしうる[13]。

　製品の改良には，次のようなタイプのものがある。

　第一に，原材料や性能面の改善である。すなわち製品の原材料をより優れたものにしたり，設計の手直しをすることにより，性能や品質を向上させ，消費者の需要を喚起できることがある。原材料の変更が性能の向上をもたらすというように，両者が密接に関係していることも多い。たとえば洗剤の場合，「新型バイオパワーで洗浄力アップ」といった改良がこれにあたる。

　第二に，機能の追加である。つまり従来の機能はそのまま保持し，それにさらに新しい機能を付け加えることによって製品の寿命を延ばせる場合がある。やはり洗剤を例にとると，「酵素系漂白剤入り」とか「芳香剤を加え，フローラル・ブーケの香りを楽しめます」という類の改良である。

　このほか，後に述べるようにブランドや容器の変更によって，製品の寿命が延びることもある。すなわち性能の改善や機能の追加をしなくとも，ブランドや容器を変更することによって，需要が回復することも往々にしてある。

（5）新しい使用シーンの考案

　企業はある機能を有する製品をそれまでとは違う顧客セグメントに売り込むこともできる。すなわち機能は同じであっても，その製品が主に使われていた従来のシチュエーションとは異なる使用場面を考案し，それを市場に向けて発信することによって，それまで当該製品を購入していなかった顧客セグメントを開拓し，これにも販売することができるようになるのである。これは，いわば新しい使用シーンの発見と訴求によって，ターゲットとする顧客層を広げる活動といえる。これにより企業は既存製品からの収益を維持あるいは拡大できるし，前述した製品の改良と同様に「金のなる木」のライフサイクルを延ばすことも可能となる。

　たとえば，業務用の大工道具を家庭用の日用大工道具として売り出せば，市場が拡大し，売上も増大しうる。同様に業務用の調理器具を家庭用として売り出すことも考えられる。実際，そういう取り組みを行っている事例は近年少なくない。

　また自動車を例に取ると，その機能は「輸送」であるが，使用のシチュエーションとしては「通勤手段として使う」「業務で物を運ぶ」「業務で人を運ぶ」「レジャーで移動に使う」，その他，色々考えられる。たとえばトヨタ自動車のロングセラーカー「ハイエース」は1967年の発売時には，貨物運搬に便利な車として市場に訴求された。貨物運搬用の車は基本的にはトラックしかないという時代に，「たくさん荷物を載せられて，屋根があり，運転も楽な車」というコンセプトで売り出されたのである。ユーザーの間でも当初，一般的にはそのような使い方がなされた。しかしその後，競合他社が同じコンセプトのワンボックスカーを次々と商品化したことで競争が激化した。トヨタ自動車は，ハイエースの使用シーンとして通勤・送迎用（コミューター），レジャー用，大家族向けファミリーカー，その他のコンセプトを打ち出し，新たな顧客セグメントへと売り込みを図っていった。

　実際，今日この車に対して，貨物運搬用ではなく長距離ドライブや旅行に出かける際に便利な車，いわゆる「ミニバン」や「レジャービークル」といった

見方をする人も少なくない。ハイエースという車が日本の自動車史上で五指に入るロングセラーカーとなっている1つの要因は，生産しているトヨタが常に新しい使用シーンを考案し効果的に訴求し続けてきたことにある。

（6）製品からの撤退

　自社製品のシェアが低くても，市場全体の売上規模が拡大しているのであれば，その製品を自社の製品構成から必ずしもすぐにはずすべきではない。前にも述べたように，このような製品が「問題児」である。この「問題児」は，シェアが高く市場成長率の低い「金のなる木」から資金をつぎこんで，自社のシェアが高くしたがって収益も多い「花形」に育てるというのが定石的な戦略となる。

　すなわちシェアの低い同じ不採算事業でも，「問題児」と「負け犬」ではとるべき戦略が異なる。前者は市場成長率が高く，シェアの増大により「花形」になる可能性を秘めた製品である。したがって，これには「金のなる木」で得た利益を原資に投資を行い，競争力を強化するのが適切である。本当に問題なのは，自社のシェアが低く，さらに市場全体の売上規模が縮小している製品である。このような製品が後者すなわち「負け犬」である。

　ヘンダーソン（1979）およびコトラー（2000）は，「負け犬」は投資しても利益を生まない「金食い虫」であるから，見切りをつけて生産を中止し，プロダクト・ミックスからはずすのが適切だとしている（Henderson, 1979, p.164：邦訳，p.233 ; Kotler, 2000, p.70：邦訳，p.90）。これが既存製品からの撤退である。

　しかし消費者の当該製品への依存度が高い場合には，簡単にこれから撤退することはできない。たとえば，かなり以前の話になるが，ソニーは第4章でも取り上げたパナソニック（松下）・ビクター等のVHS方式陣営との競争に負けた後も，ベータ方式のビデオ機器を生産し続けた。具体的には1978年にマーケットシェアでVHS方式が優位に立って以降，両者のシェア差は拡大し続けた。しかしソニーはベータ方式のビデオデッキを2機種ではあるが2002年まで生産し続けたのである。

このように簡単に既存製品からの撤退ができないのは、すでに購入した顧客からの信頼を維持し、また少量ながらも発生しうる当該製品の買い替え需要に応えなければならないからである。しかし「負け犬」をプロダクト・ミックスにいつまでも置き続けると、自社の収益にとってマイナス要因であるから、これからはいずれ撤退する必要がある。一方では、採算が合わないからといって生産をすぐに中止すると既存顧客との信頼関係が損なわれかねないので、撤退のタイミングは非常に困難かつ重要な意思決定問題なのである。

(7) ブランド

製品計画の意思決定問題として忘れてはならないのは、ブランドと容器・パッケージをどのようなものにするかということである。製品の機能・性能が優れたものであっても、ブランドや容器・パッケージが不適切であると、売行きは往々にして伸びない。たとえばブランドが覚えにくかったり、容器・パッケージの耐久性に問題があれば、いくら中身がよくても購買は続かないであろう。

またこれらは製品の位置づけを考慮して決定されなければならない。ここではまずブランドについて取り上げ、容器・パッケージに関しては次項で述べることにしよう。

日本の法律では、ブランドとは「文字・図形もしくは記号もしくはこれらの結合、またはこれらと色彩との結合であって、業として商品を生産し加工しまたは譲渡する者がその商品について使用するものをいう」(商標法2条) と規定されている。また、ある研究者はこれを「自社商品を他メーカー (の商品) から容易に区別するためのシンボル、マーク、デザイン、名前など」と定義している (小川, 1994, p.15, ( ) 内の補足は白石による)。これらは特許庁の商標原簿に登録されれば、登録商標として法的に守られることになる (商標法18条)。登録企業には、その企業だけが使用できる権利 (専有権) が与えられる[14]。

簡単に言えば、ブランドは自社の製品と他社のそれを区別するために、製品につけられる標識である[15]。メーカーは製品にブランドをつけることによ

り，消費者に対して自社製品であるという情報を発信していることになる。同時にブランドはその製品の品質等に関する責任の所在を表示していることにもなる。たとえばA社のブランドがつけられた製品はA社製であること，品質等についてA社が責任を持っていることを示すのである[16]。

ただしブランドは製品のイメージや売れ行きを左右するので，この設定は慎重に行わなければならない。一般的には，記憶に残りやすく，見た感じと聞いた感じが快く，他社のものと区別しやすいオリジナリティの高いものであることが要求される。

これに加えて，ブランドはその製品のポジショニングすなわち位置づけと相当程度対応していなければならない。たとえば自社の製品構成，前述したプロダクト・ミックスの中で最高級品であるという場合には，高級であることを連想させるロゴや語感が望ましい。価格を低くして，販売数を増やしたいという意向がある場合には「手頃感」や「気軽さ」を感じさせるものが適当となる。すでに何らかのイメージが形成されている既存ブランドをつける場合にも同様のことがいえる。同じトヨタ自動車の新車であっても，その位置づけによって「レクサス」ブランドをつけられるものとこれが難しいものがあるというように，既存ブランドのイメージと製品のポジショニングが整合的でなければならないのである。

欧米のメーカーがブランド設定に戦略的重要性を認めて，社名と異なる独創的なブランドをつけたがるのに対し，日本企業はブランドを単純に社名と同じにする傾向がある。ただし，社名と異なるブランドを使ったり，複数のブランドを使い分けている日本企業もなくはない。たとえば味の素社は，「AJINO-MOTO」というコーポレート・ブランドを前面に出す商品群と，「ピュアセレクト」「Cook Do」「クノール」などカテゴリー別ブランドを訴求する商品群を意識的に分ける等，複数ジャンルへの商品展開において積極的なブランド戦略をとっている[17]。

ブランドそのもの，顧客側に形成されたブランドの認知，および特定ブランドへのこだわり，いわゆるブランド・ロイヤルティは，企業経営においてある

種の資源ないし資産としての性格を有する。これらが当該企業の持続的競争優位に貢献しているならば，その企業にとってこれらの戦略的価値は特に高いといえる。

　すなわち，ある商品を生産しているのは1社だけという独占市場でない限り，一般的に同一商品市場には代替的なブランドが複数存在し，買い手はブランドの選択ができる状態にある。しかし買い手は往々にして，価格等による選択や偶然ではなく，以前の使用経験に基づく選好によって特定ブランドの商品を購買する。場合によっては，選択行動をともなわず，好みのブランドがついた商品を探したり，特定のブランド名を告げて購入するという「指名買い」を行う。このような消費者心理がブランド・ロイヤルティである。ブランド・ロイヤルティが強くなると，商品を買う際に当該ブランドのものを選択するばかりでなく，ある店に置いていない場合には入荷を待ったり，他の店を探したりするようになる[18]。

　ブランド・ロイヤルティとは顧客がブランドに対して持つこのような選好やこだわり，ある種の固執のことであり，どれだけ多くの顧客がロイヤルティを持っているか，ロイヤルティの強度はどの程度かということがそのブランドの資産としての価値，あるいは前述した戦略的価値を左右する。

　買い手はこのようなブランド・ロイヤルティを持つことにより商品選択時の情報収集コストを削減していると見ることもできる。使用や消費に関する以前の経験により，ある程度信頼できるというブランドを記憶しておけば，商品を購入する際に毎回情報を収集し検討するという手間が省けるし，商品選択にともなうリスクも回避することができる。

　メーカーはブランド・ロイヤルティを広い顧客の間で形成し強化すれば，他社が競合製品を出しても自社の顧客，シェアを守ることができる。つまりこれは顧客の「囲い込み」に貢献するのである。ロイヤルティが広範囲で強固に形成されているブランドは，先にも言及したように企業間競争における持続的優位の基盤，戦略的価値の高い経営資源にもなりうる。これを経済産業省のブランド価値評価研究会は次のように説明している。「企業がブランドを通じて製

品等に対する顧客の愛顧，信頼を獲得し，継続した顧客関係を維持できるようになると，顧客はもはや製品等の物理的または機能的側面よりも，ブランドを拠り所にして製品等を購入する意思決定を行うようになり，その結果ブランドによる競争優位性がもたらされることになる」(経済産業省ブランド価値評価研究会，2002，p.8)。

したがって，ブランドは自社の製品を他社のそれと区別するために製品につけられる標識であるものの，企業は「競合商品に対して自社商品に優位性を与えるような，長期的な商品イメージの創造活動」として，この設定と認知度向上に取り組まなければならない（小川，1994，p.15）。

このようなブランドおよびブランド・ロイヤルティに基づく競争優位性はシェア面の強さと，「現在および将来のキャッシュ・フローの増加」(経済産業省ブランド価値評価研究会，前掲報告書，p.9)となって現れる。前者は先に言及した顧客囲い込みの効果とみなせ，後者は価格競争を免れることにより生じる収益性のプラス効果であるといえる。

(8) 容器・パッケージ

商品の中には農産物や自動車，産業用機械のように，むきだしで売られるものもあるが，多くの商品はビンや缶，ケース，箱に入れられて販売される。このような容器・パッケージ類は，ガラスや金属，樹脂などを原材料として，製品を収容し，これをおおって保護するものと定義づけられる。

しかし容器・パッケージ類の機能は製品の収容と保護だけにとどまらない。これにはある種の情報発信機能がある。たとえば「食後30分以内に3錠服用」というような使用上の注意，あるいは成分などに関する情報を提供している場合がある。また容器・パッケージ類は中に入っている製品の位置づけをある程度示す。実際，多くのメーカーは中身が高級品・高価格品であれば容器・パッケージ類も上質感のあるもの，豪華なものにする。

さらに容器・パッケージ類は製品に関する買い手の印象を左右し，場合によっては購買意欲を刺激する。特に初回の購入はその魅力にひかれてなされる

ことも多い。マッカーシー (1968) は，早い段階でそのような容器類の購買刺激機能を指摘し，これを重視していた (McCarthy, 1968, p.228)。彼によれば，魅力的なデザインを持つ容器類は宣伝広告や販売員活動とならんで消費者に対する販売促進機能を備えている[19]。

なお，製品のイメージをリフレッシュ（再生）し，需要を取り戻すために，前述したブランド，ここで述べた容器類が変更されることもある。これによって製品のライフサイクルが衰退期に入るのをある程度防ぐこともできる。洗剤を例にとると，名前を「ニュー○○」「ネオ○○」「スーパー○○」「○○エース」にしたり，箱に取っ手をつけて「持ち運びに便利」にするような場合がこれにあたる。

第4節　販路選択

（1）販　路

製品は，生産者の手を離れて最終的にこれを購入し消費あるいは使用する者，いわゆる最終顧客の手元に届くまでに，なんらかの経路，道筋をたどることになる。製品が生産者から出荷され最終顧客にいたるまでのこのような道筋は販路，販売（流通）チャネルと一般に呼ばれる。そして，ある製品の販売にどのような販路を使うのかを決めるのが販路選択である。

現実の販路は企業と製品によって種々さまざまであるが，強いて分類すると，主としてこれには次のようなものがある。

① メーカー → 最終顧客

この販路は，メーカーと最終顧客しかおらず，両者は中間業者なしに直接結びついているという意味で最も単純な流通チャネルである。いわゆる直販ルートないし単に直販というのはこの販路をさす。これは生産財においてよく見られる[20]。

消費財の場合は，買い手である消費者が全国に散らばっているために，直販されることは，従来はほとんどなかった[21]。しかし近年は，インターネット

で注文を受け付け宅配便で製品を送るある種の直販を行う消費財メーカーが増大傾向にある。これがいわゆる「中抜き」と呼ばれる現象である[22]。

② メーカー → 小売業者 → 最終顧客

これは，消費財においてよく見られる販路である。また自動車の販売も基本的にはこの販路で行われる[23]。卸売業者を通さないのは，迅速な運搬・流通が必要であるとか，メーカーが自社製品の管理を徹底的に行いたい等の理由による。あるいは小売業者の方が，メーカーからの直接的納品を希望している場合もある。この販路で活動する小売業者には，メーカー系列の小売企業，スーパー等の大規模小売企業が多い。

③ メーカー → 卸売業者 → 小売業者 → 最終顧客

この販路も②と同様，消費財の販売によく用いられる。これを利用すれば，全国的な支店営業所網を持たない小規模メーカーでも，卸売業者を利用することによって，多数の小売店に製品を流すことができ，自社製品を全国市場で販売することも可能となる。

一方，小規模の小売店も，卸売業者を利用することによって色々なメーカーの製品を納入することが容易となる。このような理由から，この販路は多くの業界で用いられており，先にも述べたように特に消費財では一般的な販路となっている。

④ メーカー → 卸売業者 → 最終顧客

これは一般的には業務用品等のメーカーが全国に散らばっている最終顧客に販売しようとするときに用いられる。すなわちこの場合の最終顧客は，生産財の使用者，企業であることがほとんどである。この販路における卸売業者には特定ジャンルの製品を扱う専門商社や専門問屋が比較的多い。

⑤ メーカー → 販売専門会社 → 訪問販売員 → 最終顧客

これはメーカーが全国に数社ある販売専門会社に製品を卸し，そこから派遣された訪問販売員が消費者を訪問して，製品を売るという販路である。販売専門会社は自社の子会社もしくは系列企業であることが多い。販売専門会社が担当エリア内に多数の営業店舗や支店を持っており，そこが訪問販売員の拠点に

なっていることもある。

　以上のように製品の性質，典型的にはその製品が生産財か消費財かによって，おのずと販路は決まってくる傾向がある。ただし同じ製品であっても，企業の製品流通に対する考え方やターゲットとする市場・顧客が違えば，販路も違ってくることが多い。さらに同じ販路であっても，卸売業者や小売業者が外部の第三者の場合と，自社の子会社や系列企業の場合がある。外部の小売業者に関しても，主にスーパーやコンビニエンス・ストアで売られる製品もあれば，デパート（百貨店）中心に販売される製品もある。たとえば同じ化粧品であっても，メーカーによって主要販路と小売業者は大きく異なるのである。

（2）店舗販売

　販路，流通チャネルにおける最後の買い手，いわゆる最終顧客への販売には，一定の場所に設けられた店舗を使用する場合とこれを使用しない場合がある。このうち前者すなわち物理的構造物としての店舗において商品を売る販売形態は，店舗販売と呼ばれる。店舗販売は専門小売と総合小売に大別される。総合小売はさらにスーパーマーケット，百貨店（デパート），コンビニエンス・ストアに分類される。

　① 専門小売

　専門小売とは，特定ジャンルの商品だけを扱う小売形態をさす。たとえば魚屋，八百屋，肉屋，酒屋，家具店，アパレル店などがこれに該当する。対象とする商品の豊富な品揃え，臨機応変な情報提供等きめ細かい顧客サービスが可能であるということが，その特徴といえる。これらの専門小売店を集めたテナントビルも近年，増えている[24]。

　② スーパーマーケット

　スーパーマーケット（スーパー）は扱い商品が広範囲で，後に述べる百貨店，コンビニエンス・ストアと同様，総合小売店に含まれる。またこれはセルフ・サービス方式をとる大型店という特徴を持ち，一般的には大量仕入・大量販売によって低価格販売を行う。色々な商品の購買を1カ所で済ませたいとい

うワンストップ・ショッピングへのニーズを充足すべく，先にも触れたように広範囲の商品，種々のジャンルの商品を扱う。ただし基本的には扱っているのは食品や日用品など近くの店で購入する商品，いわゆる最寄り品である。店舗面積が1,000平方メートルを超える場合は，大規模小売店舗立地法（大店立地法）の規制を受ける。

　これは大規模小売店舗法（大店法）に代わる法律として1998年に制定され，2000年に施行された。以前の大店法に比べ，大店立地法は環境保護と周辺環境の整備にウェイトが置かれている。具体的には，出店にあたって一定スペース以上の駐車場の確保，廃棄物の減量化，地元に対する説明会の開催などが求められている。このほか，自転車用置き場（駐輪場）の設置，防音対策，街並みづくりへの貢献等も定められている。

　③　百貨店

　百貨店（デパート）は，多品種少量販売を基本とする対面販売の大型店と定義づけられる。近年は高級化と大衆化の二極化が進んでいる。

　扱っているのは主として，洋服やバッグ類，ジュエリー（宝飾品）など何カ所か見て回ってから購入する商品，いわゆる買回り品である。自営売場を減らし，他企業の店舗をテナントとして入れる傾向も見られる。

　④　コンビニエンス・ストア

　コンビニエンス・ストアは周知のように24時間営業，レジにおける各種料金の支払いサービスなど，大規模店にはない便利さを備えた小型店である。販売時点（Point of Sales）で情報を収集する機能を備えたPOSレジによって，売れ筋と死に筋の把握が行われている。つまり店舗面積が小さいので，品ぞろえは売れ筋商品と定番商品が中心である。死に筋商品は，常に扱い商品から外されるようになっている[25]。

　なお，以上のような小売店は個別に経営されている場合と，チェーン化されている場合がある。チェーンはさらに，大資本の運営企業（親業者）によって組織されるフランチャイズ・チェーンと，独立企業の集合体であるボランタリー・チェーンに分類される。

フランチャイズ・チェーンは，経営ノウハウを持つ運営企業が，チェーンに参加する加盟店を募集し，展開するチェーンである。運営企業はフランチャイザー，加盟店はフランチャイジーと称されることが多い。運営企業は加盟店に経営ノウハウを与え，セブンイレブンやローソンというようなチェーン名を名乗ることを許し，また商品仕入を全面的にサポートする一方で，加盟店から加盟料や売上に応じたコミッション料を徴収する。

ボランタリー・チェーンは，複数の独立企業が協力して，特定業務を共同で行うものである。たとえば低価格での仕入をねらって共同発注を行う，共同で商品を開発するなどの業務提携を行う。加盟店は資本上は独立しているので，多くの場合，フランチャイズのようにチェーン名を名乗らない。名乗ったとしても，「○○チェーン・××商店」というように，本来の企業名を付す場合が一般的である。多数の営業店舗を持つ独立のチェーン・スーパーが参加して，いわば「チェーンのチェーン」としてボランタリー・チェーンを組織しているケースもある。

(3) 無店舗販売

商品を販売する業者は，どこかの場所に販売用の店舗を設けているとは限らない。店舗を使用しない販売方法つまり無店舗販売を行っている業者もある。この無店舗販売の形態には，主として次のようなものがある。

① 訪問販売

訪問販売は，外交員，セールスマン，セールスレディと呼ばれるメーカーあるいは販売会社の販売員が各家庭を訪問して，商品を販売する形態である。生命保険や化粧品の業界にこれを取り入れている企業が多い。このような企業が各地に展開している支店や営業所は，そこで販売を行うというよりは，むしろ販売員を派遣するベースという性格が強い。すなわち営業活動の拠点であり，また販売管理機能は担うものの，売場としての機能は保有していないのが一般的である。

② 通信販売

電話やインターネットで注文をとり，商品を郵便あるいは宅配便で送る販売方法が，いわゆる通信販売（通販）である。もともとは国土が広く希望商品を近くの店舗で購入できないことが往々にしてあるアメリカで生まれた販売方法であるが，近年は日本でも普及している。

通販のうち特に電話で注文をとる場合はテレフォン・ショッピングと称されることもある。また商品に関する情報提供がカタログによる場合はカタログ・ショッピング，テレビによる場合はテレビ・ショッピングとも呼ばれる。

近年は，インターネットで情報提供と受注を行うネット通販，B to C（Business to Consumer）が普及している。このネット通販は，企業と消費者の間で行われる一種の電子商取引，エレクトロニック・コマース（Electronic Commerce）とみなせる[26]。

③ 自動販売

自動販売機を色々な所に設置し，これによって商品を販売する方式が自動販売である。起源は古く，紀元前3世紀の古代エジプトまでさかのぼる。すなわちその萌芽的原型はアレキサンドリアの神殿に設置された聖水販売機に見ることができる。従来は販売品目が飲み物，タバコなどに限られていたが，最近はインスタント食品や米，アイスクリームなど，扱い品目が拡大している[27]。

第5節　価格設定

商品にはさまざまなファクターを考慮したうえで価格がつけられなければならない。商品の価格を具体的にいくらとするかに関する意思決定を価格設定，プライシングという。価格設定は販売管理の中でも非常に重要な活動である。というのは，価格をつけずに商品を販売することはほぼ不可能だからである。

また価格は商品の売れ行きを大きく左右する。さらにこれは売上，利益といった企業の業績に多大な影響を及ぼし，場合によっては当該企業の命運さえ変えてしまう。したがって価格設定は慎重に行われなければならない。実際，

価格設定はどの企業においても重視されており，トップ・マネジャーが何らかの形でこれに関わるのが一般的である。

ここではまず基本的な価格設定について述べ，次の項目で応用的なプライシング，すなわち特殊な価格設定方法を取りあげる。

（1）基本的な価格設定

基本的な価格設定には主として，コストをベースにするもの，需要に連動させるもの，競争戦略に基づくものがある。

① コスト基準型

コスト基準型の価格設定法として代表的なのはコスト・プラス法である。これは，コスト（原価）に商品1個あたりの「もうけ」である一定額の利幅を加えて価格とするプライシング法で，次の式で表される。

価格＝コスト＋利幅

この方法は価格設定が簡単である反面，需要やライバル企業のことを考えていないという欠点がある。しかしまったく新しい製品の場合，どのような価格をつければどれくらい売れるかの予想が難しく，この方法によって価格をつけざるを得ないこともある。またこの方法は，大型船舶など個別受注生産される製品の価格設定には有効である。原価に適正な利幅を加える形で価格を決定すれば，買い手，売り手がともに納得しやすい価格となるからである[28]。

またマーク・アップ法によって，価格がつけられることもある。これは次の式で表される[29]。

価格＝コスト×（1＋t）

つまりマーク・アップ法は，コストに1以上の一定の数値をかけて価格とする方法である。この式のtをマーク・アップ率という。

② 需要連動型

一定の販売量を確保することを目標とし，価格をあるレベルに設定したとき

にどのくらいの需要が期待されるかを推定して，価格を決定するのが需要連動型のプライシングである。つまりこの方法では需要の変化に対応する形で価格が決められる。確保が目ざされる販売量は一般的には，その商品に関する事業が黒字化する販売量，損益分岐点を超えるそれである。需要の多いときには価格を高くしてもそのような目標販売量をクリアできるので高くし，逆に需要の少ないときには価格を低くする[30]。

たとえば夏場も9月に入ると，夜などは涼しくなり始め，そろそろ秋冬物の服をタンスから出そうかと，消費者が思い始める。しまっておいて来年着ようという場合は別であるが，店頭に夏物の服がならんでいるのを見ても，「この時期にあれを買っても，着られる期間は短いからやめておこう」と思うようになる。夏物衣料に対する需要が減っているわけである。こうして夏物衣料の値下げやバーゲンが行われることになる。このような衣服の値下げは，需要連動法による価格づけの典型といえる。またリゾート・ホテルの宿泊料が土曜日や行楽シーズンで高いのも，この価格づけの例である。

このように需要連動法は，一定の販売量を確保することを目標とし，需要の多いときには価格を高くし，少ないときには価格を低くするプライシング法である。近代経済学では，市場における均衡価格は買い手が買いたがる量（需要）と，売り手が売りたがる量（供給）によって決まるとされている。この理論と最も整合的なのは需要連動法であるといえる。しかし色々な理由から，コスト・ベースの価格設定や競争戦略上の観点での価格設定もなされているのがプライシングの実態である。

③ 競争戦略型

競争上の理由から，ほかの企業の価格を参考にして価格が設定される場合もある。これには戦略的に，他社の価格に模倣追随する場合と，これよりも低く，あるいはあえて高くする場合がある。

他社との泥沼的な価格競争を回避したい企業は往々にして，他社の価格をまねる形で価格を設定する。業界によっては，ある特定企業の価格が常に模倣追随の対象となっているケースもある。このような企業はプライス・リーダーと

呼ばれる。またプライス・リーダーが業界全体の価格を事実上，決定してしまう現象をプライス・リーダーシップという。プライス・リーダーはメーカーの場合，その業界で最もシェアの高い企業であるのが普通である。小売業の場合は，その地域で最も強固な販売力を持つ企業，いわゆる地域一番店であることが多い。

　一方，他企業との競争で，低価格販売により優位に立とうとする戦略もある。これがいわゆる低価格戦略である。この戦略をとる場合は，競合他社よりも原則的に低い価格をつけることが意識される。ただし差別化された製品の場合には，そのイメージを保ったり，強化するために，他社の値段よりもあえて高い価格をつけるということもなされる。

（2）特殊な価格設定

　ここまでで，価格設定の一般論を見てきた。次に一見不合理ではあるが，場合によって販売の増加につながるような特殊な価格設定について述べよう。

　① 名声価格

　消費者の中には高いものを買うことに喜びを感じるという人，価格が高ければ品質もよくこれを使用する人のステイタス（地位）も高いと思っている人もいる。これらの人々を対象とするときは，低い価格をつけるとかえって逆効果で，価格を高めに設定する方が得策である。実際，たとえば毛皮や宝石がなかなか売れないという場合に，価格を引き下げるのではなく，売れるまで価格を引き上げるということも行われうる。極端な場合，0を1つ加えて，値段を10倍にするということも考えられる。このような観点で高く設定されるのが名声価格である。

　② 上層吸収価格

　上層吸収価格は販売初期すなわち第3節で述べた導入期に高所得層に的を絞って高い価格をつけ，その後より幅広い顧客向けに価格を引き下げていくプライシング法である。新製品の開発に投じた費用を早期に回収するために，導入期には高所得層を対象として高い価格をつけ，その後次第に価格を引き下げ

て販売数の増大を図ることになる。初期においては投資の回収を目標にして価格に無頓着な層をねらい，これを達成後は購入者数の増大を目ざして価格に敏感な層をねらうというように，ターゲットを変えるのである。

このように，上層吸収価格は発売当初においては前述の名声価格と同じように，意識的に高い価格をつけるわけであるが，意図あるいは根拠は名声価格よりある意味で合理的である。つまり新製品を販売し始めた直後は競合製品が少なく，また目新しさもあるので少々高くてもこれが購入されるからである。また不特定多数の消費者を対象とする場合，価格を引き上げていくのは心理的反発等により困難だが，引き下げるのは歓迎されることが多く比較的容易である。

③　浸透価格

浸透価格では，②の上層吸収価格とは逆に，最初から広い層に売り込みを図るために，低い価格が設定される。このプライシングは，大量生産によるコスト削減の効果，いわゆる規模の経済性（スケール・メリット）の大きい製品，あるいはネットワーク外部性が強く働く製品市場でデファクト・スタンダード（de facto standard）を目ざす場合に比較的よくとられる[31]。

④　端数価格

98円とか，980円というように端数の価格をつけるのが端数価格である。この価格設定法がとられるのは，主として消費者に割安感を訴求したい場合である。

つまり端数には，消費者に買得という印象を与える効果がある。たとえば1,000円と980円では20円しか違わないし，消費税を加えると980円とは言っても結局支払う額は1,000円を超えるが，値札（シール）に印字されている数字は1,000円の場合4ケタで，980円の場合3ケタである。並んでいる数字の個数に違いがあるために，消費者に与える印象がかなり異なってくるのである。また1,000円というように切りのよい数字だと，いいかげんに価格をつけたのではないか，本当はもっと値引きできるのではないかという印象を消費者に与えてしまう。980円とすると「1,000円よりも20円お得」と認識する消費者が多いし，末尾をこのような端数にすることにより価格引き下げに努力しているというイメージを形成できるのである。

第6節　販売促進

(1) 購買プロセスと販売促進

　商品は消費者のニーズに合致していれば，一定数は売れるものである。あえて誤解を恐れずに言うならば，品質がよく価格も妥当ならば，そこそこは売れる。しかしこの「一定数」「そこそこ」よりも販売数を増大させるためには，何らかの努力や工夫が必要となる。このような販売数増大のための取り組みが，ここで取り上げる販売促進（販促），セールスプロモーション（sales promotion）である。

　つまり販売管理は市場調査をし，製品計画を立て，開発した製品に価格をつけたうえでこれを売るということにとどまらない。その後，企業は商品の売れ行きを伸ばすために，さまざまな努力や取り組みを行うのである。この努力や取り組みすなわち販売促進は後に取り上げる販売員活動，販売店援助，宣伝広告，そのほかに分類される。

　販売促進はニーズが顕在的な顧客を対象に実施するとは限らない。これを行う際には，新たな買い手のニーズを刺激し，市場を開拓するという視点も重要となる。つまりニーズを掘り起こし，新しい顧客ないし顧客層を創造するということも大切なのである。この点について，ドラッカー（1974）は次のように述べている。「企業は社会の機関であるから，企業の目的も社会の中にあるのでなければならない。企業の目的についての妥当な定義は一つしかない。それは『顧客を創造する』ことである。顧客こそ企業の基盤で，企業を存続させる」(Drucker, 1974, p.61：邦訳上巻, pp.93-94)[32]。

　このように，販売促進は端的には買い手に商品を買おうという気持ち（購買意欲）を起こさせる活動である。販売促進の初期の研究，たとえばストロング（1925）は，消費者がある商品の存在を知り当該商品を買うにいたるプロセスを分析して，商品に注意が向き，当該商品に興味を抱き，それが欲しいという気持ちが起こり，購買行動を起こす過程としてこれを考えた。つまり購買意思

決定のプロセスを Attention-Interest-Desire-Action と捉えたのである（Strong, 1925, p.9）。これは4つの頭文字をとって，AIDA（アイダ）説と呼ばれる。

しかしこれとは別に，ある商品を欲しいという気持ち（欲求）が現実の購買行動につながるためには，商品名とそれが欲しいという気持ちが記憶されなければならないという考え方もある（Sternthal & Craig, 1982, pp.97-102）。この考え方に立つと，欲求と行動の間には Memory（記憶）があることになる。これを AIDMA（アイドマ）説という。

この立場では，販売促進活動は消費者の注意をひき，その商品への関心を喚起し，入手したいという欲求を生じさせるだけでは不十分ということになる。すなわち波状的な宣伝広告とくり返しのネームコーリング，その他によって商品名を記銘させ，またそれが欲しいという気持ちを記憶させ，購買行動に走らせるようにこの活動はなされなければならないということが示唆されている。

さらにこれら AIDA 説，AIDMA 説のほかに，AIDCA（アイドカ）説を主張する研究者もいる。これは購買意思決定プロセスを Attention-Interest-Desire-Conviction-Action と捉える立場である。ここで Conviction は，当該商品が自分にとって必要だ，買うに値すると確信することを意味する。

（2）販売員活動

前述したように，販売促進は大きく分けると販売員活動，販売店援助，宣伝広告，その他の4つに分類できる。ここではまず販売員による販売促進を取り上げよう。

販売員活動は，外回りをするいわゆるセールスマン（営業マン）やセールスレディと，小売店の売場で顧客応対をする店員など，販売担当者が買い手と直接会話をかわし，購買意欲を呼び起こすことによる販売促進である。

今日，インターネットによる通販（ネット通販）が普及している1つの理由は，誰からも話しかけられずに主体的に購買をしたい，販売員のセールストークにのせられたくないという気持ちが消費者の間にあるからであろう。したがって販売員活動においても，売り込みをせずに疑問や心配の解消，有益な情

報の提供に徹するということも場合によっては重要となる。実際，サポート情報の提供だけを行う「売らない営業員」が意外によい営業成績をあげているということも多い。

　営業ノルマの達成を意識して情に訴える「お願い営業」，強い立場を利用した「押し込み営業」等も論外である。先にも述べたように，今日重要性が増しているのは買い手の心配や疑問を解消し，また買い手にとって有益な情報を提供することである。そしてこれを有効に行うためには，商品のことをよく知っていなければならない。また会話のほかに，カタログ，パンフレットなど物理的な手段を効果的に使える必要がある。このような情報提供能力があって，はじめて買い手との信頼関係が構築できることになる。対面的なコミュニケーションで需要を呼び起こすためには，単なる話術以上の能力を必要とするのである。口がうまければよいというのではなく，むしろ買い手の立場に立って適切な説明や助言ができるという能力が求められているといえる。

　このようなことから，買い手のことを第一に考える姿勢，商品に対する豊富な知識，買い手の気持ちや疑問を即座につかみとる認識力，有効に説明を行う的確な表現力，買い手の警戒感を解く柔和な表情や物腰が，一般的に販売員に求められる資質あるいは要件ということになろう。

　後に述べる宣伝広告は，企業から消費者への一方向的な情報伝達であるため，相手の反応を即座に知ることができない。それに対して販売員は，目の前にいる買い手の様子や反応を確かめながら，それに応じた説明が可能である。詳細な情報を求めていると判断される場合には細部まで説明し，あっさりとした応対を望んでいると思われる場合には細部は省略して要点だけを述べるというように，説明のしかたを臨機応変に変えられるし，買い手の信頼を得るためにはそうしなければならない。そして相手が何か疑問や不安を抱いている際には，その場でそれを解決することもできる[33]。このような情報伝達や助言が有効になされれば，相手との信頼関係を築くことができ，その消費者の長期的な継続購買を確保することが可能になる。

　ただし前述したように，買い手が誰にも話しかけられずに主体的に選択や購

買を行いたいと思っている場合もある。相手にそのような意向があることを振る舞いや表情から実際に認識するのは必ずしも容易でないだろうが，そうであると判断される場合には，その意向を尊重することが大切である。つまり長期的な観点に立つと，優先度が高いのは商品を売ることよりも，先にも述べたように買い手との信頼関係を構築することである。町で1軒の電器店や洋服店でない限り，不本意な買い物をさせられた消費者は二度とその店に足を運ばないであろう。

(3) 販売店援助

　ここで取り上げる販売店援助，ディーラー・ヘルプス (dealer helps) は主としてメーカーが行う小売店に対する支援活動である。すなわち一般的にはこれはメーカーが自社製品の売上を伸ばすために，コストや人員を負担して販売業者を援助する活動をさす。具体的には，店頭での実演，実物見本や試供品・景品の提供，販売店の従業員訓練などがこれに該当する。
　このうち店頭実演，実物見本や試供品・景品は，直接消費者の心に訴えて購買意欲を抱かせる効果がある。また従業員の訓練は，商品知識や販売職能の強化を通じ，その後の販売促進に貢献する。
　さらに，これらの活動により小売店の方も当該メーカーの製品に対する関心を深め，その製品を売ろうという意欲を高めるという効果もある。結果として，他社の製品でなく当該企業の製品の扱いを増やしたり，その購入を消費者に積極的に勧めるようになることが多い。
　逆にこのような活動をまったく行わないと，小売店側が販売に対する当該メーカーの熱意に疑問を抱き，その製品の取り扱いに消極的になりかねない。
　以上のことから販売店援助は，契約小売店や特約店といった特定メーカーの製品を専門に扱う小売店よりも，複数メーカーの製品を扱っているスーパーマーケット等に対して，特に重要ということになる[34]。

（4）宣伝広告

　テレビのコマーシャル，駅のホームに貼ってあるポスター，新聞の折り込みチラシなど，我々の身の周りには宣伝広告があふれている。情報コンテンツとして見た場合，宣伝広告は見る者や聞く者の注意を引き付けるべく商品の魅力を短文で表したキャッチコピー，比較的長い文章で商品の内容等を述べた宣伝広告の本文にあたるボディコピー，写真または絵，映像，音楽などから成り立っている[35]。これらのコンテンツは何らかの情報伝達の手段すなわち情報媒体を用いて見る者や聞く者に伝達される。この情報媒体は宣伝広告コンテンツを載せて運ぶビークルであることから広告媒体と呼ばれる[36]。これには4媒体とも呼ばれる新聞，雑誌，ラジオ，テレビ，その他の媒体がある。宣伝広告はこのような広告媒体を使って，商品の内容を消費者に知らせその魅力を訴求する販売促進活動であると見ることができる。

　有効な宣伝広告は，当該企業あるいは商品に対する好意的な感情を消費者内部に形成し，さらにはその商品を買いたいという購買意欲を喚起することができる。もっとも前述の販売員活動と異なり，売り手側と買い手側になんら人間的接触がないところに宣伝広告の1つの特徴がある。

　広告媒体には，先に言及した4媒体のほかに，インターネット，屋外看板・ネオン，電車等の中づり，ダイレクトメール，チラシ等の印刷物，小物・雑貨等がある。これらの広告媒体には，次のような特徴がある。

　① 新　聞

　広告媒体として新聞を見た場合，配布地域が広く読者数も多いので，多くの人の目に触れやすいという特徴がこれにはある。したがって全国規模など広い範囲で宣伝広告を行いたい場合，すなわち訴求対象を広範囲かつ多数としたい場合に有効である。その反面，基本的に新聞はその日のうちに捨てられるものであり，広告効果が時間的に短いという短所がある。この短所を補うためには，反復的な掲載が必要となる。

　② 雑　誌

　雑誌広告には，新聞広告に比べて宣伝広告の寿命が長く，消費者の目に触れ

る回数が多いという特徴がある。また読者層に合わせて広告ができるのも利点である。実際，雑誌によって掲載されている広告には大きな違いがある。これは雑誌による宣伝広告において，企業がターゲットを絞り，これに対応した商品と広告コンテンツを載せているからである。

　しかし雑誌は編集から刊行まで，一定の期間を要するので，タイミングのよい広告は困難という欠点がある。悪くすれば，雑誌が店頭に出回る頃にはその宣伝広告がまったく意味を失っているということもある。たとえば外国旅行の宣伝広告を掲載するように依頼したけれども，その後，相手国に内乱や戦争，大規模なストライキが起こってしまい，旅行に行けるどころではなくなるといった場合である。

　また活字離れが進んで，雑誌自体の売れ行きが伸び悩んでいるという問題もある。つまり雑誌の販売部数が減れば，それに掲載される宣伝広告の効果も小さくなる。

　③　ラジオ

　ラジオの場合，地域ごとに流される番組が違うので，その地域に合った宣伝広告ができる。反面，最近はラジオを聞くのが主たる目的ということは少なくなり，むしろ何かしながらの「聞き流し」「ながら聴取」が多くなっている。したがって従来に比べ，聞き手にアピールする力は弱くなっている。

　④　テレビ

　テレビ広告（CM）は視覚・聴覚の両方に訴えるため，訴求力が強く，短時間で効果的な宣伝広告が可能である。重点的な訴求対象を決めた上で，ターゲットとする当該セグメントがテレビをよく見る時間帯，ターゲット層に好まれそうな番組の前後にオンエアすることも可能である。その一方で広告費用が高いという短所がある。またテレビ広告の効果は，視聴率に左右される。どんなによいコンテンツをつくって放映しても，番組の視聴率が低ければ，広告効果は限定的になる。

　⑤　インターネット

　インターネットによる広告には，各企業が自社のホームページで行うもの

と，ポータルサイト（portal site）に出すものがある[37]。

インターネット広告には，いつでも更新が可能で，内容の新しさを保てるというメリットがある。その反面，これを見る人はインターネットのユーザーに限られるという短所がある。またアクセスの目的が検索やホームページの渡り歩き（ネットサーフィン）である場合には，目的のサイトにたどりつくことに夢中になっていることが多く，広告は注意して見られない。

⑥ 看板・ネオン

屋外の看板，ネオン等が広告媒体として利用されることもある。これらは長期間，継続的に設置し続けられるから，広告効果も長くなる。

ただし，このような屋外広告は周囲の環境を乱さないことが要求される。近隣の雰囲気や町並みと調和のとれていない屋外広告は逆効果であるため，デザインが限定される。

⑦ 中づり

中づりというのは，電車など公共交通機関の内部で，壁に貼ったり天井から下げられる印刷物をさす。この中づりは乗客の目に触れる回数が多く，反復的な広告効果が期待できる。また1回あたりの注目時間が長いという長所もある。

しかし基本的には，壁の一部や車内の空き空間を利用するため，中づりのスペースは限られている。その一方で，特定日に需要が集中することもあり，その場合には希望通り掲示してもらえないこともある。

⑧ ダイレクトメール

ダイレクトメール（DM）は周知のように宣伝広告が印刷されたハガキで，ターゲットとする消費者に郵送される。対象とする顧客をねらい撃ちできる一方，近年はこれを送付する業者が急増したために，消費者は従来ほどこれに興味を示さなくなっている。よほど工夫を施さないと，ごみ箱に直行ということになりかねない。

⑨ 印刷物

チラシ，パンフレット，ポスターなどの印刷物も広告媒体として利用され

る。これらによる宣伝広告には，配布したり掲示したりする地域や対象を絞れるという特徴がある。したがって，地域・対象を限定した販売促進に有効である。

しかし基本的には，これらは暇なときに眺めるものであり，配布あるいは掲示のタイミング，場所や対象が的確でないと，ほとんど誰にも見られずに終わる危険性もある[38]。

⑩ 小物・雑貨

店の名前と電話番号，簡単な紹介等をつけたうえで，ライター，マッチ，ティッシュ，そのほかの小物が，宣伝広告用グッズとして駅前や街頭などで配布されることもある。また展示会や各種キャンペーンの際に，宣伝広告用に独自の小物，いわゆるノベルティ・グッズがつくられることもある。

広告媒体としてのこれらの小物・雑貨には，配る相手さえいれば，いつでもどこでも配布可能という長所がある反面，最近は受け取りを拒否されることが多くなっており，相手に素通りされずに手渡すのが大変という短所がある。

(5) その他の販売促進

以上で述べてきた販売促進活動以外で売上増大効果や集客効果を持つものに，パブリシティ，POP，おとり商品・目玉商品がある。

① パブリシティ

新聞や雑誌に記事として，またテレビやラジオのニュースとして取り上げられ，結果として宣伝広告になることをパブリシティという。たとえばこのようなマスコミの記事やニュースで「行列のできる店」という趣旨で言及されると，それを見て興味を持った視聴者が客として訪れるようになるため，その店の販売量や売上がさらに伸びる。これはパブリシティ効果の一例である。

前項で述べた宣伝広告は有料で，その企業（広告主）の意思でつくられるのに対し，パブリシティは無料であるかわりに，企業の統制が効かない。したがって宣伝広告とはまったく異質のものといえる。しかし記事やニュースとして取り上げられるため，宣伝広告よりも信頼度が高く，消費者に受け入れられ

やすいというメリットがある。そのため，パブリシティは大きな販売促進効果を持つことになる。

② POP

スーパーマーケット等に行くと，手書きで描かれたカラフルな宣伝広告物が店の中に貼ってあるのを目にする。商品の特徴や価格が，時にはイラストを添えて，軽快なタッチで書かれている。このようなスーパー等が独自に作成し店内に貼る広告を POP (Point of Purchase)，ポップという。これには宣伝広告としての目的以外に，無味乾燥な壁や柱，陳列棚に手書きのイラストやチラシ類を貼ることによって，店内の雰囲気を明るくするという目的もある。大規模スーパーの中にはこれを作成する専門のスタッフを雇っている所もある。

③ おとり商品と目玉商品

顧客の来店を促進するために，価格は非常に低く設定されているが少量しか用意されていないという商品をおとり商品という。それに対して目玉商品は，価格が非常に低く，しかも原則として十分に用意されている商品をさす[39]。これらを設けるのも，スーパー等が独自に行う販売促進活動である。おとり商品は設定日の集客に関しては大きな効果を持つものの，場合によっては顧客の信頼を裏切り，長期的には売上にマイナス要因となることもあるので，設定にあたっては十分注意を要する。

第7節　販売管理における IT 活用

　第4章の最後で情報（通信）技術，IT（ICT）が生産管理の有効性向上に大きく寄与している近年の状況について述べた。本章で取り上げた販売管理にも，IT は大きな影響を及ぼしている。具体的には，IT を活用した次のような取り組みがこの領域でなされている。

（1）GIS

　従来は，ある地域の市場特性に関する情報を入手したい場合には，第2節で

述べた市場調査に主として頼っていた。しかし人口や所得水準など，市場に関する情報には調査しなくとも，統計データとして揃っているものもある。会員カード等を発行している場合には，これとPOSレジにより自動的にホスト，サーバーに入ってくる情報も多い。

　そのような情報をパソコン（端末）で入手できるようにしたのがGIS（Geographical Information System），地理情報システムである。これは主としてエリア情報に基づく販売管理と出店の合理化に使われる。

　より具体的に述べると，このシステムは販売促進に関する有効な戦略を立案するために，あるいは新店舗の立地選定を最適化するために，ある地域の消費者に関する情報や人口構造（年齢構成など），競合店に関する情報を地図上で検索できるようにしたり，地図上に表示したりするものである。

　実際，今日では，小売業・サービス業のチェーン店運営企業が販売促進策を立案したり，出店先を決める際にはこれを利用することが多い。たとえばCD・DVDのレンタルショップ「TSUTAYA」を全国に展開しているカルチュア・コンビニエンス・クラブは売上や顧客に関する情報をGISに蓄積し，検索と画面表示ができるようにしている。各店の売上はもちろんのこと，ある地区に住んでいる会員数は何人で，月に平均何回店舗に来て，平均いくらの代金を支払っているかということが一目でわかるようになっている。人口密度のわりに会員数が少ないとか，会員は多いけれども平均来店回数が少ない，あるいは平均売上（客単価）が低いという地域は，販売促進強化の対象となる。

　また日本マクドナルドは，独自のGISシステムにより，新店舗の立地選定を合理化している。このシステムでは，候補地区の人口，人口構造，競合店・学校・大企業などの場所が，ディスプレイに示された地図の上に表示される。候補地を中心として半径300メートル以内，あるいは半径500メートル以内の住民構成，たとえば子供のいる世帯が多いとか，学生が多く住んでいるというような居住者の傾向を示すこともできる。同社の場合，高頻度で新規出店がなされ常にこれが検討されていると言っても過言ではないため，立地選定の合理化は必要不可欠だったといえる。

(2) コールセンターとCTI

　電話で顧客からの問い合わせに対する回答，苦情への応対（クレーム処理），注文の受付けなどを専門的に担当する施設はコールセンター（Call Center）と呼ばれる。このような顧客応対を重視し，ほかに職務を持っている人がいわば片手間にこれを行うのではなく，コールセンターにいる専門スタッフ（オペレーター）に担当させるのが最近の流れになっている。すなわち従来は，コールセンターを置くのは通販業界の企業が主であったが，現在はほとんどの業界でこれを設置するのがトレンドになっている。それだけ電話での顧客応対を重視する企業が増えてきているということであろう。

　近年はこのコールセンターをタイ，マレーシア等の東南アジアに置く企業も増えている。基本的には日本の拠点に入った電話がそのまま転送されるので，東南アジアにありながら，かかるのはほとんどが日本語の電話である。そのため勤務しているのは，現地採用の日本人が多い。支払う賃金は現地の水準か，これよりも少し高いレベルということが多いので，人件費は日本で雇用するよりも格段に低くなる。センターの設置にともなう不動産費用やこれを維持するコストも圧倒的に安い。日本の拠点とそのような海外拠点とは特殊な回線を利用して結び，国際電話料金がかからないようになっている。

　コールセンターでは多くの場合，電話とコンピュータを連携させるCTI（Computer Telephony Integration）と呼ばれる技術が使われる。これはコンピュータと電話を連携させて相乗効果を得る技術，あるいはコンピュータと電話を高度に統合したシステムやその端末をさす。電話をかけてきた顧客に氏名あるいは電話番号を尋ね，それを入力すると，その顧客に関する情報たとえば購買履歴，対応履歴等がディスプレイ上に表示され，オペレーターはそれを見ながら的確に応対できるようになる[40]。さらに，ユーザー登録がなされている顧客については，電話がかかってきた時点で，相手の電話番号を認識し，そのような情報を画面に表示するというシステムもある。顧客リストを画面に表示し，クリックした相手先に電話を自動発信するような機能をシステムが備えている場合もある。

このようなコールセンターと CTI によって顧客応対における迅速性と的確性が増し，顧客満足度，いわゆる CS (Customer Satisfaction) が高まることが期待されるし，実際のところ近年，両者を導入している企業ではその効果が顕著に現れていると言われる。パソコン等 OA 機器業界では，ユーザーに対するサポートでも威力を発揮し，CS 向上に貢献している[41]。

(3) インターネットによる販売

第3章で述べたように，今日では生活者の価値観や働き方がどんどん多様化している。本章の第6節でも言及したように「誰にも話しかけられずにじっくりと商品を選びたい」とか，あるいは「実店舗が閉店している時間にショッピングを楽しみたい」というニーズを持つ人も増えている。これにともなって，第4節で言及した B to C，すなわちインターネット上で商品紹介や注文の受付（受注）を行うネット通販の有効性も高まっている。

そのようなことから実際，これに取り組んでいる企業は今日，非常に多い。中には実店舗での販売を行わず，インターネットでの事業に特化したドットコム・カンパニーと呼ばれる企業群もある。

扱い品目も多岐にわたっている。すなわちネット通販される商品は近年，多種多様になっており，ありとあらゆるものがインターネットで購買可能と言っても過言ではない。

ネット通販は消費者にとって種々の利点がある。その主なものとして以下のことがあげられる。

第一に，商品選択が主体的に行えるというメリットである。すなわちネット通販では，納得が行くまで商品に関する情報を収集し，じっくりと思う存分に商品選択ができるということが多い。実店舗における買い物のように店員による助言や情報提供は期待できず，情報収集と選択は全面的に買い手に委ねられるものの，そのようなプロセス自体を楽しいと感じる消費者も少なくないと言われる。

第二に，インターネットに接続されたパソコン等があれば時間と場所を選ば

ずに買い物ができる。たとえば実店舗が閉店している真夜中等の時間帯に自宅や出張先でショッピングを行える。端的に言えば、ネット通販は買い物に関して「いつでもどこでも」という利便性を提供しているのである。

　第三に、近隣の店では販売されていない、もしくは取り寄せに苦労するような商品を購入できることが多く、容易に購入可能な商品の種類が広がる。手間をかけずに、地球の裏側で生産された製品を買うことができるという場合も少なくない。

　第四に、商品を自宅まで運ぶという労力がいらない。ほとんどのネット通販では、注文した商品はソフトやデータ等の場合ネット経由で送信され、有形物の場合は宅配便で配達される。つまり購入した商品を自宅に届けてもらえることが多く、店舗に行く必要がない。不在がちの人には、最寄のコンビニエンス・ストアに配送してもらい、好きなときに受け取ることができるというサービスが提供されていることが多い。

　第五に、同じ商品を販売しているサイトが複数ある場合は、より低い価格で購入できる。すなわち価格を自分で比較したり価格比較の専門サイトを閲覧することにより、最安値のものを購買できるという利点がある。

　第六に、同じ企業から同じ商品を買う場合でも、種々の特典が得られることがある。たとえばネット通販に際して値引きを行ったり、次の買い物に利用できるようなポイントを付与している企業が多い。

　他方で、ネット通販、特に初めて利用するサイトの場合、相手の事業者が信用するにたるかという不安を買い手が感ずることもある。また発注に際してメールアドレスやクレジットカード番号、電話番号など、往々にして個人情報を入力する必要があり、これに抵抗感を抱く人も多いと言われる。セキュリティが万全でないと、あるサイトにアドレスを登録したことがきっかけで、そのサイト以外から心あたりのないメールが頻繁に届くようになるという事態が起こりかねない。このようなことから、個人情報の保護に対する信頼感の向上が、買い手から見たネット通販の課題といえるだろう。

　企業にとって、ネット通販には次のような利点がある。

第一に，卸売・問屋等の中間業者を経由せずに販売できるため，短時間で商品を届けられるということである。これは買い手側にとっても，大きなメリットであるといえる。

　第二に，このようないわゆる「中抜き」と直販により，流通コストも削減される。中間業者が従来受け取っていた利益や手数料が基本的に不要になるのである。

　第三に，商品紹介に関してコストが軽減され，情報更新の利便性が向上する。宣伝広告に要する費用は紙媒体のカタログ等より安くて済むし，第6節でインターネットの広告媒体特性として述べたようにアップデートも容易に行いうる。換言すれば，最新の商品情報を低コストで買い手に伝達できる。

　第四に，購買履歴の把握や管理がしやすい。店頭で会員カードやポイントカードを所持していない消費者が現金で支払った場合，誰がいつ何を買ったのかという情報は把握できないが，ネット通販の場合は容易にこれが行える。

　以上のようなメリットがあるので，インターネットでの販売に前述したような値引き等の特典を設けている企業が現状では多い。もっとも同じ商品を多くの企業がネット上で販売している場合には，先に述べたように買い手は容易に価格を比較することが可能であるので，利幅と価格を低く抑えざるを得ない。価格競争に巻き込まれないためには，実店舗における販売と同様にネット通販でも他社が売っていないような独自の製品，差別化された商品を提供する必要があるということになろう。

　たとえば複数の家電量販店のサイトが同一の家電製品を販売する場合には，少しでも低価格にしないと受注が困難になるので，価格がとことんまで引き下げられることになる。このような場合，売り手にとってネット通販はあまり「うま味」がある販売形態とはいえない。ネット上で他社に顧客を奪われないようにするといった防衛的な意義にとどまってしまうのである。

　このように多数の企業が売っているのと同一商品を扱う場合は，同価格なら自社のサイトで購入される，さらには少々高くても自社サイトが利用されるというファクターを形成しなければならない。同じ価格の場合に自社が選ばれる

というのが偶然的要因によるものではなく，何らかの必然性を持つものでなければならないのである。事業者は日ごろより買い手との信頼関係を築き，また企業イメージを高める努力をし，販売に際して種々の特典を与えるなど何らかの工夫をして，この必然性をつくる必要がある。

結局のところ，商品等の独自性や企業としての信頼性が高くなければ，インターネットを販売に利用しても大きな効果は望めないであろう。ネット通販は「魔法の杖」や「打ち出の小槌」ではなく，これで成功するためには，ふだんから地道な経営努力を積み重ねておくことが大切なのである。多くの企業が行っているからという理由で安易に飛びついても，基本となる組織能力が優れていなければ，売上増に関する効果は限定的となろう。

（4）クリック＆モルタル

先に言及したドットコム・カンパニーと呼ばれるネット販売専業の企業が増大する一方で，消費者の一部にはネット通販に対する根強い種々の不安がある。前述したように，特に初めてそのサイトを利用する場合には，相手の事業者を本当に信頼してよいのかが心配であるという人が多い。取引が何回か無事に行われないと，きちんと商品を送ってくれるのか，個人情報を悪用されないか等の懸念はなかなか払拭されないものである。そのようなとき，どこかに実店舗があり，そこに行けば当該企業の社員に会えることがわかっていれば，不安感はある程度和らぐであろう。

そのようなことからインターネット上で販売サイトを運営するだけでなく，実店舗も設けるという企業が少なくない。このような販売においてインターネットと実店舗を併用する戦略が，いわゆるクリック＆モルタルである[42]。このうち，クリックがインターネット上のサイト，モルタルが実店舗をさす。この実店舗は低コストの簡易店舗であっても構わない。極論すればこれは，常駐スタッフが1人いるだけで本質的な機能がほとんどなく，形だけそこにあるというのでもよい。実店舗があるということ自体が，当該事業者の信頼感を高めることになるからである。たとえ実際には行かなくとも，店に行けば社員が

いるということが，買い手を多少なりとも安心させるのである。換言すれば，売上の大部分がネット通販によりもたらされている場合でも，いわば「逃げも隠れもしない」「問い合わせやクレームがあるときは遠慮なくご来店ください」というメッセージを発信するというのが実店舗開設の1つの大きな意義である。つまりクリック＆モルタルには，実店舗の存在がネット通販の信頼性を高めるという効果がある。

このように簡易店舗をなかば形式的に設けるだけでも，そこに行けば相手側の社員がいる，そこで業者のスタッフに会えるということが消費者を安心させ，そしてそのことがネット通販の売上を増やす。しかも簡易店舗への投資額以上の売上増がネット通販で見込めるため，この戦略が成り立つのである。

ただし現実のクリック＆モルタルには，このようにネット通販の信頼性向上とその売上増のために簡易店舗を設置するということにとどまらず，チャネル連携を行っているケースも見られる。これは販売および販売促進において複数の経路・手段を相互補完的に使う取り組みをさす。より具体的には，クリック＆モルタルの場合インターネットで商品の紹介・受注，実店舗で商品受けわたし・代金支払い（決済）という機能分担を行っていることが多い。

（5）セールスフォース・オートメーション

顧客は，自宅やオフィスに新商品の説明などで訪れた営業員に対して，短時間でのわかりやすい説明を求める。これを情報（通信）技術でサポートするのが，セールスフォース・オートメーション（Sales Force Automation），SFAである。つまり端的に言えば，セールスフォース・オートメーションはIT（ICT）による営業活動支援をさす。たとえば訪問先で色々な計算を行ったり，商談や契約に必要な文書類をプリントアウトできるような携帯端末を営業員に持たせるのが，典型的なセールスフォース・オートメーションの例である。

実際，多くの業界の営業員は今日，営業活動用の独自ソフトをインストールしたノートパソコンや携帯端末をカバンに入れて，顧客の自宅やオフィスを訪問し，これを使いながら商談を進める。たとえばこれを用いて種々の資料をプ

リントアウトしたり，料金の試算や各種のシミュレーションをしたり，その場で見積書を作成するといったことを行う。そして商談終了後はやり取りの内容や顧客のプロフィール等を入力する。これらはコンタクト管理を有効に行うための情報，あるいは後に述べるCRM（顧客関係管理）を効果的に進めるための情報となる。

　セールスフォース・オートメーションは，日本では保険業界でいち早く導入された。これにより生命保険の外交員は，死亡時の保険金がいくらの場合，毎月の保険料支払いはどういう金額になるかというような見積書を顧客の前で，すぐに作成できるようになった。そのようなときに使っている携帯端末やパソコンは，セールスフォース・オートメーションの一環として渡されたものである。

　セールスフォース・オートメーションを導入し，その日の契約実績，商談の状況，顧客情報等を携帯端末やパソコンで報告するようにすれば，営業員は自宅から直接，外周りに向かい，会社に寄らずに直接帰宅するいわゆる直行直帰が可能になる。実際，一部の企業はこれをすでに実施している。

（6）データマイニング

　前述したコールセンターやPOSレジ経由で入ってきた外部のデータ，社内の各部署，各社員から入力されたデータの保存場所を1カ所に集約するために，データウェアハウス（Data Warehouse）を導入する企業も近年増えている。これは直訳すると「データの倉庫」で，さまざまな分野のデータを発生時の状態で統合的に管理する全社的な大規模データ蓄積をさす。すなわちデータウェアハウスには社内で発生したり社外より入ってきたあらゆるデータを削除や加工をすることなく保存し，一元的に管理するという意味合いがある。

　さらに，データウェアハウス等に蓄積されたデータから，収益の拡大につながる知識を得ようと試みられることがある。これがデータマイニング（Data Mining）である[43]。

　ここでは収集したデータから特に販売促進や新製品開発に役立つ一般的傾向

やパターン（法則性）を発見することが目ざされる。

　第1章でも述べたように，知識は意思決定の土台，情報はその前提となりうる事実であり，データは事実を数値で表現したものと見ることができる[44]。そしてこの三者は基本的には，「知識は情報から生まれ，情報はデータに由来する」（Morroni, 2006, p.26）という関係にあり，知的加工により「データから情報へ，さらには知識へ」（河野, 1998, p.648）と普遍的妥当性，時間経過に対する耐性が高まる。言い換えれば，知的処理によりデータから情報が，情報から知識が生まれるという意味で情報は知識の素材であり，また情報の1つの価値は「知識を増加させる源泉となる」ということである（Wilson & Wilson, 1965, p.22）。

　ただしデータに関しても，知的処理の結果，知識が生ずる場合がある。つまりデータから情報を経ずに知識が生み出されることもないわけではない。ここで取り上げているデータマイニングは，情報技術によってデータから知識を入手する技術と位置づけられる[45]。

　このようなデータマイニングにより，顧客のニーズや行動に関し，傾向や法則性が発見されることもある。一例をあげると，ある商品のターゲットとして想定されていなかった顧客セグメントに当該商品に対するニーズがあるということが発見される場合がある。より具体的には，ある商品はこういう条件がそろうと九州地方でよく売れるというような発見や，M3をターゲットにしている商品に対して特定の条件下ではF1が近年新しい購買層になっているというクロスオーバー購買のキャッチとそれが起こる条件のファインディングがなされうる[46]。また組み合わせて買われやすい商品，いわゆる関連購買のパターンがわかることもある。たとえばA商品を買った顧客のうち60％が1カ月以内にB商品を購入するというような知見がもたらされうる。

　このような発見，知見はその後の販売促進活動や新製品開発に活用される必要がある。営利組織としての企業は研究機関と異なり，何かを知ることにとどまらず，知ったことを事業活動に生かして収益の増大につなげなければならないのである。

（7）ワントゥワンとCRM

　従来の販売促進活動は，新規顧客の獲得に重点を置いてなされることが多かった。しかし商品によっては初回の購買と商品選択が偶然性によるところが大きいというものもある。消費者がある商品を購入するのは多くの場合，偶然の産物，つまり「たまたま」であり，宣伝広告等の販売促進が持つ新規顧客開拓に関する効果は限定的であるという立場もある。この立場では，ある程度ターゲットは定めるものの不特定多数に対して販売促進を行うよりも，一度買ってくれた顧客を逃がさない方が販売を維持・拡大する上で重要ということになる。

　このような新規顧客の開拓を目的とした販売促進は意義が小さいというのは極論としても，新規顧客を増やす一方で既存顧客を失えば，売上やシェアの拡大は実現しないというのも確かである。顧客にとってある商品を購入するのは生涯に一度とは限らない。たとえば日用品の場合，くり返し購入されるので，購入のたびになるべく自社製品を選んでもらう必要がある。不特定多数に対して宣伝広告等を行い新規顧客の増大に努めることも重要であるが，前述したようにすでに自社製品を購買している顧客との関係を強化し，そのような既存顧客からの生涯売上を最大化することも大切なのである。

　これまで何度か言及したように，現代人はライフスタイルやワークスタイル，価値観やニーズが多様化している。これを踏まえて顧客を大衆あるいはグループ（分衆）として見るのではなく，1人ひとり異なるニーズを持った「個客」とみなしたうえで販売促進を展開することをワントゥワン（One to One）のセールスプロモーションという。既存顧客との関係強化で大きな成果をあげているのは，このようなワントゥワンの販促を意識的に展開している企業である。

　ワントゥワンでは，1人ひとりの顧客という究極的なマーケット・セグメンテーションに立脚して，各々の顧客に関する情報を分析することにより，各顧客の次のニーズを的確に予測し，顧客別に商品の提案，レコメンデーション（recommendation）を行う。顧客の属性や購買履歴に基づいて，その顧客に適し

た商品を選んで提案するのである。いわば「あなただけのために用意したものをあなただけに届けたい」という立場で，販売促進活動を進めるわけである[47]。

　ただし本当に1人ひとりに個別の商品を用意していては，事業の採算は合わない。実際には，ある顧客に勧めたのと同じ商品が別の顧客にも推奨商品として紹介されているのが普通である。

　つまり「あなた様だけのために，ご用意しました」と言っているものの，本当に特別な商品がオーダーメイドされているわけではない。オンリーワン商品が提供されているようでいて，実際はそうでないということが多いのである。そういう意味では，実はここでは「あなただけ」の「演出」が行われているといえる。

　このようなワントゥワンを行う（演出する）ためには，顧客1人ひとりに関して属性や購買履歴，その他の情報を意識的に入手して蓄積することが重要となるし，会員カード等を持つ既存顧客であれば購買のたびにこれをリーダーで読み込むことによりこのようなことを行いうる。そして各顧客の情報を統合的に管理し，そのニーズ，ライフスタイルや価値観を把握しなければならない。そのうえで，レコメンデーションを受け入れてもらえるように，顧客それぞれとの関係を色々な形で強化し，信頼関係を構築する必要がある。これがいわゆるCRM（Customer Relationship Management），顧客関係管理と呼ばれる取り組みである。

　以上で述べたように，ワントゥワンとCRMは一体をなす。つまり両者は顧客を1人ひとり別の買い手と捉えた上で，各顧客との関係を強化する活動である。その目的は，新規顧客の開拓よりも既存顧客との関係強化と，自社商品に対する継続的な購買を確保することにある。つまり背後には，広く浅く売上をあげるのではなく，既存顧客からの生涯売上を最大化しようという発想がある。この点については第3節で述べたブランド・ロイヤルティの形成・強化と共通しているといえよう。

【注】

（1）このことをある経営学の入門書は次のように説明している。「生産したモノは当然，販売されなければなりません。製品を販売して，原材料や部品の代金，生産に要した人件費，その他の諸経費などを回収してこそ，会社は次の生産活動に移れるからです」（日本経済新聞社編，1989，p.79）。

（2）販売管理の実務では，テレビの視聴率調査等で用いられているセグメンテーションが使われることもある。そこでは，年令によって消費者が20歳から34歳まで，35歳から49歳まで，50歳以上の三層に区分され，若い方から女性についてはＦ１，Ｆ２，Ｆ３，男性についてはＭ１，Ｍ２，Ｍ３と呼ばれる。

（3）消費財とは食品，家電製品，衣類，日用品など家庭で消費されたり，使われたりする製品をさす。

（4）厳密には，欠乏している状態はニード（need），それが表面化し具体的に欲しがっているものはウォンツ（wants）である。たとえば「のどが乾いている」というニードに対し「水」や「ジュース」「お茶」「牛乳」「ビール」等がウォンツとなる。同様に，「音楽を聞きたい」というニードを持っている人がいたとすれば，その人のウォンツとしては「CD」「CDプレイヤー」「ダウンロード用情報機器」「音楽会のチケット」などが考えられる。ただし実際にはニードはニーズとされることが多く，またニーズとウォンツの使い分けもあまり意識されていない。すなわちウォンツの意味でニーズということばが多用されている。

（5）シーズ（seeds）は本来，植物の種子を意味するが，企業経営との関連でこのことばが使われる場合には，新製品の創造につながるアイデアや新技術をさす。

（6）質問表は質問票と書かれることも多い。なお，アンケート（enquête）はフランス語で，英語圏ではクエンスチョンネア（questionnaire）という用語が多用される。

（7）このような街の歩き回りと顧客解析は中国市場参入時にも徹底された。たとえば成都店開設にあたっては，繁華街の買い物客，ランチタイムの風景など，人の集まる場所に出かけては，千差万別に見える消費者に傾向や共通点を見つけようと努力した。撮影された写真も5,000枚に及ぶという（田中・池田・飯泉，2007，pp.28-29）。

（8）フラッグシップ（flagship）は本来，艦隊の司令官が乗船し艦隊旗を掲げる旗艦をさす。自動車業界，その他では，自社が保有する技術の粋を集めて開発した最上級製品（車種）という意味でこの用語が使われる。

（9）新規需要は今まで持っていなかった人が買いたいという需要，買い替え需要は今まで使っていたのが古くなったので新しいものを購入しなおしたいという需要をさす。

（10）このような製品の改良，新しい使用シーンの考案については，第4項および第5項で改めて取り上げる。

（11）海外市場で販売した際には新しいライフサイクルが得られることがある。このような

プロダクト・ライフサイクルの国際的シフトは，経営国際化の 1 つの動機となる（Vernon, 1972, pp.96-99）．
(12) このような既存製品からの「撤退」という意思決定問題については第 6 項で改めて取り上げる．
(13) 本文でも述べているように製品改良によって「金のなる木」の寿命を延ばしうるが，企業はこのような製品改良あるいは差別化戦略によって，低価格戦略でシェアを拡大しようとする競合他社に対抗することもできる．
(14) ブランド（商標）のうち文字で表現されたものを狭義のブランド，図形や記号で表されたものをトレードマークと呼ぶ場合もある．
(15) 英語の brand は burned，すなわち家畜等につけられた焼印から派生した単語である．これは牛や馬等，自分の家畜を識別し他人のそれと区別するための印であった．企業が自社製品に本格的につけた事例としては，P&G すなわちプロクター・アンド・ギャンブル（Procter & Gamble）社が石けんに Ivory というブランドをつけたのが最初と言われる．
(16) 販売店の商品管理に問題があって破損ないし腐敗したような場合は別である．なおブランドには，メーカーがつけるナショナル・ブランドのほかに，卸・小売業者がつけるプライベート・ブランドがある．
(17)「ピュアセレクト」はマヨネーズ系商品，「Cook Do」は料理用レトルト食品のシリーズ，「クノール」は顆粒スープの商品群につけられるブランドである．
(18) 何かの理由で，突然そのブランドに対する選好が消え，ほかのブランドに切り替える場合もある．この現象はブランド・スイッチと呼ばれる．
(19) このような意味で，容器類は「サイレント・セールスパーソン」（静かな販売員）と呼ぶことができる．
(20) 生産財とは資材，製造用機械など企業，特に工場で消費されたり，使われたりする製品をさす．
(21) 脚注 3 でも述べたように，家庭で消費されたり，使われたりする製品が消費財である．消費財のうち家電製品のように特に長期的に使われるものは耐久消費財と呼ばれる．
(22)「中抜き」については第 7 節で改めて取り上げる．
(23) 自動車業界のいわゆるディーラーは，地域ごとに設立された小売販売会社であると言ってよい．
(24) 特にファッションビルと呼ばれるアパレル店中心のテナントビルが増大傾向にある．
(25) 売れ筋商品はあるジャンルの商品の中でバーコードや IC タグに記録された商品コードがホストや販売管理用サーバーに頻繁に入るもの，端的に言えば販売が好調のものである．定番商品は買い手側が確実に店頭に在庫があると期待しているため常に用意しておくことが求められる商品，死に筋商品はあるジャンルの商品の中で販売が不調の商品を

さす。ただしあまり売れなくても，消費者がどこの店に行ってもあると思っている商品は定番商品に含まれる。
(26) ネット通販については第7節でも取り上げる。なおコンピュータ・ネットワーク上で行われる取引にはこのほかに，企業同士のネット取引であるB to B（Business to Business），消費者同士のネット取引であるC to C（Consumer to Consumer）等がある。
(27) 無店舗販売にはこのほかに，ホームパーティ・セールスがある。これは，近所の人を集め，そのパーティの席上で商品の説明・実演を行い商品を販売するもので，欧米では従来，比較的よく行われていたが，近年はあまり見られなくなった。
(28) 通常は，これをあらかじめ見積金額として示して，買い手側の承諾を得ることになる。売り手と買い手の間で協議が行われ，場合によってはこれが引き下げられることもある。
(29) 前述のコスト・プラス法と本質的な考え方は同じである。
(30) 需要が価格にどれくらい敏感に反応するかの度合，いわゆる需要の価格弾力性が大きい商品の場合は，価格を少し変えることで需要が大きく変化する。逆に需要に対する価格の影響力が弱い商品では，需要量を変えるために価格変更幅を大きくする必要がある。このような需要の価格弾力性は，不況で所得が社会的に減少している時期は弾力性が大きくなるというように，景気，平均所得によっても変わってくると言われる。なお価格に対する感応度が弱い範囲では，当然のことながら売り手にとっては高い価格にするのが有利である。すなわち商品によっては，消費者が一定の価格範囲内ならば価格差が気にならないというものもある。そのような場合，範囲内で価格を上げても下げても需要量，販売量はさほど変わらない。こういう商品については，その範囲内の上限に価格を設定するのが普通である。たとえばある商品に対して1,500円も1,600円も同じだと大多数の消費者が思うならば，売り手にとっては1,600円の方がよいということになる。
(31) デファクト・スタンダードは競争の結果生まれる事実上の標準である。ネットワーク外部性，すなわち自己以外のユーザー数が自己の便益を左右する効果の強い製品市場では，累積購入者数が製品間競争の勝敗に大きな影響を及ぼす。したがって競争に勝つために，価格を低くして購入者を増大させなければならないのである。
(32) 一方では，ある商品を従来買っていなかった消費者がこれを新たに買うようになるのは多くの場合偶然的要因によるものであり，このような新規需要を企業努力たとえば宣伝広告で喚起するのは実際には難しいという立場もある。この立場では，偶然性の強い新規購入の増大すなわち新規顧客の開拓よりもすでに購入している顧客との関係を強化し，これから得られる生涯売上の最大化に注力すべきという考え方も成り立つ。たとえば後に述べるCRMはそのような発想に立っている。
(33) もちろん，そのためには前述した豊富な商品知識や的確な表現力を備えていなければならない。

(34) スーパーの場合，色々なメーカーの製品を扱っているので，自社製品の販売に力を入れてもらうためにこのような支援活動を行い，いわば「アメ」を与えることが重要となる。一方，契約小売店や特約店の場合，自社製品を扱うと決まっているので，「アメ」ももちろんあるが「ムチ」もたくさんある。たとえば販売量，新規顧客の獲得などに関するコンテストを行い，小売店間の競争をあおって販売拡大への努力を促すのである。
(35) この場合のコピーは原稿・文章をさす。
(36) 宣伝と広告を区別する立場もあるが，ここでは両者を一体的に捉え，どういうものが宣伝で，どのようなものが広告にあたるかは論じないこととする。したがって広告という用語は，ここでは宣伝広告の略称として用いる。なお宣伝広告の中でも，科学的・客観的データに基づいて他社製品と自社製品を比較する広告は特に比較広告，データ以外の方法で自社製品の他社製品に対する優位性を強調する広告は挑戦広告と称される。ただし実際には，両者が区別されずに口にされることも少なくない。たとえば，業界リーダーへの挑戦的な意図を持つ比較広告も挑戦広告と呼ぶ場合がある。
(37) インターネットを利用する際に，検索等のために最初にアクセスするページがポータルサイトである。ポータル（portal）は門や入り口を意味する。
(38) 形態的にはここで述べた印刷物に該当するが，次の⑩小物・雑貨としての性格も有する広告媒体にカレンダーがある。
(39) おとり商品にはある種の悪意があるが，目玉商品にはこれがない。「限定200個」「先着順100名様」「数に限りがありますので，売り切れの際はご容赦ください」といった事前告知がなされているものは，悪意がないので目玉商品に該当する。
(40) 購買履歴とはある顧客が何をいつどのような方法（どこ）で買ったかという情報を記録したもので，購買ヒストリーとも言う。対応履歴はいつ，いかなる問い合わせが来て，どの従業員がどういう会話や商談，やり取りを行ったかを記録したもので，顧客応対の有効性を高めるためにこの情報を管理することをコンタクト管理と呼ぶ。
(41) OA機器業界のCTIでは，当該顧客が使用している製品に関する情報と顧客各人に関する個別ユーザー情報の両方が表示されることが多い。たとえば操作等に関する問い合わせがあった場合，相手の使っている機種の製品画像や障害情報等に加え，ユーザー登録がなされている際には先に触れたような購入年月日，過去の対応履歴等が表示される。
(42) クリック＆モルタルということばは，ブリック＆モルタル（Brick and Mortal）から転じたものである。ブリック＆モルタルはレンガと漆喰（石灰と粘土を混ぜたもの）をさすが，これらでできた古い建物，あるいはそれを本社にしている伝統的企業という意味で使われることもある。なおクリック＆モルタルは，すべてカタカナでクリック・アンド・モルタルと表記されることもある。
(43) マイニング（Mining）のもともとの意味は，金や銀の鉱脈を掘りあてるということである。

(44) データ，情報，知識の関係は第1章，特に脚注3で論じている。
(45) 最近はデータマイニングを行うための市販ソフトもある。なお，データマイニングによる知識獲得の具体的プロセスについて，ファイヤドら（1996）は次のように整理している（Fayyad, Piatetsky-Shapiro & Smyth, 1996, pp.10-11）。
 1．分析対象，関連する既存知識，エンドユーザーの目的に関する理解を深める。
 2．データセットを構築し，サンプルデータに着目していかなる発見がなされるべきかを考える。
 3．もしそうすることが適当ならば，ノイズデータや異常値を除去する等データクリーニングと前処理を行い，またモデル構築に必要な情報を集め，時系列的な変化を考慮しつつ欠落しているデータ領域をどのように扱うかに関して方針を決める。
 4．目的に関連するデータに共通する有意な特性を見つけ，次元性の削減（dimensionality reduction）あるいはデータ変換（data transformation）の手法を用いて考慮すべき変数の個数を減らしデータに内在する因子を探す。
 5．データマイニングプロセスの最終的タスクを分類法，回帰分析，クラスター分析，その他のうちどれにするか選択し，データマイニング・アルゴリズムや考えられるさまざまな処理を詳細に記述する。
 6．データに内在する傾向を探すためのデータマイニング・アルゴリズムを選択し，採用するモデルとパラメータを決定し，選んだデータマイニング手法を当該データマイニングに適合的にする。
 7．決定ツリー，回帰，クラスター，その他の方法でデータマイニングを行う。
 8．内在する傾向を解釈し，場合によっては1～6のいずれかに戻る。
 9．発見した知識を業務系システムに導入したり，あるいは知識を単純明快に記述して関係する人たちに伝えると同時に，これまで信じられてきた知識との矛盾をチェックし解消する。
(46) 脚注2でも述べたように，販売管理の実務では，テレビの視聴率調査等で用いられているセグメンテーションにならい，女性の20歳から34歳までをF1，35歳から49歳までをF2，50歳以上をF3と呼ぶことがある。男性についても同じ年令区分にM1，M2，M3という呼称が時として用いられる。
(47) 中にはインターネット上の診断システムに，顧客が自分の属性や好み，用途を入力すると，それらを分析した上で，それに合致した商品をディスプレイ上に示すというレコメンデーション・サイトを設けている企業もある。たとえば化粧品の場合，ハンドクリームといった商品ジャンル，自分の肌の状態，肌に潤いを与えるといった重視する効果，希望の価格帯（予算），その他の希望を入力するとそれに適した商品が表示される。メガネの場合はフレームの形，価格帯等を入力すると，それに該当するメガネが映し出される。

第6章

財務と情報

第1節　財務とは

　企業は，事業活動に必要な財務資本すなわち資金を色々な源泉から得る。この活動は通常，資金調達と称される。そしてこの源泉には，大きく分けて企業内部にある場合と外部にある場合とがある。前者の内部的な源泉の典型は事業活動の結果もたらされる収益であり，後者の例には株主の出資金や銀行からの借り入れがある。このうち内部的に資金を得ることを内部調達，後者つまり外部から資金を得ることを外部調達と呼ぶ（諸井，1984, p.3）。

　財務ないし広義の財務管理とは，このように内外から資金を調達し，その資金が効果的に活用されるように管理する活動をさす。換言すれば，有効に資金を調達して，資金の流れや収支を計算し，これを合理的に管理する活動が財務である。ただし調達後の資金管理を重視して，特にこれを財務管理と呼ぶこともある[1]。

　財務に関する初期の研究では，金融市場が未発達で資金調達の手段や可能性が限定的だったことを時代背景にして，調達後の資金管理（狭義の財務管理）に関心のあるものが少なくなかった。たとえばマッキンゼー＝グラハム（1935）は「資金を調達しても，それを合理的に活用しなければ意味がない」と主張し，その重要性を説いている（McKinsey & Graham, 1935, p.6）。資金の源泉は主として出資者（資本家）であったから，有利な調達を図ることよりも出資者に納得してもらえるように出資金を有効活用しそれをわかりやすい形で報告することが実務家の関心事であり，研究者もその方法を重点的に考察したのである。

しかし現代では，金融市場が発達し資金調達の制度や方法も充実してきたため，企業は事業活動を行いながら種々の源泉から頻繁に資金の調達を行う。会社設立時の資本金を元手に，これを主たる事業基盤として大切にしながら事業を経営していくという従来のスタイルとはかなり様相が異なってきている。換言すれば，現代の企業はオープンシステム的な性格が強く，企業と外部環境の間ではヒト，モノ，情報と同様に，カネすなわち資金の出入りがくり返しなされている。財務の実態として，資金調達がその大切な役割となっており，いかにこれを有効に行えるかが企業の存続性と成長性を規定する1つの本質的要因となっているのである。一方では，調達後の資金活用が合理的になるように管理することも必要不可欠であるのは当然である。

ハワード＝アプトン (1953) によれば，企業が事業活動を行うプロセスで，現金の形態をとっていた資金は，労働力・固定資産・原材料，製品に形を変え，最後にまた現金として回収される (Howard & Upton, 1953, p.10)。つまり現金の形を当初とっていた資金は，企業の購買活動によってまず労働力・固定資産・原材料に変化する。そして生産活動によってこれらから製品が生まれ，販売活動によって製品が現金に変換されることになる。このような資金の循環が合理的になるようにマネージするのが財務管理の役割だというのである。

そして会計・経理はこのような財務資本の循環プロセスを記録し，その有効性を測定・分析する機能を担っているとみなせる (古川, 1963, p.49)。一定期間ごとにその概要は財務諸表等の形にまとめられ，出資者など当該企業の利害関係者に開示される。

このように，資金調達後すなわち財務資本の確保後においては，財務管理の本質はその循環プロセスが合理的になるように管理するというものである。そこにおける1つのポイントは資本に対して得られる利益を最大化することである。換言すれば，当該プロセスが「合理的」であるか否かの重要な指標は利益額や収益性であり，利益の最大化，収益性の向上を目標として財務管理は進められなければならない。ただしこれと同時に，長期的な財務状態の健全性，すなわち長期にわたる収支バランスの安定性を保つことも大切なのはもちろんで

ある。

　財務の具体的な活動には種々のものがあるが，以上で述べたように大別するとこれには資金調達と狭義の財務管理すなわち調達後の資金管理がある。さらに狭義の財務管理は「計画と統制」および「記録と分析」に分類される。計画と統制に該当する主な活動には，利益目標と利益計画の策定，予算編成と予算統制，標準原価と実際原価の差を是正する原価管理がある。一方，後者の記録と分析に含まれる代表的な活動には，会社の財務状態や経営効率を明らかにする財務諸表の作成とその分析がある[2]。

第2節　資金調達

（1）内部資金調達とその限界

　企業は事業を継続し，拡大するために，頻繁に投資すなわち資金の投下に迫られる。このような投資における資金の源泉が企業内部にあることもある。典型的には，利益のうち使わずにとっておいた分，いわゆる内部留保（留保利益）がこのような企業内部の資金源泉になりうる[3]。内部留保の増大を待ち，これを原資として設備投資を行うという考え方もありうるし，実際これだけで投資を行っているケースも少なくない。出資金を元手に事業活動を行い，獲得した利益による投資をくり返すことで事業を拡大していくというのは，ある意味では企業経営の基本であり，経営のスタイルとしてはオーソドックスであるともいえる。

　この内部留保は当期純利益から株主への配当等を差し引いて残る資金をさす。これはいわば企業が使い道を判断できる資金，自由に処理できる資金である。これを事業に投資しても，利息の支払いは生じないし，返済不能に陥り倒産となるリスクもない。したがってこれを投資の原資とすることには一定の合理性がある。

　実際，経営がうまく行っている企業では，この内部留保がどんどん蓄積していく。そしてこれを投資にまわし，継続的に事業の拡大を行っている企業もあ

る。たとえば日本の一部自動車メーカーはそのような形で設備投資を行い，発展してきた。

　しかし大規模な設備投資を行う際に，蓄積している内部留保でこれをまかなえない場合がある。投資には最適のタイミングというのがあり，それを逃すと投資の成果が小さくなることも往々にしてある。そのような場合に企業によっては次に述べる金融を利用し，外部より資金を調達するのである。ただし銀行からの借り入れ等の際に内部留保の「厚み」が見られることも多いので，いずれにせよ企業にとってこの増大を図ることは重要である。

（2）金融の機能

　企業は外部からの資金調達において金融を利用することが多い。この金融とは，資金を余っている個人や企業から，不足している個人や企業に融通するサービスをさす。堀内（1990）のことばを借りれば，経済には「他の主体から何らかの方法で資金を調達して，その資金で投資や消費をおこなう『最終的借り手』と，他の主体に余裕のある資金を貸付ける『最終的貸し手』が存在する」という一般的性質がある（堀内，1990, p.51）。

　資金が社会全体で円滑に流通し，経済活動が活発になるためには，両者の仲介を果たす機能が必要となる。換言すれば，資金が不足している経済主体の「資金を調達したい」というニーズと，余っている経済主体の「資金を運用したい」というニーズを引き合わせる役割が何かに求められる。この役割を果たすのが金融で，そしてこれを実際に担っているのが金融機関である。ただし本質的な役割は資金融通の仲介であるものの，金融機関はこれを遂行するのにともなって次のような機能を果たす（Merton & Bodie, 1995, p.5：邦訳，p.29）。

　第一に，資金の貸借にともなうリスク負担機能である。現実の融資では，貸し出した資金が期限までに必ず返済されるとは限らない。融資した後，何らかの原因により相手側が債務返済不能に陥ることもありうる。こういう貸した資金が戻ってこないという危険，いわゆる貸し倒れリスクを金融機関はかなりの程度負っている。

第二に，融資先の財務的な安定性を検査するモニタリング機能である。貸し倒れリスクを負担すると言ってもその能力には限界があるから，このリスクを抑えるために融資希望主体に関する情報を収集し，融資が返済される確実性を慎重に判断することになる。言い換えれば，貸し倒れが連続して起こると金融機関の経営も破綻しかねないので，融資にあたっては厳格な審査が行われ当該リスクの削減が図られるのである。このようなモニタリングは場合によっては，融資前に行われるだけでなく，融資後も継続される。特に相手（企業）から見て借り入れ額が最大のメインバンクは当該企業に対し，このような継続的モニタリングを行っているのが一般的である。

　第三に，貯蓄動員機能である。これは多数の主体から資金を集めて大きな貸出し原資をつくる機能である。資金余剰主体の拠出額と資金不足主体の必要額が一致しているという関係が一般的に見られるならば，前者の資金をそのまま後者に融資すればよいのだが，そういうことは稀である。金融機関は社会にばらばらに存在する余剰資金，経済全体に分散している当座は必要とされていない資金を集めて，資金集積をつくりあげる役割を担っているのである。

　第四に，資源保管機能である。すなわち資金余剰主体の拠出と資金不足主体への貸出がタイミング的に一致しているとは限らない。金融機関は資金を調達してから融資するまでの間，金銭的資源の保管と管理を行っている。

　第五に，資金配分機能である。これは第三の貯蓄動員機能により形成した融資原資を分割して，複数の相手に融資するという機能である。資金不足主体が希望の融資額をそれぞれ自己の立場で主張していると，どこにどれだけ資金を回すかの結論が出ない。金融機関は，資金を必要としている個人および企業から希望融資額を聴取したうえで，融資額の調整を行っていると見ることができる。

　第六に，金融情報機能である。第二のモニタリング機能もある種の情報収集機能とみなせるが，これとは別に，金融機関には経済全体や金融市場に関する情報の収集・伝達機能がある。すなわち金融機関には，金融業務を行うプロセスで為替相場や株価など市場や景気等に関する種々の情報が入ってくる。金融

機関は金融業務を遂行するために，このような情報を顧客に伝達する。たとえば銀行の支店に設置されている為替相場の表示パネル，証券会社にある株価のディスプレイはこの機能を果たしている。日本銀行の「企業短期経済観測調査」（日銀短観）も，中央銀行だからこそ可能な情報収集を行い，集めた情報を社会に向けて発信しているとみなせる。いわゆる政府の銀行，銀行の銀行，発券銀行であるだけでなく，日銀は経済の動向に関する大規模な情報機関という性格を併せ持つのである。

　先に述べた金融機関の持つ金融という機能すなわち資金融通の仲介機能によって，個人と企業はある程度の資金の不足を克服できるようになる。金融がないと個人の消費と企業の投資は現預金の範囲に限定されるが，これが利用可能であることにより，個人は手持ち資金を超えた消費が行えるようになり，また企業は保有資金に制約されない投資が行えるようになるのである[4]。

　資金余剰の経済主体が拠出する資金と資金不足の経済主体が受け取る資金の結び付きに注目すると，金融は大きく直接金融と間接金融に分けられる。直接金融は資金余剰主体から出る資金と資金不足主体に入る資金に直接的な結び付きがある金融をさす。

　後に述べる株あるいは社債により資金を調達する場合がこの直接金融にあたる。ある会社の株を買うと，支払った代金はその会社に渡って，そこで活用されるからである。たとえば三菱電機の株を買ったときの払い込み金は三菱電機に使われるのであり，これが東芝や日立製作所のもとに行くことはありえない。社債発行についてもこれはあてはまる。このような直接金融を担う代表的な機関には証券会社がある。この業界では近年，インターネットでの取引を専業とするネット証券も増えている。

　直接金融，特に先に例として出した株の場合，資金余剰主体の拠出資金と不足主体の調達資金が直接的に結び付いているのと同時に，資金の拠出者は株主という形で調達者である企業と継続的な関係を持つことになる。つまり投資側に株主としての種々の権利が生ずるのである。

　それに対し，間接金融の場合，投資サイドの資金と調達サイドの資金に直接

的な結び付きがない。たとえば，銀行が預金を集めて企業や個人に貸し付けるのがこの間接金融にあたる。預金をした経済主体のその預金は一度，銀行の管理下におかれ，銀行が融資を行う原資となる。そしてある日，銀行からの融資金として，どこかの企業や個人に貸し出されるのである。このような間接金融を担う機関には都市銀行，地方銀行，信用金庫，信用組合，消費者ローン会社，ネット専業銀行などがある。

　したがって間接金融では，債権者である銀行等と債務者である融資先には継続的な関係が生じるものの，預金者（投資側）と融資先（調達側）の間にはなんら特段の関係は生じない。

　従来は，間接金融のウェイトが大きいというのが，日本における金融の特徴であった。つまり日本は，先進国の中では直接金融の発達が比較的，遅い方だったのである。しかし近年は，株式市場の充実により，直接金融の役割が大きくなっている。

　また日本ではしばらく，直接金融を扱うのは証券会社，間接金融を担当するのは銀行等という厳格な区分（垣根）があり，1つの金融機関が両者を兼営することはできなかった。しかし現在では，それが可能になっている。

（3）外部資金調達の意義

　企業の「借金」にはマイナスのイメージがつきまといがちだが，財務体質が健全な企業の中にも金融機関から融資を受けたり，社債を発行しているものがある。さらに融資や社債による資金調達が事業拡大への準備あるいは会社発展への布石と見られることも少なくない。企業が外部からの資金調達を行った場合に，投資家がこれを好意的に捉え，その企業の株価が値上がりする場合さえある。この現象は，企業にとって外部からの資金調達は，必ずしも悪いことではないということを示唆している。

　前述したように，企業が投資を行う際に，内部留保によってこれをまかなうという考え方もある。しかし投資をいち早く行いたいときには，これを行えるだけの内部留保が蓄積するのを待たずに，外部より資金を調達することも必要

になる。投資に必要な資金のうち不足している分を前述した金融を利用することにより，確保するのである。この点についてある研究者は，「企業が旺盛な投資意欲を有し，早い速度で成長しようという場合には，内部調達だけでは資金需要を満たすことができず，外部調達に頼らざるをえなくなる」(諸井，1984，p.4) と述べている。

そして外部から調達された資金が，結果的にその企業において急成長の土台となることもある。だからこそ前述したように，投資家は往々にしてこれを肯定的に捉えるのである。もっとも外部から資金を調達することには一定の合理性と必要性がある一方，企業は円滑に外部調達を進めるために，後に述べるように種々のことに取り組まなければならない。

すなわち余っている資金を活用することで利益を得たいと考えている人，投資家から見れば，そのような運用を企業に対して行うとは限らない。土地や建物などの不動産に投資する場合もあるし，国債で運用する場合もある。

したがって端的に言えば，株あるいは社債により資金を調達する場合には，これらを投資家にとって魅力的にする必要がある。具体的には，次項で述べるように，株は配当を高く維持し，社債は利子（利回り）を高く設定することが求められる。

銀行からの借り入れに関しても，自社の信用力を普段より高めておく必要がある。円滑な融資を受けるためには，自社を銀行にとって貸し倒れリスクの低い，逆に言えば返済確実性（安全性）の高い融資対象にしておかねばならない。

このように，外部からの資金調達は企業にとって重要である一方，なんの努力もせずに簡単にこれを行えるわけではない。外部調達を行うためには，普段から地道な経営努力をし，社会的に信頼される企業になっておかねばならないのである。

(4) 外部資金調達の方法と円滑化

企業が外部から資金を調達する方法には主として，①株を発行する，②社債

を発行する，③銀行から借り入れる，の3つがある[5]。先にも言及したように，このうち①の株発行と②の社債発行は直接金融，③の銀行借り入れは間接金融の利用にあたる。

① 株の発行

企業は新たな株の発行によって，事業に必要な資金を得ることができる。この株発行による資金調達はエクイティ・ファイナンス（Equity Finance）と呼ばれる。株の発行により，その企業の資本金が増えるので，これは言い換えれば増資ということになる。

増資に応ずる投資家の出資金の払い込みによって，企業は長期資金を調達することができる。その一方で，企業は株主に株主総会における議決権を与え，また毎年，利益の一部を株主に配当という形で還元しなくてはならない[6]。つまり追加購入を行った株主は出資比率を高め，株主総会における議決権や配当受け取り等の権利を拡大する。また新たに出資した投資家はその会社の新規株主となり，そのような株主としての権限を持つことになる。

配当の金額は，1株につき何円という形で，企業ごとに決められる。同じ企業であっても，年度によって変わることがあり，利益が大きいと一般的には配当も高くなる。決算が赤字になったような場合に，配当がゼロ，いわゆる無配となることもある。株の魅力を高め増資を円滑に行うためには，普段から配当の金額を高く維持しておく必要がある。

② 社債の発行

企業は不特定多数の投資家から借金をすることにより，資金を調達することもできる。この資金調達は後に述べる借り入れとともにデット・ファイナンス（Debt Finance）と呼ばれる。このような場合に借金をした証しとして発行される有価証券が社債である。厳密にはこれは，「毎期の確定利子支払と一定期間後の元金返済を条件とする有価証券で（中略），長期借入金としての重要な調達手段」（斎藤，1996, p.394）と定義づけられる。

社債には償還期限という明確な返済日，すなわち社債所有者に債務を返済する期限があり，また利子のつく負債，有利子負債である点で，これは株の発行

と区別される。また直接金融であるという点で，次に述べる銀行借り入れとも大きく異なる。

近年，投資家に人気があるのは，社債の中でも特に転換社債と呼ばれるものである。これは，貸した資金を返してもらう際に現金，当該企業の株どちらかを選択できるという社債である。つまり転換社債の「転換」は，株に転換可能という意味である。

いずれにせよ，社債の魅力を高めるためには，利子（利回り）を高く設定する必要がある。また良好な財務状態を維持し，償還がなされないリスクを低くして，外部格付け会社からの評価を高くしておかなければならない。

③　銀行からの借り入れ

銀行からの借り入れ，いわゆる融資を受けることによっても，企業は資金を調達できる。借り入れは社債と同様に，返済義務があり，利子のつく有利子負債である。この利子（金利）は日本銀行が金融政策の一環として設定する政策金利と連動している。

銀行は，融資を希望している企業の財務状態を審査したうえで，確実に返済してもらえると判断した場合に，これを行う。特に不況期にはこの審査が厳しくなる傾向がある。このような融資審査においては，過去数年分の業績が見られる。

したがって企業は銀行から容易に融資を受けられるように，普段から業績を高く維持し，財務体質を健全にしておく必要がある。さらには，技術力，経営理念なども含めた企業の総合力を高く保ち，自社を融資先として魅力的な存在にしておくことが，より円滑な融資につながる。

（5）資金調達のタイミングと比率

企業が外部から資金を調達する場合，時期によっても調達の難易度合は変わってくる。しかも株の発行，社債の発行，銀行からの借り入れのうち，1つの方法で調達しにくいときには，ほかの方法に関しても同様であるという傾向がある。

企業が銀行から融資を受ける際の借り入れ金利は，先にも言及したように日銀の定める政策金利と連動している。投資家が銀行に資金を預け入れる際の預金金利についても同様である。

　日銀の政策金利が高いときには，借り入れ金利も高くなるので，銀行融資による資金調達は不利になる。また借金して株あるいは社債を買おうという人も減るので，株の発行と社債の発行に関してもこれは悪条件ということになる。しかも政策金利が高いときには，預金金利も高くなるので預金による資金運用に従来よりも関心が持たれることになる。したがって株や社債の購入者を確保するうえで，配当や利回りを高くすることの必要性も増大する。このように高金利のときには，株発行，社債発行，銀行融資，いずれの方法を利用する場合でも，資金調達は困難さを増す。

　それでは，ある時期に資金を調達する際に，株，社債，借り入れのどれを用いるのが企業にとって，有利なのだろうか。言い換えれば，これらの比率をどのようにすると，企業の価値やその企業に対する投資家の評価は高くなるのであろうか。

　結論から述べると，先行研究ではこの比率は企業の評価に影響を及ぼさないとされている。企業の評価は，当該企業の業績とその成長率に影響される一方，その成長に必要な資金がどのような方法で調達されるかには依存しないのである（Modigliani & Miller, 1958, pp.265-296）。このように，株，社債，借り入れの比率が企業価値，投資家の評価に影響を持たないという理論は，最初に提示した研究者たちの名にちなんでモディリアーニ＝ミラーの定理と呼ばれる[7]。

第3節　財務管理

　次に，第1節で言及した狭義の財務管理に含まれる諸活動とその具体的な中身について検討しよう。ただしこれらの活動が，以下の順序で行われるとは限らない。むしろ必要な情報を授受しながら，並行的に行われるのが一般的である。すなわち財務管理の主たる領域は（1）利益目標と利益計画の策定，

(2) 予算編成と予算統制，(3) 原価管理，(4) 決算と財務諸表の作成・分析であるが，この順序で業務が進行するとは限らない。むしろ現実の企業でこれらは必要情報を共有しつつ連携して進められる。またこれらの業務で重要な役割を果たすのは財務部門であるが，すべての業務が財務部門だけで担われるとは限らない。各部門から選抜されたメンバーで構成される委員会等により遂行される場合も多い。

(1) 利益目標と利益計画の策定

　次期にはいくらいくらの利益をあげようという利益に関する目標が利益目標である。利益目標と後に述べる利益計画で対象とされる期間は，6カ月あるいは1年が一般的だが，四半期（3カ月）を1単位としたり，これらを組み合わせて期間の異なる複数の目標と計画を立てている企業も少なくない。

　利益目標の設定は言うまでもなく企業それぞれに委ねられており，これは企業ごとに独自に設定される。しかし企業も経済の中で活動している以上，自社を取り巻く外部環境に関する情報収集とその分析が当該目標を設定するうえで不可欠となる。具体的には，経済全体の景況，自社商品市場の動向，原材料価格と為替相場の推移，競合他社の動きなどが検討されることになる。

　設定した利益目標を達成しようと努力するのは，営利組織である企業にとり当然である。ただし無計画に事業活動を行っても，当該目標はなかなか達成できない。その達成のためには具体的な手段や道筋，ロードマップが必要となる。それが利益計画である。すなわちこれは現実の企業行動に結び付く活動プランであり，「単なる努力目標や期待レベルを示すものではない」し，またこれをないがしろにすると事業活動の有効な管理が実施不能となる（加登，2004, p.40）。

　利益計画の作成には，前述した外部環境に関する情報に加えて，事業活動に関する過去のデータが必要となる。そのような情報とデータを分析することによって，利益目標を達成するためにはどの製品でどれだけの売上を得る必要があるか，そしてどの地域でどれだけ販売すべきかが明らかになる。これが利益

計画の重要な内容となる。

　期末における利益計画と実績のずれについては，トップマネジャーおよび財務部門とその他の各部門により，その原因が詳細に分析される。そしてその分析結果は，次の利益目標と利益計画に生かされる。

　このような利益目標と利益計画を分けずに両者を一体として考える立場もある。たとえば國弘（1997）は，両者を不可分の関係にあるとし，利益目標（目標利益）の決定を利益計画の一部として捉えている。つまり彼によれば，利益目標は利益計画の第一段階として位置づけられる。より具体的には，利益計画は3つのステップからなるという。すなわち第1段階は目標利益の決定，第2段階は売上の総額と費用の総額に関する計画決定，第3段階は製品別・部門別・地域別に売上と費用の計画を決定するというものである（國弘，1997, pp.142-143）。

　なお，次に述べる予算と異なり，利益には「統制」という考え方はない。利益についてはいつでも最大化が目ざされるし，またこれには統制（コントロール）がきかないからである[8]。

（2）予算編成と予算統制

　前項で述べた利益目標と利益計画の策定は，「収入」を対象とした業務であったが，ここで取り上げる予算編成と予算統制は，「費用」言い換えれば「支出」に関する業務である。ここでは（1）利益目標と利益計画の策定，（2）予算編成と予算統制という順序で取り上げているが，利益目標と利益計画を立ててから予算編成を行うのではなく，一般的には両者は並行して行われる。なぜならば利益は基本的には売上から費用を差し引くことにより計算されるので，費用（必要資金）が明確にされないと，現実性のある利益目標と利益計画が立たないからである。

　予算編成とは端的に言えば利益計画の実行に必要な支出の見積りを立て，事前に資金の配分計画を立てることをさす。またその計画が予算である。すなわち予算編成は事業活動に必要な費用を項目（費目）に分けてあらかじめ計算

し，支出可能な資金を割りあてるという業務である。一方，予算統制は実際の支出がその範囲内におさまるようにする活動である。

　予算統制がしやすいように，換言すれば予算統制に実効性を持たせるために，予算は先に言及したように項目に分けて編成される必要がある。たとえば単に製造予算や販売予算という組み方をするのではなく，前者については必要な材料費や労務費などが計算され，後者に関しては宣伝広告費や運送費などの見積りが立てられなければならない（國弘，1997，pp.144-145）。工場の新設といった特別なプロジェクトに予算をつける場合にも，土地取得費，建設費，設備購入費，その他の費目に関して必要な資金をあらかじめ計算しておくことが求められる。

　実際，予算編成は企業経営上，非常に重要な活動であるので，企業はこれをかなり綿密に行う。たとえば一部の企業は，各部門から選りすぐりの人材を集めて「予算室」のような部署をつくって，これに予算編成を任せている。あるいは予算を編成する際に，財務部門の責任者を中心に，各部門の代表者で構成される「予算委員会」等が設けられることもある。

　予算編成は一般的には，各部門から予算要求を出してもらい，予算室や予算委員会でそれを検討・査定し，承認したり変更を求めるという形になる。この予算室や予算委員会が経営者もしくは取締役会直属の機関として大きな権限を持っていることも多い。これにより編成された予算は経営者，取締役会に答申される。そしてその決裁を経て，最終的に各部門へ提示されることになる。

　企業の予算は利益目標・利益計画と同様に，6カ月あるいは1年を1単位とするのが一般的であるが，企業によっては4半期（3カ月）を1単位としたり，いくつかを組み合わせているところもある。また光熱費，交際費，設備の維持費等については，予算をもらった側すなわち各部，各課で1カ月単位の「月割り額」を計算しておいて，それを超えない支出が意識されていることも多い。

　財務部門あるいは予算室は予算計画がどれだけ達成されているかを定期的にチェックし，その情報を各部門の責任者に報告する。実際の支出が予算を大き

く超えている場合には，財務部門や予算室，各部門によりその原因が分析され改善策が立案される。各部門がこれを実行に移すことで，予算計画と実績の乖離が縮小されることとなる。これが先にも言及したように予算統制と呼ばれる活動である。

（3）原価管理

　原価計算基準によれば原価管理とは，「原価の標準を設定し，これを指示し，原価の実際発生額を計算記録し，これを標準と比較してその差異の原因を分析し，これに関する資料を経営管理者に報告し，原価能率を促進する措置を講ずること」となっている（原価計算基準1-1-3）[9]。端的に言えば，原価管理は原価の実際額（実際原価）を低くするために行われる。企業の1つの重要な目標は利益の最大化であるが，利益は基本的には「売上マイナス費用」で算出される。そして費用の大きな部分を占めるのは，製品の生産に要する原価の総計である。したがって利益を大きくするためには，売上を大きくする一方で原価を削減する必要がある。原価管理はこのために行われるのである。

　原価管理を実行するには，実際の原価が高いのか低いのかを評価する基準が必要となる。その基準となるのが先の「原価計算基準」にもあった原価の標準，つまり標準原価である。標準原価はその製品1個をムダなく生産するのに必要な原材料費，人件費などをもとに算定される。

　実際原価が標準原価よりも低い場合は，問題はない。ただしその実績が持続できるのならば，現行の標準原価を改定し，引き下げる必要が生じる。実際原価が標準原価よりも高い場合は，財務部門はその原因を分析し，分析結果を製造部門に提供する。企業によっては，このような原価管理，具体的には標準原価の設定，実際原価に関するデータの収集，実際原価と標準原価に差異が生じた際の原因分析を行う専門部署として原価管理部等を置いている企業もある。また製造部門自らによっても，この原因分析は行われる。

　製造部門はこの分析結果をもとに，工程や作業方法を見直し，ムダや不能率の排除に努める。つまり原価管理を現場で直接担うのは，工場長・製造部長か

ら課長，班長，従業員にいたる製造部門のメンバーである。そういう意味で原価管理の主役はあくまで製造部門の各管理者，各従業員なのである。すなわち製造部門の管理者が財務部門や原価管理部等から提供された原価に関する資料，あるいは自ら行った分析の結果をもとに，工程や作業の改善など種々の対策を現場に指示し，そして現場の従業員がそれを実行に移さなければコストの削減は実現しない。製造部門の管理者と従業員が具体的行動をとることによって，原価管理は完結するのである。

（4）決算と財務諸表

　企業経営の成果は，本来は企業を清算したときに明らかになる。つまり保有している資産等をすべて売却しなければ，最終的な損益は確定できない。しかし現代では，企業は設立と廃止をくり返すのではなく一度設立されると存続するということ，いわゆるゴーイング・コンサーン（Going Concern）が前提にされている。したがって人為的に区切りを設けて，期間ごとに成果を計算することが必要となる。これが決算である。会社法では法務省令に則って一定の時期に決算を行うように定められている（会社法435条）。

　この決算の結果は，財務諸表にまとめられる。これは決算日における財産状況を表示した貸借対照表，対象期間の営業成績を示す損益計算書，および株主資本等変動計算書と附属明細表によって構成されている[10]。この作成手続きや表示方法は，証券取引法と会社法によって別々に定められている[11]。これらの規則に従わない決算，粉飾決算は，読み手の判断を誤らせるものとして厳しく禁止されている[12]。また財務省は，出資比率が50％を超える子会社を持つ企業に対し，単独で財務諸表をつくる以外に，この子会社の業績を加えた財務諸表を作成すること，いわゆる連結決算を義務づけている[13]。

　監査役を置いている会社の場合は，これによる財務諸表の監査が必要となる（会社法436条）。そしてこれは，監査役を置いていない会社も含め，定時株主総会の席上で株主に提示され，その承認を受けなければならない（会社法438条）。これに加えて，財務諸表は本店に備え置き，またその写しを支店に準備して，

閲覧できるようにしておくことが求められている（会社法442条）。

　財務諸表に記載されている数値は，投資の意思決定あるいは融資の意思決定において重要な情報となりうる。つまり財務諸表は株主や社内のマネジャーに会計情報を伝達するのみならず，株主以外の外部投資家や金融機関に対し必要な情報を開示して，これらを保護するという役割も果たす。このため，外部からの資金調達が企業の財務でウェイトを増している今日，情報伝達の手段としての財務諸表の役割も従来より大きくなっているといえる。財務諸表等による業績開示には株の購入を検討している投資家，融資依頼を受けてその是非の判断に迫られている金融機関に，意思決定に資する情報を提供するという意義があるのである。

　このように，金融市場が発達した現代では，資金供給源となりうる社外の組織や個人に業績等，事業の状況に関する情報を伝達することが資金調達を円滑に進めるうえで重要になっている。こういった事情から財務諸表以外の形でも，現代の企業は業績等に関する情報の開示に積極的に取り組んでいる。たとえばこれは多くの企業で今日，インターネットのホームページで重要なコンテンツになっている。

　このような財務諸表，その他の業績関連情報から，その企業の財務状態を分析することも可能となる。これは財務分析と呼ばれる。財務分析は社内的にも行われるし，外部の投資家等によっても試みられる。

【注】
（1）本章第3節の財務管理はこのような意味（狭義）で使用している。
（2）厳密に言えば，これらにはほかの機能もあるので，利益目標と利益計画の策定，予算編成と予算統制，原価管理は計画と統制が中心の活動，あるいはその性格が強い活動ということになろう。財務諸表の作成・分析についても，同様のことがいえる。
（3）より具体的に述べると，損益計算書の一番下には当期利益（純利益）が最終的な利益として記載される。この利益をどのように使うかは，基本的には株主総会で決定される。株主総会で株主への配当額等が議決（実際には会社側が用意した原案が承認）され，それを差し引いて残る分が内部留保（留保利益）となる。

（4）一方では，資金を借りることにより，後に述べるように利息を支払い，また期日までに借りた資金を返済するという義務が発生する。

（5）現在，株と社債はペーパーレス化されているものの，「発行」ということばは使われる。ただし「発行する」とは言っても，情報システム上での処理となる。

（6）株には，配当に関して優先される一方，議決権のないものもある。

（7）モディリアーニ（Franco Modigliani）は1985年のノーベル経済学賞受賞者，ミラー（Merton H. Miller）は1990年の同賞受賞者である。この2人が発見した定理「モディリアーニ＝ミラーの定理」とは，本文でも述べたように「株，社債，借り入れの比率が企業価値，その企業に対する投資家の評価に影響を持たない」というものである。ここで「企業価値」をどう捉えればよいのかということが問題になる。これについては「発行済み株式の時価総額と負債の時価総額の合計」と定義するのが，モディリアーニとミラーを含め，金融論と財務論の一般的な立場である。なおモディリアーニは，場合によっては「モジリアーニ」とも表記される。またこの定理は頭文字をとって，MM定理とも称される。

（8）あえて誤解を恐れずに言うならば，利益が統制できるということになると，経営者の苦労はほとんどなくなることとなる。

（9）原価計算基準は会計原則の1つである。企業会計審議会が中心になって作成し，1962年に最初に公示された。

（10）財務諸表が対象とする代表的な期間は1年である。しかもこの1年は4月から3月というように設定されているのが多数派である。つまり日本の場合，多いのは3月末日決算，6月下旬に株主総会でそれを報告という企業である。このほかに，上半期（上期），下半期（下期）というように，半年ごとにも決算が行われている場合がある。株主資本等変動計算書は純資産がどのように変化したかを記載する文書である。附属明細表には借入金，固定資産などの増減，残高の詳細が記される。

（11）両者に本質的な相違はないが，証券取引法では2期分の財務諸表を並べて表示することが義務づけられている。

（12）広義の粉飾決算には大きく分けて架空利益を計上するものと，逆に利益隠しを行うものがある。前者は実際には利益が出ていないのに出ているように見せかけるもので，後者は利益を実態よりも少なめに表示するものである。配当可能性を超えて配当金を出す行為，いわゆる蛸配当も違法になる（会社法461条）。

（13）財務諸表の形式は単独決算と基本的には同じである。

引用文献リスト

新井敦 (2005)「技術経営の発想による IT 企業での技術知識の活用」, *UNISYS TECHNOLOGY REVIEW*, 第84号, pp.1-13.

Arrow, Kenneth J. (1974) *The Limits of Organization,* W.W.Norton, New York (村上泰亮訳『組織の限界』岩波書店, 1976).

朝香鐵一 (1980)「TQC の基本」, 朝香鐵一・大場興一・真壁肇・三浦新・谷津進・横尾恒雄・鷲尾泰俊『品質管理』(経営工学シリーズ15) 日本規格協会, pp.213-245.

Ashby, William R. (1956) *An Introduction to Cybernetics,* Chapman & Hall, London (篠崎武・山崎英三・銀林浩訳『サイバネティクス入門』宇野書店, 1967).

Barnard, Chester I. (1938) *The Functions of the Executive,* Harvard University Press, Cambridge, Massachusetts (山本安次郎・田杉競・飯野春樹訳『新訳・経営者の役割』ダイヤモンド社, 1969).

Becker, Gary S. (1964) *Human Capital: A Theoretical and Empirical Analysis, with Special Reference to Education,* Columbia University Press, New York (佐野陽子訳『人的資本:教育を中心とした理論的・経験的分析』東洋経済新報社, 1976).

Beer, Stafford (1981) *Brain of the Firm,* John Wiley & Sons, London (宮沢光一監訳『企業組織の頭脳』啓明社, 1987).

Burns, Tom and George M.Stalker (1961) *The Management of Innovation,* Tavistock, London.

Carlsson, Sven A. (2001) 'Knowledge Management in Network Contexts', *Global Co-operation in the New Millennium: The 9th European Conference on Information Systems,* pp.616-627.

Chandler, Alfred D., Jr. (1962) *Strategy and Structure,* MIT Press, Cambridge, Massachusetts (三菱経済研究所訳『経営戦略と組織:米国企業の事業部制成立史』実業之日本社, 1967).

Coase, Ronald H. (1937) 'The Nature of the Firm', *Economica,* Vol.4, pp.386-405 (宮沢健一・後藤晃・藤垣芳文訳「企業の本質」, 宮沢健一・後藤晃・藤垣芳文訳『企業・市場・法』東洋経済新報社, 1992, pp.39-64).

大東英祐 (1996)「労務」, 岡本康雄編著『現代経営学辞典』同文舘, pp.263-297.

Dalkir, Kimiz (2005) *Knowledge Management in Theory and Practice,* Elsevier Butterworth Heinemann, New York.

Davenport, Thomas H. (1999) 'Integrating Knowledge Management into the Organization' (臼

井公孝訳「アメリカ経済を復興させた企業競争力の源泉：ナレッジマネジメント実践法」，『ダイヤモンド・ハーバード・ビジネス』8－9月号，pp.26-36 ※ダイヤモンド・ハーバード・ビジネスへの特別寄稿）.

Davenport, Thomas H. and Philip Klahr (1998) 'Managing Customer Support Knowledge', *California Management Review*, Vol.40, No.3, pp.195-208.

Davenport, Thomas H. and Laurence Prusak (1998) *Working Knowledge: How Organizations Manage What They Know*, Harvard Business School Press, Boston, Massachusetts（梅本勝博訳『ワーキング・ナレッジ：「知」を活かす経営』生産性出版，2000）.

Demsetz Harold (1991) 'The Theory of the Firm Revisited', Oliver E. Williamson and Sidney G.Winter (eds.) *The Nature of the Firm: Origins, Evolution, and Development*, Oxford University Press, New York, pp.159-178.

Dewey, John (1938) *Logic: The Theory of Inquiry*, Holt, New York（魚津郁夫訳「論理学：探究の理論」，上山春平編『世界の名著59：パース・ジェイムズ・デューイ』中央公論社，1980，pp.389-546）.

Dixon, Nancy M. (2000) *Common Knowledge: How Companies Thrive by Sharing What They Know*, Harvard Business School Press, Boston, Massachusetts（梅本勝博・遠藤温・末永聡訳『ナレッジ・マネジメント5つの方法：課題解決のための「知」の共有』生産性出版，2003）.

Drucker, Peter F. (1954) *The Practice of Management*, Harper & Row, New York（上田惇生訳『新訳・現代の経営（上）（下）』ダイヤモンド社，1996）.

Drucker, Peter F. (1974) *Management: Tasks, Responsibilities, Practices*, Harper & Row, New York（野田一夫・村上恒夫訳『マネジメント：課題・責任・実践』（上）（下）ダイヤモンド社，1974）.

Drucker, Peter F. (1989) *The New Realities in Government and Politics, in Economics and Business, in Society and World View*, Harper & Row, New York（上田惇生・佐々木実智男訳『新しい現実』ダイヤモンド社，1989）.

Eisenhardt, Kathleen M. and Jeffrey A. Martin (2000) 'Dynamic Capabilities: What Are They?', *Strategic Management Journal*, Vol.21, No.11, pp.1105-1121.

Fayyad, Usama M.,Gregory Piatetsky-Shapiro, and Padhraic Smyth (1996) 'From Data Mining to Knowledge Discovery: An Overview', Fayyad, Usama M., Gregory Piatetsky-Shapiro, and Padhraic Smyth (eds.) *Advances in Knowledge Discovery and Data Mining*, American Association and Artificial Intelligence Press, Menlo Park, California, pp.1-34.

藤本隆宏（2004）『日本のもの造り哲学』日本経済新聞社．

藤村博之（2004）「労働組合は本当に役立っているのか」，『日本労働研究雑誌』525号，pp.78-81．

藤野直明（1998）「サプライチェーン経営革命：その本質と企業戦略」，ダイヤモンド・ハーバード・ビジネス編『サプライチェーン：理論と戦略』ダイヤモンド社，pp.3-45.

古川栄一（1963）「財務管理の体系」，古川栄一・高宮晋編『財務管理の理論と方式』有斐閣，pp.33-56.

Galbraith, Jay (1973) *Designing Complex Organizations,* Addison-Wesley, Reading, Massachusetts（梅津祐良訳『横断組織の設計』ダイヤモンド社，1980）.

Gold, Andrew H., Arvind Malhotra, and Albert H.Segars (2001) 'Knowledge Management: An Organizational Capabilities Perspective', *Journal of Management Information Systems,* Vol.18, No.1, pp.185-214.

Grant, Robert M. (1996) 'Toward a Knowledge-based Theory of the Firm', *Strategic Management Journal,* Vol.17, Winter Special Issue, pp.109-122.

博報堂ブランドコンサルティング（2000）『ブランドマーケティング』日本能率協会マネジメントセンター．

Hamel, Gary and C.K.Prahalad (1994) *Competing for the Future,* Harvard Business School Press, Boston, Massachusetts（一條和生訳『コア・コンピタンス経営：大競争時代を勝ち抜く戦略』日本経済新聞社，1995）.

原澤芳太郎（1994）「組織的意思決定」，稲葉元吉編『現代経営学の構築』同文館，pp.174-191.

橋本文雄・帆足辰雄・黒澤敏朗・加藤清（1993）『新編生産管理システム』共立出版．※執筆分担の記載なし

Henderson, Bruce D. (1979) *On Corporate Strategy,* Abt Books, Cambridge, Massachusetts（土岐坤訳『経営戦略の核心』ダイヤモンド社，1981）.

日比宗平（1975）『生産管理論』同文舘．

廣重力（1996）「ホメオスターシスと生体情報」，本郷利憲・豊田順一・廣重力・熊田衛編『標準生理学』医学書院，pp.1-4.

人見勝人（1972）『生産の意思決定』中央経済社．

人見勝人（1990）『生産システム工学』（第2版）共立出版．

人見勝人（1996）「生産」，岡本康雄編著『現代経営学辞典』（改訂増補版）同文舘，pp.299-336.

Homans, George C. (1951) *The Human Group,* Harcourt Brace, New York（馬場明男・早川浩一訳『ヒューマングループ』誠信書房，1959）.

堀内昭義（1990）『金融論』東京大学出版会．

Howard, Bion B. and Miller Upton (1953) *Introduction to Business Finance,* McGraw-Hill, New York.

稲盛和夫（2006）『アメーバ経営：ひとりひとりの社員が主役』日本経済新聞出版社．

井上健太郎（2006）「ダイバーシティマネジメント」,『日経情報ストラテジー』2月号, p.29.
石井淳蔵（1985）「組織間関係の戦略」, 石井淳蔵・奥村昭博・加護野忠男・野中郁次郎『経営戦略論』有斐閣, pp.113-140.
石川馨（1981）『日本的品質管理：TQCとは何か』日科技連.
伊丹敬之・加護野忠男（1989）『ゼミナール経営学入門』日本経済新聞社.
岩室宏（2002）『セル生産システム』日刊工業新聞社.
Jonscher, Charles (1994) 'An Economic Study of the Information Technology Revolution', Allen, Thomas and Michael S.Scott Morton (eds.) *Information Technology and the Corporation of the 1990's: Research Studies*, Oxford University Press, New York, pp.5-42（富士総合研究所訳「『情報革命』の経済的インパクト」, 富士総合研究所訳『アメリカ再生の情報革命マネジメント』白桃書房, 1995, pp.5-59）.
甲斐章人（1982）『生産管理』泉文堂.
上林憲雄（1996）「組織構造の変化と人事管理の新展開」,『組織科学』29巻3号, pp.35-43.
Kaplan, Sarah, Andrew Schenkel, Georg von Krogh, and Charles Weber (2001) 'Knowledge-Based Theories of the Firm in Strategic Management: A Review and Extension', *MIT Sloan Working Paper* #4216-01.
加登豊（2004）「管理会計による競争優位性の獲得と維持」,『管理会計学』12巻1号, pp.35-45.
河村良吉（1964）「品質管理」, 古川栄一・高宮晋編『生産管理の理論と方式』有斐閣, pp.149-177.
河野浩之（1998）「データウェアハウスとデータマイニングの概要」,『オペレーションズ・リサーチ』43巻12号, pp.647-652.
経済産業省ブランド価値評価研究会（2002）『ブランド価値評価研究会報告書』.
岸田民樹（1985）『経営組織と環境適応』三嶺書房.
小林忠嗣（1996）「個人／グループ／組織の知的生産性向上」,『オペレーションズ・リサーチ』41巻5号, pp.271-276.
紺野登（1998）『知識資産の経営：企業を変える第5の資源』日本経済新聞社.
厚生労働省（2004）『情報通信機器を活用した在宅勤務の適切な導入及び実施のためのガイドライン』.
Kotler, Philip (2000) *Marketing Management*, Millennium ed., Prentice-Hall, Englewood Cliffs, New Jersey（月谷真紀訳『マーケティング・マネジメント』ミレニアム版, ピアソン・エデュケーション, 2001）.
國弘員人（1997）『財務管理の知識』日本経済新聞社.
黒田充（1989）「生産管理の体系」, 黒田充・田部勉・圓川隆夫・中根甚一郎『生産管理』朝

倉書店, pp.8-34.

Leonard-Barton, Dorothy (1992) 'Core Capabilities and Core Rigidities: A Paradox in Managing New Product Development', *Strategic Management Journal,* Vol.13, Summer Special Issue, pp.111-125.

Levitt, Theodore (1965) 'Exploit the Product Life Cycle', *Harvard Business Review,* Vol.43, November-December, pp.81-94.

Long, Richard J. (1987) *New Office Information Technology: Human and Managerial Implications,* Croom Helm, New York.

March, James G. (1991) 'Exploration and Exploitation in Organizational Learning', *Organizational Science,* Vol.2, pp.71-87.

松村崇 (2006)「戦略提携における知識創造の研究－ダイナミック・ケイパビリティの視点から－」,『中央大学研究年報・商学研究科篇』35号, pp.39-56.

McCarthy, E.Jerome (1968) *Basic Marketing,* 3rd ed., Richard Irwin, Homewood, Illinois.

McDonough, Adrian M. (1963) *Information Economics and Management Systems,* McGraw-Hill, New York (松田武彦・横山保監修, 長阪精三郎訳『情報の経済学と経営システム』好学社, 1966).

McKinsey, James O. and Willard J. Graham (1935) *Financial Management: A Practical Treatise Covering the Sources and Methods of Securing Capital, Cash Control, Credit Control, the Relation of Bookkeeping and Auditing to Financial Control and Reorganizaiton,* American Society, Chicago.

Merton, Robert C. and Zvi Bodie (1995) 'A Conceptual Framework for Analyzing the Financial Environment', Crane, Dwight B. (ed.) *The Global Financial System: A Functional Perspective,* Harvard Business School Press, Boston, pp.3-31 (遠藤幸彦訳「金融環境を分析するための概念的枠組み」, 野村総合研究所監訳『金融の本質－21世紀型金融革命の羅針盤－』野村総合研究所, 2000, pp.25-76).

Miller, Danny (1996) 'A Preliminary Typology of Organizational Learning: Synthesizing the Literature', *Journal of Management,* Vol.22, pp.485-505.

三浦新 (1980)「品質管理の実施」, 朝香鐵一・大場興一・真壁肇・三浦新・谷津進・横尾恒雄・鷲尾泰俊『品質管理』(経営工学シリーズ15) 日本規格協会, pp.133-152.

三矢裕・谷武幸・加護野忠男 (1999)『アメーバ経営が会社を変える』ダイヤモンド社.

Modigliani, Franco and Merton H. Miller (1958) 'The Cost of Capital, Corporation and Finance, and the Theory of Investment', *American Economic Review,* Vol.48, No.3, pp.261-297.

諸井勝之助 (1984)「現代企業の財務：第1章総論」, 諸井勝之助編著『現代企業の財務』有斐閣, pp.1-28.

Morroni, Mario (2006) *Knowledge, Scale and Transactions in the Theory of the Firm,* Cambridge University Press, New York.

長岡亮介（2002）『情報システム科学：科学としての知の技法序説』放送大学教育振興会.

中村維男（2002）「情報技術に関する基礎知識：情報技術の歴史」，中村維男編著『情報技術と社会』東北大学出版会，pp.1-12.

並木高矣・倉持茂（1970）『作業研究』日刊工業新聞社.

根元義章（2002）「情報技術に関する基礎知識：インターネット」，中村維男編著『情報技術と社会』東北大学出版会，pp.13-23.

Nickerson, Jack A. and Todd R. Zenger (2004) 'A Knowledge-Based Theory of the Firm: The Problem-Solving Perspective', *Organizational Science,* Vol.15, No.6, pp.617-632.

日本経済新聞社編（1989）『ベーシック会社入門』.

西雄大（2008）「技能伝承を体系化せよ：ベテランのノウハウを着実に残す」，『日経情報ストラテジー』11月号，pp.139-150.

Nolan, Richard L. (1979) 'Managing the Crises in Data Processing', *Harvard Business Review,* Vol.57, No.2, pp.115-126.

Nonaka, Ikujiro and Hirotaka Takeuchi (1995) *The Knowledge-Creating Company,* Oxford University Press, New York（梅本勝博訳『知識創造企業』東洋経済新報社，1996）.

野中郁次郎・梅本勝博（2001）「知識管理から知識経営へ―ナレッジマネジメントの最新動向―」，『人工知能学会誌』16巻1号，pp.4-13.

野中雅人（2010）「超臨場感テレワークシステム」，『電子情報通信学会誌』93巻5号，pp.415-419.

小川孔輔（1994）『ブランド戦略の実際』日本経済新聞社.

岡本康雄（1976）『現代の経営組織』日本経済新聞社.

大野耐一（1978）『トヨタ生産方式：脱規模の経営をめざして』ダイヤモンド社.

王輝（2004）「マトリックス組織の復活とその管理の仕組みについての考察」，*NUCB Journal of Economics and Information Science,* Vol.48, No.2, pp.309-321.

Parsons, Talcott (1951) *The Social System,* Free Press, New York（佐藤勉訳『社会体系論』現代社会学大系14，青木書店，1974）.

Polanyi, Michael (1967) *The Tacit Dimension,* Doubleday, New York（佐藤敬三訳『暗黙知の次元』紀伊国屋書店，1980）.

Porter, Michael E. (1985) *Competitive Advantage: Creating and Sustaining Superior Performance,* Free Press, New York（土岐坤・中辻萬治・小野寺武夫訳『競争優位の戦略―いかに高業績を持続させるか―』ダイヤモンド社，1985）.

Rogers, Everett M. (1962) *Diffusion of Innovations,* Free Press, New York.

斎藤進（1996）「財務」，岡本康雄編著『現代経営学辞典』（改訂増補版）同文舘，pp.369-398.

西頭恒明（2008）「ワークライフ・バランス」,『日経情報ストラテジー』11月号, p.27.
佐藤知一（2000）『革新的生産スケジューリング入門』日本能率協会.
関口定一（2010）「生成期大企業の組織・管理改革と工場徒弟制：GE Schenectady Works の ケース」,『大原社会問題研究所雑誌』619号, pp.18-33.
Senge, Peter M. (1990) *The Fifth Discipline: The Art and Practice of the Learning Organization,* Doubleday, New York（守部信之・飯岡美紀・石岡公夫・内田恭子・河江裕子・関根一彦・草野哲也・山岡万里子訳『最強組織の法則：新時代のチームワークとは何か』徳間書店, 1995).
瀬沼武秀（1999）「工学系人材育成のための産学連携」,『工学教育』47巻3号, pp.8-15.
島田達巳（1996）「日本企業の情報システム」, 島田達巳編『日本企業の情報システム』日科技連, pp.1-40.
白石弘幸（2009）『現代企業の戦略スキーム』中央経済社.
Simon, Herbert A. (1976) *Administrative Behavior,* 3rd ed., Free Press, New York（松田武彦・高柳暁・二村敏子訳『経営行動』ダイヤモンド社, 1989).
Simon, Herbert A., Donald W.Smithburg and Victor A.Thompson (1950) *Public Administration,* Alfred Knopf, New York.
Sternthal, Brian and C. Samuel Craig (1982) *Consumer Behavior: An Information Processing Perspective,* Prentice-Hall, Englewood Cliffs, New Jersey.
Strong, Edward K. (1925) *The Psychology of Selling and Advertising,* McGraw-Hill, New York.
鈴木玲（2004）「労働組合再活性化戦略の研究サーベイ：制度と戦略の相互関係と3つの再活性化戦略の検討」,『大原社会問題研究所雑誌』548号, pp.9-24.
鈴木玲（2005）「社会運動的労働運動とは何か：先行研究に基づいた概念と形成条件の検討」,『大原社会問題研究所雑誌』562・563号, pp.1-16.
高橋伸夫（2004）『虚妄の成果主義：日本型年功制復活のススメ』日経BP社.
高橋隆一（2000）「新製品開発のプロジェクトマネジメント：序章」, 高橋隆一編著『新製品開発のプロジェクトマネジメント』同友館, pp.11-16.
高橋陽子（2009）「労働組合は全力を尽くしているか？：ユニオン・ショップ協定の努力水準向上効果の検証」, 大阪大学『GCOEディスカッション・ペーパー・シリーズ：Human Behavior and Socioeconomic Dynamics』28号.
田中陽・池田新太朗・飯泉梓（2007）「伊勢丹のつくりかた：異境の地に響く産声」,『日経ビジネス』10月15日号, pp.28-33.
田杉競・森俊治（1961）『新訂生産管理研究』有信堂.
Teece, David J., Gary Pisano, and Amy Shuen (1997) 'Dynamic Capabilities and Strategic Management', *Strategic Management Journal,* Vol.18, No.7, pp.509-533.

手島歩三(1996)「情報技術の新しいパラダイム」, 手島歩三・岩田裕道・大塚修彬『情報システムのパラダイムシフト』オーム社, pp.107-155.

Thurow, Lester C. (1977) 'Education and Economic Theory', Karabel, Jerome and A.H.Halsey (eds.) *Power and Ideology in Education*, Oxford University Press, New York, pp.325-335.

土屋守章・藤井明(1994)「事例研究:本社ホワイトカラー業務のシステム化」, 『組織科学』28巻1号, 白桃書房, pp.41-48.

上木貴博(2009)「改革手法ウオッチング:経営課題ととらえよ, 不況の今が導入の好機。ワークライフバランス」, 『日経情報ストラテジー』12月号, pp.126-129.

Umemoto, Katsuhiro, Atsushi Endo, and Marcelo Machado (2004) 'From Sashimi to Zen-in:The Evolution of Concurrent Engineering at Fuji Xerox', *Journal of Knowledge Management*, Vol.8, No.4, pp.89-99.

Venkatraman, N. (1991) 'IT-Induced Business Reconfiguration', Scott Morton, Michael S. (ed.) *The Corporation of the 1990s: Information Technology and Organizational Transformation*, Oxford University Press, New York, pp.122-158 (趙家林訳「情報技術がもたらす事業再編成」, 宮川公男・上田泰監訳『情報技術と企業変革:MITから未来企業へのメッセージ』富士通経営研修所富士通ブックス, 1992, pp.231-290).

Vernon, Raymond (1972) *Manager in the International Economy*, 2nd ed., Prentice-Hall, Englewood Cliffs, New Jersey.

von Bertalanffy, Ludwig (1968) *General System Theory:Foundations, Development, Applications*, George Braziller, New York (長野敬・太田邦昌訳『一般システム理論:その基礎・発展・応用』, みすず書房, 1973).

von Krogh, Georg, Kazuo Ichijo and Ikujiro Nonaka (2000) *Enabling Knowledge Creation: How to Unlock the Mystery of Tacit Knowledge and Release the Power of Innovation*, Oxford University Press, New York (『ナレッジ・イネーブリング:知識創造企業への五つの実践』東洋経済新報社, 2001 ※後書きにあえて翻訳者の氏名を出さない旨が記されている).

涌田宏昭(1975)「管理と情報システム」, 涌田宏昭編著『経営情報論』有斐閣, pp.7-11.

Walt, Cathy and John Gattorna (1998) 'New Dimensions of Leadership in the Supply Chain: Aligning Leadership Style to the Supply Challenge', Gattorna, John (ed.) *Strategic Supply Chain Alignment: Best Practice in Supply Chain Management*, Gower Publishing, Aldershot, Hampshire (U.K.), pp.472-490 (前田健蔵・田村誠一訳「新時代のサプライチェーン・リーダーシップ」, 前田健蔵・田村誠一訳『サプライチェーン戦略』東洋経済新報社, 1999, pp.303-321).

Wiener, Norbert (1950) *The Human Use of Human Beings: Cybernetics and Society*, Houghton Mifflin, Boston (鎮目恭夫・池原止戈夫訳『人間機械論:人間の人間的利用』み

すず書房，1979)．
Williamson, Oliver E. (1975) *Market and Hierarchies: Analysis and Antitrust Implications*, Free Press, NewYork (浅沼萬里・岩崎晃訳『市場と企業組織』日本評論社, 1980).
Williamson, Oliver E., Michael L.Wachter and Jeffrey E.Harris (1975) 'Understanding the Employment Relation: The Analysis of Idiosyncratic Exchange', *Bell Journal of Economics*, Vol.6, pp.250-278.
Wilson, Ira W. and Marthann E. Wilson (1965) *Information,Computers and System Design*, John Wiley & Sons, New York.
Winter, Sidney G. (1987) 'Knowledge and Competence as Strategic Assets', Teece, David (ed.) *The Competitive Challenge: Strategies for Industrial Innovation and Renewal*, Ballinger, Cambridge, Massachusetts (「戦略資産としての知識と能力」, 石井淳蔵・奥村昭博・金井壽宏・角田隆太郎・野中郁次郎訳『競争への挑戦』白桃書房, 1988, pp.193-226).
Winter, Sidney G. (1991) 'On Coase,Competence, and the Corporation', Williamson,Oliver E. and Sidney G. Winter (eds.) *The Nature of the Firm: Origins, Evolution, and Development*, Oxford University Press, New York, pp.179-195.
Winter, Sidney G. (2003) 'Understanding Dynamic Capabilities', *Strategic Management Journal*, Vol.24, No.10, pp.991-995.
Wiseman, Charles (1988) *Strategic Information Systems*, Irwin,Homewood, Illinois (土屋守章・辻新六訳『戦略的情報システム：競争戦略の武器としての情報技術』ダイヤモンド社, 1989).
山田眞一 (1984)『情報処理の科学』朝倉書店.
山極清子 (2010)「経営パフォーマンスを高めるワーク・ライフ・バランス－仕事と生活との相乗効果－」日本経済新聞3月12日付, 24面-25面 (24面は基調講演, 25面はパネルディスカッション要旨).
山下高之 (1990)『体系生産管理論』中央経済社.
横尾恒雄 (1980)「検査」, 朝香鐡一・大場興一・真壁肇・三浦新・谷津進・横尾恒雄・鷲尾泰俊『品質管理』(経営工学シリーズ15) 日本規格協会, pp.153-188.
吉田祐夫 (1987)「生産工程の設計」, 秋庭雅夫・佐久間章行・高橋弘之・吉田祐夫『生産管理』(改訂版) 日本企画協会, pp.59-118.
Zahra, Shaker A., Anders P.Nielsen, and William C.Bogner (1999) 'Corporate Entrepreneurship, Knowledge, and Competence Development', *Entrepreneurship Theory and Practice*, Spring, pp.169-189.

索　引

＜A－Z＞

BtoC ……………………………167, 183
CS ………………………………………183
LAN ………………………………………32
OJT …………………………………70, 104
PPM ……………………………………151
SISブーム ………………………………16
TQM ……………………………………128

＜ア＞

アウトソーシング ………………………68
アメーバ …………………………………47
アンテナ・ショップ …………………148
暗黙知 …………5, 6, 9, 11, 70, 71, 104
異分野コミュニケーション ………44, 45
インセンティブ ………61, 62, 76, 106
インターンシップ制度 …………………69
エリア情報 ……………………………181
エレクトロニック・コマース ………167
エンパワーメント ……………54, 55, 58
オープン・ショップ ………………85, 86
オンザジョブ・トレーニング …………70

＜カ＞

買い替え需要 …………………150, 158
外部労働市場 …………………………92
買回り品 ………………………………165
学習意欲 …………………………………54

学習能力 ……………………………53, 54
貸し倒れリスク ……………200, 201, 204
考える現場 ………………………………30
環境情報 …………………………………32
間接金融 ……………………202, 203, 205
ガント・チャート ……………………121
カンパニー制 ……………………………41
機械的システム …………………………35
企業グループ …………………………49, 50
企業集合体 ………………………………49
技能伝承 ………………………………105
規範 ………………………………73, 102
規模の経済性 …………………………171
キャリア・デベロップメント …………72
キャリア・プラン ………………………72
求人情報 …………………………………69
求人専門サイト …………………………69
求人票 ……………………………………69
共同体験 …………………………………70
金融情報機能 …………………………201
グルーピング基準 ………………………42
グループ経営 ……………………………50
クローズド・ショップ ……………85, 86
形式知 ………………………………5, 6, 70
携帯端末 ………32, 133, 134, 187, 188
系列取引 ………………………………122
権限一元化 ………………………42, 43, 45
工場レイアウト ………………………115
購買履歴 ……………182, 185, 190, 191

高付加価値商品 …………………………58
顧客満足度 ……………………………11, 183
個人業績 …………73, 74, 79, 80, 107

<サ>

最小有効多様性 …………………………58
財務分析 ………………………………213
差し立て ………………………………120
サテライトオフィス ……………………101
市場細分化 ……………………………143
市場情報 ……………………112, 144, 145
システム構築 …………………………20, 41
システム需要 …………………………41
持続的相互行為 …………………………26
指名買い ………………………………160
社会的行動 ……………………………26
社内カンパニー制 ……………………41, 49
社内転職 …………………………103, 104
社内ベンチャー ………………………52
就業体験 ………………………………69
集合訓練 ………………………………70
需要の飽和 ……………………………150
春闘 ……………………………………77
少品種大量生産 …………………135, 136
情報インフラ …………………………28
情報化投資 ……………………………17
情報網 …………………71, 76, 102, 103
情報流通量 ……………………………27, 28
所定外労働免除制度 ……………………95
新規需要 ………………………………150
スタッフ部門 …………………………36
成果主義 ………………74, 79～81, 107
生産指示情報 …………………120, 131, 133
製造リードタイム ……………………139

製品コンセプト ……………………112, 154
セクショナリズム …………………37, 45, 59
設計情報 ………………………………123
設計図 ………60, 112, 114, 123, 133, 154
戦略的事業単位 ………………………41
総合的品質管理 ………………………128
損益計算書 ……………………………212
損益分岐点 ……………………………169

<タ>

体験入社 ………………………………69
貸借対照表 ……………………………212
タクトタイム …………………………137
多能工 …………………………………139
多品種少量生産 ………………………136
短時間勤務制度 ……………………95, 96
知識プロセス …………………………57
チャレンジ重視 …………………55, 74, 75
直接金融 ……………202, 203, 205, 206
ディスパッチング ……………119～121
手順 ………………………………115, 116
テスト販売 …………………147, 148, 154
デファクト・スタンダード ……………171
テレコミュニケーション ………………99
テレビ会議 ……………………………101
テレワーク …………………………99, 101
電子商取引 ……………………………167
伝達関係 ………………………………31, 32
特命的ポスト …………………………52
取引コスト ……………………………29, 122

<ナ>

内部労働市場 …………………………29
中抜き ……………………………163, 185

索　引 ━━ 227

ナレッジ・マネジメント ………28, 59～62
ネットワーク外部性 ……………114, 171
年功序列型賃金 ……………77, 78, 80
能力主義 ………………………74, 80

<ハ>

標準原価 …………………………199, 211
標準作業時間 ……………………………116
標準作業法 …………………………115, 116
ファミリー・フレンドリー ………………91
不確実性 ……………8, 21, 27, 31, 40, 43, 52, 117
部分的最適化 ……………………45, 59
フラッグシップ …………………………148
フランチャイズ・チェーン ……165, 166
ブランド戦略 ……………………………159
ブランド・ロイヤルティ ………159～161, 191
プレイング・マネジャー ……………30, 34
プロジェクト・チーム ………………32, 74
プロダクト・アウト ……………144, 154
プロダクト・ポートフォリオ・マネジメント
　　………………………………151, 153
ブロードバンド回線 ………………………101
ベース・アップ …………………………77
報告命令系統 ………………42, 43, 46

ボランタリー・チェーン …………165, 166

<マ>

マーケット・イン ………………144, 154
目標による管理 ……………………………107
モディリアーニ＝ミラーの定理 …………207
モバイル・コンピューティング …133, 134
最寄り品 ……………………………………165

<ヤ>

有機的システム ……………………………35
ユーザー・フレンドリー …………………91
ユニオン・ショップ ……………………85, 86

<ラ>

ライン・バランス …………………………121
ライン部門 …………………………………36
離反客 ………………………………………145
臨場感形成 …………………………………101
レコメンデーション ………………190, 191
労働市場 ……………………………29, 76

<ワ>

ワンストップ・ショッピング ……………165
ワンマン・ワンボス ……………………42, 43

《著者紹介》

白石弘幸(しらいし・ひろゆき)

1961年	札幌市に生まれる。 東京大学経済学部,同大学院経済学研究科を経て,
1992年	信州大学経済学部専任講師。
1996年	金沢大学経済学部助教授。
2004年	金沢大学経済学部教授。
2008年	同大学組織再編により人間社会学域・経済学類教授。 現在に至る。
専 攻	経営情報論・経営組織論・経営戦略論
主 著	『経営戦略の探究－ポジション・資源・能力の統合理論－』創成社, 2005年。 『経営学の系譜－組織・戦略理論の基礎とフロンティアー』中央経済社,2008年。

(検印省略)

2010年10月20日 初版発行　　　　　　　　　略称 ―企業経営

企業経営の情報論
―知識経営への展開―

著　者　白　石　弘　幸
発行者　塚　田　尚　寛

発行所　東京都文京区　　株式会社　創　成　社
　　　　春日2－13－1

電　話 03 (3868) 3867　　FAX 03 (5802) 6802
出版部 03 (3868) 3857　　振替 00150-9-191261
http://www.books-sosei.com

定価はカバーに表示してあります。

©2010 Hiroyuki Shiraishi　　組版：トミ・アート　印刷：S・Dプリント
ISBN978-4-7944-2352-8 C3034　製本：カナメブックス
Printed in Japan　　　　　　　落丁・乱丁本はお取り替えいたします。

―――― 経営・マーケティング ――――

企業経営の情報論 ― 知識経営への展開 ―	白石 弘幸 著	2,400円
経営戦略の探究 ― ポジション・資源・能力の統合理論 ―	白石 弘幸 著	2,700円
環境経営戦略の潮流	高垣 行男 著	2,600円
経営戦略の理論と実践	高垣 行男 著	2,300円
経営戦略論	佐久間 信夫 芦澤 成光 編著	2,400円
現代組織の構造と戦略 ― 社会的関係アプローチと団体群組織 ―	磯山 優 著	2,500円
CSRとコーポレート・ガバナンスがわかる事典	佐久間 信夫 水尾 順一 編著 水谷内 徹也	2,200円
日本の携帯電話端末と国際市場 ― デジタル時代のマーケティング戦略 ―	大崎 孝徳 著	2,700円
ITマーケティング戦略 ― 消費者との関係性構築を目指して ―	大崎 孝徳 著	2,400円
現代マーケティング論	松江 宏 編著	2,900円
マーケティングと流通	松江 宏 著	1,800円
現代消費者行動論	松江 宏 編著	2,200円
近代経営の基礎 ― 企業経済学序説 ―	三浦 隆之 著	4,200円
すらすら読めて奥までわかるコーポレート・ファイナンス	内田 交謹 著	2,600円
財務管理の基礎	中垣 昇 著	2,200円
経営財務論	小山 明宏 著	3,000円
現代経営組織辞典	小林 末男 監修	2,500円
昇進の研究	山本 寛 著	3,200円
共生マーケティング戦略論	清水 公一 著	4,150円
広告の理論と戦略	清水 公一 著	3,800円

(本体価格)

―――― 創成社 ――――